KB121840

항상 그대와 함께 걷는 길

| 광운학원 설립자 화도 조광운의 생애와 도전 |

항상 그대와 함께 걷는 길 —광운학원 설립자 화도 조광운의 생애와 도전

초판 1쇄 인쇄 2019년 5월 3일
초판 1쇄 발행 2019년 5월 15일

지은이 이향철 김인호 김정권
기획 학교법인 광운학원 화도기념사업회
펴낸이 정순구
책임편집 정윤경
기획편집 조수정 조원식
마케팅 황주영

출력 블루엔
용지 한서지업사
인쇄 한영문화사
제본 대원바인더리

펴낸곳 (주) 역사비평사
등록 제300-2007-139호 (2007.9.20)
주소 10497 : 경기도 고양시 덕양구 화중로 100(비전타워21) 506호
전화 02-741-6123~5
팩스 02-741-6126
홈페이지 www.yukbi.com
이메일 yukbi88@naver.com

© 학교법인 광운학원 화도기념사업회, 2019

ISBN 978-89-7696-753-4 03990

책값은 표지 뒷면에 표시되어 있습니다.
잘못 만들어진 책은 구입하신 서점에서 바꾸어 드립니다.

항상 그대와 함께 걷는 길

| 광운학원 설립자 화도 조광운의 생애와 도전 |

화도기념사업회 전기편찬위원회 이향철 외 지음

역사비평사

광운학원 설립자 화도 조광운
1972년 12월 5일 국민훈장 동백장 서훈 당시 모습

일러두기

1. 이 책은 조광운이 남긴 『회고록』과 『조광운 비망록』 등의 기술 내용을 바탕으로 사실관계를 확인한 다음 시간, 장소, 시대 배경, 당시 사정 등을 추가하는 방식으로 집필했다.

2. 본문에 나오는 지명과 인명은 현지 발음과 표기에 따르고, 인명의 경우 전후 맥락을 파악할 수 있도록 생몰연대를 추가한 경우도 있다. 특히 지명은 당시 사용되던 명칭을 그대로 사용하고, 필요한 경우 현재의 명칭을 병기하여 이해를 돕고자 했다.

3. 본문에서 '조광운', '광운'이라는 호칭은 광운학원 설립자의 이름이기에 앞서 광운학원의 창학 정신과 교육 이념의 상징적이고 기호화된 호칭으로 사용되었다.

4. 이 책은 머리글에서 6장까지, 마무리글과 연표는 이향철이 집필하고, 7장은 김인호가, 8장은 김정권이 분담하여 집필했다. 세 필자의 표현이나 문장 스타일은 무리하게 통일시키지 않았다.

5. 이 책은 집필자가 사료와 양심에 따라 집필한 것으로 집필 내용의 책임소재는 각 집필자에 귀속되고 집필에 관여하지 않은 화도기념사업회와 광운학원에는 미치지 않는다.

간행사

광운학원의 새로운 출발을 위하여

　화도기념사업회는 광운학원의 설립자 화도 조광운의 창학 정신을 기리고 계승할 목적으로 학교법인 내에 1985년 6월 22일에 설립되었습니다. 설립자가 타계한 지 얼마 지나지 않아 출범하여 올해로 만 34년이 되었습니다. 그동안 뜻있는 동문, 교직원이 십시일반으로 낸 성금으로 동상 건립, 화도문화상 제정과 시상, 학원사 편찬 등 굵직굵직한 사업을 추진해 왔습니다.

　그러나 설립자의 일대기를 정리하여 역사 가운데 자리매김하는 전기 편찬 작업은, 진작 서둘러야 했음에도 차일피일 미루어져왔습니다. 세월이 흐르면 인간의 기억은 하릴없이 퇴색하고 기록은 일산하는 법인데, 한때 광운대학교 총장을 역임했던 사람으로서 회한이 크지 않을 수 없습니다.

　저는 2017년 3월 27일 새로운 체제로 재출발한 화도기념사업회에 이사장으로 취임했습니다. 당시 조선영 재단 상임이사를 중심으로 '화도전기편찬위원회'를 구성하여 오랜 염원이었던 편찬 작업에 착수하였습니다. 이후 조선영 상임이사가 학교법인 광운학원 이사장에 취임하게 되면서 화도전기편찬위원회 위원장의 직책을 광운대학교 중앙도서관장 이향철 교수가 이어받아 편찬 작업을 이끌어왔습니다. 편찬위원장과 집필자들이 시간과 자금 지원이 충분치 않은 여건 속에서 온 정성과 열을 다하여 마침내 올해 기해년 뜻 깊은 설립자 탄생 120주년을 맞이하여 대망의 상재(上梓)를 앞두게 되었습니다.

한국 교육사에서 독특한 지위를 갖는 광운학원 설립자 조광운 선생의 인생 여정과 사상 형성을 객관적인 사료에 근거하여 아날학파적인 수법으로 집요하게 추적한 이번 일대기 출판이 지닌 의미의 내포와 외연은 실로 진지하고 크다고 하겠습니다. 먼저, 광운학원의 재학생·졸업생·학부모, 산하 교육기관의 교직원, 학교법인의 임직원 등 온 광운 가족과 기쁨을 함께 나누고자 합니다.

사립학교의 교육은 실로 두 가지 면에서 차별성을 추구하는 과정이라고 생각합니다. 하나는 설립자의 창학 정신을 선양하고 실천하는 것이며, 다른 하나는 사회가 원하는 세계적 수준의 학생을 육성하고 연구 활동을 수행함으로써 사회와 인류 발전에 봉사하는 교육기관이 되는 것입니다. 창학 정신이란 설립자의 교육 이념인 동시에 그 이념을 학교 교육을 통해 실현하는 열의와 방법을 함축하는 말입니다. 우리는 비로소 이를 체계적으로 구현한 설립자 전기를 갖게 된 것입니다.

아울러 아직 미답(未踏)의 영역으로 남아 있는 한국 사학의 형성과 전개에 관한 해명에 관심을 가지고 있는 연구자, 일반 독자, 사회 단체의 이해 관계자 여러분과도 그 의미와 가치를 공유하기를 기대합니다. 이 책의 머리글에서 집필자 대표가 예리하게 문제제기했듯이, 광운학원의 역사적 발전은 한국 근대대학 기원의 제3의 길을 보여주는 전형적인 사례입니다. 일제강점 아래 식민지 권력이 설립한 관립·공립학교의 길, 구미 열강의 비호를 받고 있던 기독교 계통 전문학교의 길과 더불어, 식민지 권력이나 종교 권력 바깥에서 민족 사업가의 사적인 인재 양성 기관으로 존재했던 이른바 '각종 학교'로서의 길이 그것입니다.

조선인에 대한 과학기술이나 공학 교육 자체가 터부시되었던 암울한 시대에 조선무선강습소·조선무선공학원은 거의 유일하게 식민지 권력의 엄격한 허가 기준인 시설 기자재 구비 요건 등을 충족하고 전시 총동원 체제 아래서도 살아남았습니다. 이는―중일전쟁의 전면화 이후 대부분 철수하게 되지만―한때 한반도뿐만 아니라 중국 동북 3성까지 영업망을 확장했던 광운상회의 강력한 재정 지원이 없이는 불가능한 일이었습니다. 당시 상황에 비추어 볼 때, 화도 조광운의 창학 정신은 시대와 나라를 초월하는 세계관을 바탕으로 이루어진 선각자의 뜻이었다고 생각합니다.

조광운 선생은 일본의 청년 기업가 마츠시타 고노스케와 민족을 뛰어넘은 깊은 우정으로 교류할 정도로 서로를 인정했으며, 이 우정을 바탕으로 아낌없는 사업상의 협력을 받을 수 있었습니다. 마츠시타 고노스케의 다양한 자재와 첨단 설비 기자재 기증을 통해 학교 설립 및 운영에 필요한 허가 기준을 충족할 수 있었다고 생각합니다. 이러한 도움에도 힘입어, 조선무선강습소·조선무선공학원은 관립·공립학교를 웃도는 교육 환경을 갖추고 있었기 때문에 식민지 권력도 어떻게 할 수 없었습니다. 해방후 조선무선강습소·조선무선공학원은 새로운 중등학교 체제로 이어지고, 한편으로 단기대학, 종합대학으로 발전하여 그야말로 한국 근대대학 기원의 제3의 길을 개척해온 대표적인 교육기관으로 자리 잡았습니다.

이번 설립자 전기 출판은 그동안 화도기념사업회가 추진해온 사업의 끝이 아니라 광운학원의 꿈과 가치를 실현하기 위한 새로운 출발을 알리는 이정표가 되어야 할 것입니다. 무엇보다 가칭 '조선무선강습소'와 같은 라키비움(Larchiveum)*을 마련하여 설립자의 창학 정신을 전파하는 기지국으로 삼는 일을 서둘러야 합니다. 그곳이 산재된 설립자 관련 자료를 체계적으로 수집·관리하고, 화도 조광운의 인생 여정과 사상 형성을 시각적으로 보여주는 학습관의 기능에 더해, 젊은이들이 자유롭게 꿈꾸고 새로운 아이디어를 형상화하는 상상의 공간이 되었으면 하는 바람입니다.

다음으로 학교법인 산하 교육기관에서 전기 내용을 바탕으로 새로운 교과목을 개발하거나 기존의 〈광운인 되기〉와 같은 교과목을 내실화하여 교육 현장에서 적극 활용해 나가는 방안을 강구해야 할 것입니다. 이를 위해 설립자가 지금의 대학생과 같은 20대 전반의 질풍노도 시절을 지날 때 망국의 청년으로서 방랑하며 삶의 의미와 방향을 모색했던 발자취를 체험하는 '동북아 지역 탐방 프로그램'을 병행 운영하는 것도 좋은 방법입니다. 설립자가 온몸으로 부딪치며 체험한 격동의 동북아시아는 그의 사유와 행동 방식을 형성하는 바탕이 되었고, 그것은 오늘을 사는 젊은이

---

* 도서관(Library) + 기록관(Archives) + 박물관(Museum)의 세 가지 기능을 갖는 복합 문화 공간.

가 시간과 공간을 초월하여 설립자와 공감하는 중요한 계기가 될 것입니다.

끝으로 설립자의 출생지인 인천 등 지역사회와의 연계 사업을 확충하는 일도 시도해볼 수 있을 것으로 생각합니다. 자신의 아호를 화도(花島)라고 할 정도로 평생 고향에 깊은 애정을 가지고 살았던 조광운과, 그 누구도 유서 깊은 사학 설립자를 기억하거나 기록으로 남기지 않은 인천과의 짝사랑은 이제 끝나야 합니다. 나아가 광운학원의 출범과 발전에 중요한 영향을 미친 설립자의 국제적 비전을 이어받아, 우리 광운의 모든 학교들이 국제 협력 활동을 활성화하는 기회로 만들어가야 할 것입니다.

설립자의 정신과 생애를 전기로 출판하는 데 모든 정성을 쏟아주신 이향철 편찬위원장, 김인호·김정권 집필위원, 그리고 화도전기편찬위원회 위원들에게 화도기념사업회와 광운학원의 모든 가족을 대신하여 심심한 감사를 드립니다. 아울러 이 전기를 출판해주신 역사비평사 정순구 대표, 정윤경 편집자 등 임직원 여러분께 특별한 감사를 드립니다.

2019년 5월

화도기념사업회 이사장 김기영

대한민국학술원 회원

(전)광운대학교 총장

설립자 일대기 출판에 부쳐

설립자의 전기가 출판되는 날을 참으로 오랫동안 꿈꾸고 마음 졸이며 고대해왔습니다. 더 늦지 않게 화도 선생의 전기 편찬을 시작해야겠다고 수차례 다짐도 했습니다. 학교법인 광운학원의 운영이 정부 기관에 맡겨져 있던 상당 기간 동안, 법인과 학교에 보관되어 있던 자료에 대한 접근조차 불가능하여 전기 편찬 작업을 혼자서 시작할 수도 없었습니다. 당시 그 누구도 관심을 가져주지 않았습니다. '광운'이라는 고유명사는 남아 있었지만 광운의 창학 정신과 전통은 몇몇 분들의 마음속을 제외하고는 뿔뿔이 흩어져 희미해져 그 빛을 잃어가고 있었습니다.

"부지런하고 찾아서 일하며, 아끼어 쓰라"는 광운학원 창학 정신의 기원을 이루는 「설립자훈(設立者訓)」은 지극히 평범하고 단순합니다. 어쩌면 너무나 일상적인 언어로 모든 광운학원 구성원들의 생활 덕목을 표현하고 있어 그동안 많은 분들의 주목을 받지 못한 것인가라는 생각이 들 정도입니다. 이러한 설립자훈에서 창학 정신, 교육 이념이 탄생하여 체계화되기까지 일어났던 수많은 이야기들이 이 책에 담겨 있습니다.

머리글에서 집필자 대표인 이향철 교수가 상세하게 설명했듯이, 이 책은 화도 선생의 일대기를 사료에 근거하여 객관적으로 기술하는 것을 목적으로 하고 있습니다. 집필자는 물론 법인 이사회와 화도기념사업회의 사견을 배제하여 설립자의 일대기가 역사의 한 페이지로 자리매김될 수 있도록 많은 분들이 최선을 다해주었습니다. 『항상 그대와 함께 걷는 길』이 단순히 화도 선생 개인의 생애와 도전을 기술하는 전기에 그치지 않기를 희망하는 이유이기도 합니다.

이 책을 통해 '광운'이라는 이름이 가지고 있는 의미가 확고하게 정립되어 시대와 장소를 불문하고 교육기관이 갖는 역할과 사명감, 무거운 책임 의식에 대해 통감하고 함께 고뇌하는 계기가 만들어지기를 희망합니다. 또한 학교법인 광운학원 산하 교육기관의 모든 구성원들에게 '광운가족'이라는 새로운 키워드가 마음 깊숙이 흔들리지 않도록 자리 잡아, 항상 함께 길을 걸을 수 있는 끈이 되어줄 것을 기대해봅니다.

마지막으로 광운학원을 운영하며 늘 나침반이 되어주는 설립자의 연설문 가운데 일부를 발췌하여 광운의 과거와 미래를 이어 나가는 화도 선생의 바람을 공유하고자 합니다.

이제 나는 80여 세의 노후에 있습니다. 그러나 나는 쉬지 않을 것입니다. 나에게는 아직도 하여야 할 숙명적인 책임과 사명이 남아 있기 때문입니다. 학생들에게는 좀 더 나은 교육의 터전을 마련하여주어야 할 것이며 교직원 여러분들에게는 교육의 책임과 사명만을 충실히 수행할 수 있도록 그들의 복리후생에 전력할 것입니다. 또한 유치원이나 국민학교에서 대학에 이르기까지 차등 없이 균형 있는 성장과 발전이 이룩

될 수 있도록 전심전력할 것입니다.

　여러분은 교육자이므로 (…) 학생 교육에 전념하여야 할 것이며 지식·기능의 전수에만 그치지 말고 전인적 교육에 더욱 유념하여야 할 것입니다. 학생 제군은 배움에 열중하여야 할 것이며 스승을 존경하고 애교심을 함양하여야 할 것입니다. 그리고 법인과 학교 당국은 교직원과 학생들이 배움을 주고받음에 있어 더욱 훌륭한 환경과 여건을 조성하도록 나는 지휘할 것입니다. 우리들은 모든 발전의 원동력이 물질적인 것보다는 정신적인 힘에 좌우된다는 역사적인 교훈을 명심하여야 할 것입니다. 그리고 나의 좌우명으로 삼았던 세 가지 교훈의 실천으로 학생과 교직원, 학교 당국이 삼위일체가 되어 서로 믿고 이해하며 협력할 때 우리 모두의 목적은 성취될 것입니다.

　여러분의 할 일이 내가 해온 일과 같을 수는 없겠지만 과학입국의 정신만은 모두 합일(合一)할 수 있기를 바랍니다.

2019년 5월
학교법인 광운학원 이사장 조선영

차례

기록과 역사로서의
한 사학 설립자의 일대기

한 사학 설립자의 일대기

이 책은 서울 노원구에 위치한 학교법인 광운학원의 설립자인 화도 조광운(花島 曺光云, 1899~1980)의 일대기를 사료에 근거하여 객관적으로 기술하는 것을 목적으로 한다. 그는 500년 왕조의 명운이 누란의 위기에 처한 구한말에 태어나 일제강점 아래 인생의 절반 가까이를 보내고, 해방과 분단의 혼란, 동족상잔과 대립, 개발독재의 시대로 이어지는 격동의 81년 세월을 살다 갔다. 지금까지 개별적인 영역에 묻혀 있던 한 사학 설립자의 '삶의 현실'을 언어의 질서를 매개로 타자에게 열린 '삶의 기술(記述)'로 전환하여 시간의 흐름 가운데 자리매김하고자 한다.

이러한 작업은 학교법인 산하 교육기관이 펴내온 『광운80년사』(광운전자공업고등학교 총동문회, 2015)나 『광운학원 80년사』(광운대학교, 2014) 등과 같은 출판물과는 기술의 시기와 대상, 목적을 달리한다. 또한 사실을 바탕으로 하면서도 집필자의 개성적인 관점이나 식견을 투영하여 한 인물의 생애를 분석·판단하거나 이야기풍으로 생생하게 그려내는 평전(critical biography)이나 전기문학(literary biography)과도 구별된다. 이 세상에 와서 떠날 때까지 시대정신과 각투를 벌이며 무슨 생각을 하고 어떻게 살았으며 무엇을 이루었는지 오롯이 설립자의 삶 그 자체에 집중하는 것이다. 물론 기존의 학원사 유서(類書)가 그 출범과 관련하여 설립자의 삶을 부분적으로 다루었듯이, 여기서도 개인사 구축과 관련하여 관련 교육기관의 역사를 일부 다룰 수 있다는 점에서 중첩되는 부분이 전혀 없는 것은 아니지만, 기본적인 관점을 달리한다는 점을 분명히 해둔다.

자신을 비춰보는 거울로서의 기록과 역사

역사의 기록에는 그 대상이 무엇이든 폭넓은 사료의 수집과 그것에 대한 엄정하고 적정한 비판이 필수 조건이다. 특히 공문서, 일기, 편지, 회고록, 메모 등과 같은 1차 사료의 중요성은 아무리 강조해도 지나침이 없다. 그러나 광운학원의 경우 1944년 1월 21일 이웃집에서 옮아 붙은 화마로 현재의 서울 중구 봉래동 소재 조선무선공학원, 광운상회, 사택이 송두리째 소실되고 여기에 보관되어 있던 각종 문서 자료도 연기와 함께 사라지고 말았다. 그 후에도 특별히 산하 교육기관의 설립 및 운영 과정에서 생성된 인허가 등 각종 행정 문서, 학적부 및 교육 내용, 경영 자료 등이 체계적으로 관리되어온 흔적이 보이지 않고 사료적 가치가 있는 문서는 별로 남아 있지 않다.

이는 자신이 몸담고 있는 조직의 발자취를 돌아보고 현재를 점검하고 앞날을 비춰 볼 소중한 역사적 자료를 철 지난 기계 설비의 매뉴얼이나 구 버전 컴퓨터 운영체제의 설명서 정도로 생각하고 대수롭지 않게 폐기 처분해온 광운학원 체질 그 자체에서 귀책사유를 찾을 수밖에 없을 것이다.

　일찍이 설립자는 이러한 체질의 본질에 대해 경종을 울린 바 있다. "과학기술교육의 대상은 인간이다. 그러므로 인간이 아무리 진선진미(眞善眞美)한 과학기술을 지니고 있다 하더라도 거기에는 반드시 인간다운 품격이 깃들어 있어야 하는 것이다. 우리는 새로운 과학기술을 함양하기에 앞서 사랑의 마음을 길러 간직하여야 할 것이다." 즉, 과학기술 교육에서 세분화된 전공 분야에만 매몰되어 있으면 전문 영역의 상호 관련성과 실천적인 적용을 희생시키고, 학생으로 하여금 자신이 습득한 지식과 과학기술을 사회의 존립 형태나 인간 행동 내지 인간의 삶의 방식과 관련시키는 것을 곤란하게 하여 인간 교육의 본질을 잃게 한다는 준엄한 지적이었다. 제4차 산업혁명과 공학 교육의 패러다임 전환이 이야기되는 지금에도 귀담아 들어야 할 대목이다.

회고록이 전하는 이야기

　이 책의 집필은 지금까지 수집·발굴한 회고록, 비망록, 서간, 인터뷰 기사, 사진 등 설립자 관련 1차 사료를 바탕으로 하고, 산하 교육기관의 설립 및 교육 활동과 관련된 부분은 정부 기관이 보관하고 있는 공문서 등을 적극 활용했다. 발굴된 매장 문화재를 조각조각 맞추어 해석하는 고고학자의 작업처럼, 1차 사료를 하나하나 엮어내 설립자의 일대기를 구축하고자 했다. 다만 일부 조각의 결락으로 중요한 인생의 전기(轉機)나 선택의 인과관계를 설명하기 어려운 경우, 공백으로 남겨두기보다는 당시 정치권력의 정책적 의도나 사회경제적 상황 등으로 행간을 보완하여 사료가 허락하는 범위 내에서 복원을 시도하기도 했다. 어차피 인간은 동서고금(東

西古今)을 불문하고 자신이 살아온 시대 환경의 제약에 의해 인식의 틀이 정해지는 "시대의 자식"이기 때문이다.

이 책의 가장 기본적인 사료는 설립자 스스로 기억이나 회상을 바탕으로 자신의 인생과 삶을 기록한 「회고록」이다. 엄밀히 말해서, 회고록이란 자신의 기억이나 생각, 감정에 중점을 두고 인생의 일부분을 차지하는 특정 사상(事象)이나 사건을 기술한 문서라는 점에서, 오히려 '미완성 자서전'에 가깝다고 볼 수 있을 것이다.

조광운은 1968년 5월 20일 자신의 69세 탄생일에 맞춰 광운전자공과대학 학보에 「회고록」을 연재하기 시작했다. 광운전자공과대학 학보는 창간 후 제호가 수차례 바뀌었는데, 대학 설립 인가 4년째인 1967년 5월 20일 『광운대학보』로 창간되어 월간으로 10호까지 발행하다가 꼭 1년 후 『광운학보』(11~16호)로 바뀌고, 다시 1968년 11월 15일 『광운전자신문』(18~27호), 1969년 9월 20일 『광운전자대학보』(28~83호)로 변경되었다. 그러니까 조광운의 회고록은 『광운학보』 11~16호의 6개월, 『광운전자신문』 17~27호의 11개월에 걸쳐 게재된 것이다.

자신의 출생에서 시작하여 개항장에서 보낸 청소년 시절, 일본 유학, 광운상회와 조선무선강습소, 조선무선공학원으로 이야기가 이어지다가 6·25전쟁 언저리에서 중단된다. 학보에 실린 마지막 원고의 날짜(1969년 7월 15일)를 감안하더라도, 사유는 알 수 없지만 회고록은 완성되지 않은 채 끝났다. 다만 이 회고록은 일부 사료 비판의 대상이 되는 기억의 오류나 견강부회로 읽히는 대목이 없는 것은 아니지만, 전체적으로 사실관계가 정확하고 신뢰도가 높은 내용으로 이루어져 있다.

비망록의 수수께끼

「회고록」과 아울러 또 하나의 중요한 1차 사료로 설립자의 육필(肉筆)에 의한 메모가 전해오고 있다. 가로 세로 39.5cm × 26.0cm 규격으로 한지를 이중으로 접어 오른쪽으로 편철하고 붓글씨로 위에서 아래로 내려 쓰면서 왼쪽에서 오른쪽으로 행갈이를 하는 전통적인 서자(書字) 방식을 채택하고 있다. 모두 두 권으로, 한 권은 연도별 광운학원 관련 내용이고 다른 한 권은 직계가족 구성원 개개인에 관련된 정보이다. 제목과 쪽수는 따로 붙이지 않았다. 여기서는 편의상 '기억해두어야 할 중요한 사항을 간단히 메모해둔 개인적인 기록'이라는 뜻으로 각각 『조광운 비망록—광운학원편』, 『조광운 비망록—가족편』이라 부르기로 한다.

그런데 조광운은 이 비망록이 언제 어떻게 무엇을 위해 작성되었는지 본문에서 직접 언급하지 않았다. 대체로 1960년대 중반까지는 붓글씨의 크기와 굵기, 먹의 농도가 일정하고 문장의 체계가 정연하며 연호의 표기가 단기(檀紀)로 통일되어 있는 점을 볼 때 비교적 짧은 기간 동안 작성된 것으로 판단된다. 그 후는 붓글씨의 크기가 전반적으로 커지고 먹의 농도도 들쑥날쑥하며 글자의 굵기가 일정하지 않는 등, 문장의 체계가 조금씩 흐트러지고 있다. 아울러 연호의 표기도 단기에서 서기로 바뀌었다. 그의 비망록 작성은 "1978년 10월 9일 12시 5분(음력 무오년 임술월 갑진일 경오시) 시내 성심병원에서" 손녀 "출생, 조선영(曺瑄英)으로 명명(命名)"이라는 기사로 멈추고 있다. 타계하기 꼭 1년 반 전의 일이었다. 그는 인생의 마지막 순간까지 광운학원과 가족의 일을 기록으로 남겨두려 했던 것이다.

그렇다고 해도 이 비망록이 언제부터 무슨 목적으로 작성되었는가라는 문제는 여전히 해명되지 않은 채로 남는다. 이와 관련하여 비망록 사이에 껴 있는 설립자의 도서 대출 관련 문서가 그것을 밝혀줄 유력한 실마리를 제공해준다. 1966년 10월 21일 광운전자공과대학 도서관 직원 강광수(康光洙)가 조광운 이사장에게 보낸 서도 및 서체 관련 도서 소장 현황 보고 및 대출 문서가 그것이다. "60여 권이나 되는 책 중에서 필체 및 서체별로 뽑다 보니 14책이 되었습니다. 제 인수증으로 대출한 것이오니 오래 보실 형편이시면 (…) 대출증을 개서(改書)하도록 하시는 것이 좋겠습니다"라는 내용이다. 조광운이 비망록 작성에 참고하기 위해 대학 도서관 직원에게 서체 관련 도서의 소장 상황을 물었고, 이에 2대 도서관장 민병기(閔丙璣)가 그것을 조사케 하여 보고하는 동시에 『서도전서(書道全書)』(平凡社)를 위시한 14종의 관련 서적을 대출해주었음을 알 수 있다.

참고로 『서도전서』는 한자 문화권의 모든 한자 서체를 국가별로 시대순으로 망라한 도판과 100명 가까운 서예 전문가들의 해설, 연구논문으로 구성되어 있다. 아시아태평양전쟁 이후 판본은 바뀌었지만 현재까지도 복각판이 나돌 정도로 서도사(書道史) 이해의 방향성을 잘 체현하고 있는 기본적인 문헌이다. 비망록 작성을 위해 『서도전서』 같은 책을 곁에 두고 자신의 서체를 하나하나 점검했다는 것은, 어린 시절 서당에서 배웠던 한학에 대한 깊은 조예와 자타가 공인하는 서예가로서의 자부심에 집착했던 조광운의 인간적인 일면을 보여준다고 할 것이다.

광운이 서체 관련 도서를 대출받았던 1966년 10월 21일과 학보에 「회고록」을 연재하기 시작한 1968년 5월 20일 사이에는 밀접한 상관관계가 있는 것으로 보인다. 말하자면, 인생의 황혼기에 접어들어 기억과 기력이 온전할 동안에 후학들과 가족에게 자신의 삶을 되돌아보는 「회고록」을 남기기로 하고, 그 준비 작업의 일환으로 서체 연구와 함께 『조광운 비망록」작성에 착수했던 것이다. 그러나 고희(古稀)를 넘기면서 노환이 심해지고, 특히 교통사고 치료 및 그 후유증에 시달리면서 6·25전쟁 무렵까지 다루었던 「회고록」의 연재는 일단 중단되었다. 그 후에도 광운이 「회고록」의 완성을 포기하지 않고 시야가 흐려지고 붓을 잡을 힘이 없어 글자체가 흐트러지는 인생의 마지막 순간까지 『조광운 비망록』의 기록에 매달렸음은 앞에서 언급한 바와 같다.

현해탄을 오고간 편지

그 밖에 조광운 관련 1차 사료로는 서간, 인터뷰 기사, 사진 등이 있다. 주로 학보에 실린 인터뷰 기사나 많은 사진 자료는 앞에서 거론한 「회고록」과 『조광운 비망록』의 사실관계를 조회·확인하거나 설립자의 교육관과 인생관을 보완하는 부차적인 자료의 역할을 해주었다. 따라서 여기서는 지면 관계상 서간 자료가 갖는 사료적 가치에 대해서만 간단히 언급해 두기로 한다. 지금까지 전해오는 서간은 40여 통에 달하는데, 대부분 1970년대에 조광운이 일본의 기업인이나 대학 관계자와 주고받은 것이다. 현해탄을 오고간 원거리 필담(筆談)의 내용을 살펴보면, 이들과의 관계는 6·25전쟁을 전후한 시기는 물론 아시아태평양전쟁 이전, 심지어 1920년대 중반까지 거슬러 올라가기도 한다.

서간 자료는 무엇보다 광운학원 설립자 조광운과 일본 기업인 마츠시타 고노스케(松下幸之助)가 평생 서로 돕고 의지하는 사업의 협력가요 인생의 조언자이자 믿음의 친구였음을 증언하고 있다. 두 사람의 교유(交遊)는 광운의 오사카 체류 시절 빈천지교(貧賤之交)로 시작하여, 귀국 후 광운상회와 조선무선강습소 운영 시기에는 사업의 협력자, 인생의 조언자로 발전했고, 해방 이후 고노스케의 공직 추방, 6·25전쟁, 석유 위기에 이르는 혼란의 시기에는 서로의 안부를 걱정하고 세계경제의 현실을 우려했으며, 인생의 말년에는 서로의 건강을 염려하는 막역지우(莫逆之友)가 되어 갔다. 고노스케는 마츠시타전기기구제작소(松下電気器具製作所, 현 파나소닉 주식회사의 전신)를 설립하고 일대에 세계 굴지의 전기기구 메이커로 육성하여 '경영의 신'으로 불리는 인물이다. 나아가 광운과 의기투합한 결과인지 알 수 없으나 "Peace and Happiness through Prosperity(번영을 통한 평화와 행복을)"이라는 영어의 머리글자를 딴 PHP연구소를 설립하여 기업인과 일반인을 대상으로 윤리 교육과 출판 활동에 나서고, 말년에는 마츠시타정경숙(松下政経塾)을 만들어 정치가 육성에 나서는 등 기업인의 사회적 책임의 일환으로 사회 교육, 정치 교육에도 관여했다.

서간 자료 가운데 또 하나 특기할 만한 사항은 광운학원과 오사카전기통신대학(大阪電氣通信大學) 사이의 인적 교류, 정보 교환, 우호 협력을 뒷받침하는 편지가 다수 포함되어 있다는 점이다. 여기에는 광운학원 설립자이자 이사장인 조광운과 오사카전기통신대학 설립자이자 학원장인 아사노 요시조(浅野由三)를 필두로 이사 겸 전자계산센터소장 야마가타 도시카즈(山県敏和), 무선통신 전공 나가오 신지(長尾信次) 교수가 깊이 관여하고 있다. 오사카전기통신대학은 1941년 설립된 구제 중등교육기관인 동아전기통신공학교(東亜電気通信工学校)를 모체로 하여 1958년 단기대학(短期大学)으로 출범하고 1961년 4년제 대학으로 개편되었다. 특히 단기대학의 설립과 동시에 이루어진 전자공학과 개설은 국립대학인 도쿄대학(東京大学)이나 오사카대학(大阪大学)과 때를 같이하는 것으로, 사립대학으로서는 일본 최초의 일이었다. 전자공학이 공업입국(工業立國)의 초석이 된다는 인식 아래 산업계의 관련 기술자 육성 요구에 적극적으로 부응한 조치였다. 이처럼 오사카전기통신대학은 광운학원과 설립의 역사적 배경이나 성장 과정, 교육기관으로서의 특성이 매우 유사하여 서로 많은 부분에서 경험과 방향을 공유할 수 있었다.

한국 근대대학 제3의 발자취

지금까지 광운학원 설립자 조광운의 개인사를 구축하기 위해 수집·발굴한 주요 자료를 소개하고 그 사료적 가치를 음미해보았다. 이로써 단순히 한 인물을 현창(顯彰)하거나 위인을 만들어내는 것이 이 책의 의도가 아님은 어느 정도 밝혀졌으리라 믿는다. 그렇다고 해도 굳이 현시점에 이런 책을 펴내는 적극적인 이유가 무엇인지라는 물음은 여전히 남는다. 다음에서는 한국 근대대학의 기원과 관련된 문제, 교육기관으로서의 가치와 이념의 정립과 계승의 문제, 그리고 청년에 대한 교훈이라는 세 가지 관점에서 그 의미를 정리해보려 한다.

첫째는, 한국 근대대학의 출범 문제와 관련하여 광운학원의 설립 및 발자취가 갖는 역사적 의미이다. 한국 근대대학의 시작은 3·1운동 이후 "우리 민족의 생명 운동이자 문화 운동"의 일환으로 요원의 불꽃처럼 번진 민립대학 설립 운동(民立大學設立運動)에 대한 조선총독부의 강압적인 탄압과 그에 대한 민족 진영의 대응에 따라 크게 세 갈래로 나누어진다. 먼저, 일제는 조선인의 거국적인 민립대학 설립 움직임을 원천봉쇄하고 반일 여론을 무마하기 위해 1923년 5월 '경성제국대학령(京城帝國大學令)'을 공포하고 경성제국대학을 설립한다. 처음에는 조선인에게 과학과 기술 관련 고등교육을 제공하는 것은 가당치 않다는 이유로 이공학부 설치를 보류한 채 식민지 지배와 개발에 도움이 되는 법문학부와 의학부만 설치하여 운영하다가, 대륙 침략의 본격화에 따라 병참기지 구축에 필요한 기술자를 양성하기 위해 일본군지원병훈련소(日本軍志願兵訓練所, 지금의 육군사관학교 자리)에 인접한 경기도 양주군 노해면 공덕리에 경성제국대학 이공학부(지금의 노원구 공릉동 서울과학기술대학교 자리)를 설치했다. 그리고 1946년 8월, 제대로 된 과거사 청산에 대한 논의 없이 경성제국대학의 물적 자산을 계승하고 미군정의 의도에 따라 사실상 간판을 바꿔 다는 형태로 국립서울대학이 출범했다.* 일제강점에서 벗어날 때까지 이 땅에는 경성제국대학을 제외하고 단 하나의 민립대학, 또는 사립대학의 설립도 허용되지 않았다.

다음은 사립 전문학교가 대학으로 발전한 경우이다. 민립대학 설립 운동을 전후하여 극소수 식민지 통치기구 하급 관리를 양성하는 일제의 관공립 전문학교들 틈바구니에서 조선인 사립 전문학교도 어렵사리 생존의 공간을 확보할 수 있었다. 국내외 기독교 단체의 강력한 지원을 받아 사실상 식민지 지배 권력의 '적성학교(敵性學校)'로 분류되던 연희전문학교, 세브란스의학전문학교를 제외하고 '각종학교'로 격하되어 교육기관으로서 지위도 인정받고 있지 못하던 보성전문학교, 이화여자전문학교, 숭실전문학교의 숨통이 트인 것이다. 당시 전문학교는 수업 연한이 각각 6년, 5년으로 연장된 보통학교와 고등보통학교를 졸업한 학생들을 입학 대상으로 하여 3~4년간 대학 예과 과정에 해당하는 교양 교육을 실시

---

* 김기석, 「해방 후 분단국가 교육 체제의 형성, 1945~1948—국립서울대학교와 김일성종합대학의 등장을 중심으로」, 『서울대학교 사대논총』 53, 1996; 최혜월, 「미군정기 국대안 반대 운동의 성격」, 『역사비평』 3, 1988.

했다. 여기서도 대학 학부의 전공 교육에 해당하는 과학과 기술 관련 이론 교육은 허용되지 않았다. 식민지 지배 권력은 기존의 사립 전문학교도 끊임없이 '각종학교'로 격하시켜 무력화하고자 시도하다가, 전시 체제기가 되자 이를 전쟁 수행에 필요한 인력과 물자를 공급하는 일본 제국주의의 강습소 내지 양성소로 전락시켰다. 해방 후 일제강점 아래 대학과 전문학교로 이원화되어 있던 고등교육이 4년제 대학으로 일원화되면서 이들 사립 전문학교는 모두 종합대학으로 승격·개편되었다.

그러나 한국 근대대학의 기원에는 경성제국대학을 필두로 하는 식민지 지배 권력의 관공립 계통이나 사립 전문학교 계통 외에 또 다른 하나의 계통이 있었다. 그것은 특정 사업체가 자체적으로 필요한 인재를 양성하기 위해 설립한 강습소(講習所)의 형태로 출발하여 총동원 체제 아래 사실상 교육기관으로 인정을 받고 해방 후 종합대학으로 전환한 경우이다. 일제가 조선 민족의 고등교육에 대한 열망을 관공립학교 설립으로 무마·봉쇄하는 가운데 기독교 단체나 지주 세력과 같은 강력한 지원 세력을 갖지 못했던 개인들이 설립한 민족학교는, 특히 그것이 과학기술과 관련되는 경우는 하나같이 이러한 '각종학교'로서만 존립이 가능했을 뿐이었다.

광운학원의 모체인 조선무선강습소는 경성, 인천, 남양, 사리원, 재령, 춘천 등 한반도의 주요 지점은 물론 헤이룽장성(黑龍江省) 무단장(牧丹江), 지린성(吉林省) 투먼(圖們), 랴오닝성(遼寧省) 펑톈(奉天, 현 선양瀋陽) 등 중국 동북 지방에 산재한 항일 독립 투쟁의 중심지까지 영업 조직망을 뻗어 나가고 자금력을 갖추었던 광운상회(光云商會)의 전기 및 무선통신 관련 기술자 양성을 위한 '각종학교'로 출범했다. 일제시대의 중등 단계 실업교육은 농업과 상업 분야에 국한되었고 공업 분야는 전습소(傳習所)에서 3년제 갑종학교로 독립된 경성공업학교를 제외하고 일체 허용되지 않았다. 유일하게 조선인의 개인적 후원으로 운영되던 협성실업학교에 상업과와 함께 공업과가 설치되지만, 교원과 기기 설비를 마련할 재원을 확보하지 못해 일제 패망 때까지 사실상 소규모 자영 기술자를 양성하는 가구과로만 연명하는 형편이었다. 따라서 한민족의 자주적인 공업교육은 스스로 필요한 전기 및 무선통신 인재를 양성하여 사용하는 조선무선강습소와 같은 설립 형태가 거의 유일한 방법이었다.

1938년 9월 8일 일제는 대학, 전문학교, 실업학교와 함께 '각종학교' 졸업자도 '학교졸업자사용제한령(學校卒業者使用制限令)'의 적용 대상에 포함시켜 기술 인력의 공급과 배치를 식민지 지배 권력이 직접 통제·관리하도록 했다. 이에 전기 및 무선통신 분야의 기술 인력을 배출하고 있었던 조선무선강습소는 조선무선공학원으로 탈바꿈하여 '각종학교'이면서 사실상 교육기관으로 인정을 받게 되었고, 해방 후 초급대학을 거쳐 종합대학으로 발돋움했다. 이처럼 광운학원의 성립과 발전은 한국 근대대학의 제3의 발자취를 체현하는 가장 전형적인 사례였다.

창학 정신과 교육 이념의 소환

둘째로, 설립자의 개인사 구축과 이를 통한 광운학원 설립 및 발자취를 규명하는 작업은 교육기관으로서의 가치와 이념을 정립하고 계승하는 문제와 직결된다. 비단 광운학원뿐만 아니라, 사학에서 창학 정신과 교육 이념을 설계하고 실천한 설립자의 삶은 결코 지나간 시간의 영역에 머무르지 않는다. 그의 후계자와 구성원으로 하여금 교육을 통한 인간의 해방, 사회의 개조, 민족의 자립, 국가의 발전이라는 이상주의적 가치의 실현을 위해 한곳에 모이게 하고 나아갈 길을 묻게 하는 시대의 사표(師表)가 되는 것이다. 말하자면, 종교학자 엘리아데(Mircea Eliade)가 개념화한 '영원회귀의 신화(le Mythe de l'éternel retour)'처럼 끊임없이 원점으로 회귀하여 거기서 현실을 재구성하는 강력한 힘과 논리를 얻어내는 그런 존재가 되는 것이다.

조광운은 생애 절반 가까이를 일제강점기에 살면서 '이민족(異民族)의 노예로 전락한 민족을 구하는 길은 청년 학도들에게 과학기술과 새로운 문물을 가르치는 길밖에 없다'는 신념으로 1934년 5월 20일 조선무선강습소를 설립했다. 척박한 토양에 민족 교육의 씨를 뿌리고 소중히 그 싹을 키워온 그는 해방 후 이를 모태로 광운학원을 설립하여 새로운 국가 건설과 경제 발전에 필요한 인간 교육과 인재 양성에 헌신했다. 그의 인생관, 교육관, 세계관은 그대로 광운학원의 창학 정신이 되고, 인간 교육과 인재 양성의 이상적 가치가 된다. 나아가 작금의 교육개혁 방향이 개별 학원의 독자적인 교육 이념·목적의 정립과 그에 입각한 중장기 발전 계획 책정을 통한 목표 관리 운영, 그리고 그 성과에 대한 평가를 기본선으로 하고 있다는 점에서 강력한 시대의 소환을 받고 있다.

그동안 광운학원의 설립자는 친족이나 일부 지인을 제외하면 거의 잊힌 존재였다. 매년 추도회는 열렸지만, 설립자에 관한 자료의 수집과 정리는 제대로 이루어지지 않고 일산(逸散)되거나 유실(流失)된 채로 방치되었으며, 체계적인 분석이나 변변찮은 전기 하나 없는 것이 현실이다. 그만큼 광운학원은 오랫동안 주체성을 잃고 방향을 정하지 못한 채 노두(路頭)에서 방황해왔다는 이야기가 된다.

지금 한국의 교육기관은 너나 할 것 없이 국가와 사회로부터 대중화·세계화·시장화·지식 정보화라는 미증유의 사회변동에 대응하는 교육 활동 및 관리 운영 체제의 개혁을 요구받고 있다. 이는 인재와 시설과 자금을 아낌없이 투입해도 성공을 담보하기 어려운 일이지만, 저출산 고령화, 학령인구 감소, 수년간 지속된 수업료 동결 등으로 재정 상황은 나아질 조짐을 보이지 않고 있다. 이렇게 사방이 꽉 막혀 있는 현실에서는, 일제 치하의 동토(凍土)에서 민족 교육의 싹을 틔우고 다시는 남이 넘보지 못할 국가 건설에 필요한 동량을 키워낸 조광운의 창학 정신과 교육 사업의 원점으로 되돌아가 오늘의 어려운 현실을 진단하고 새로운 방향과 강력한 추진력을 얻어내는 예지를 발휘해야 할 것이다.

길을 묻는 젊은이에게

현시점의 우리에게 이 책이 필요한 세 번째 이유, 그것은 암울한 현실속에서도 민족적 자존심을 잃지 않고 조국의 미래를 위해 분투했던 '청년' 조광운의 믿음과 희망을 돌이켜보는 것이다. 지금까지 거의 알려지지 않았던 젊은 시절 조광운의 생애는 그 자체로 오늘을 사는 청년들에게 많은 자극과 시사점을 제공할 것으로 믿어 의심치 않는다.

일제는 조선인 우민화 정책의 일환으로 상급학교 진학이 원천적으로 불가능하도록 보통학교, 실업학교, 대학 등의 교육 제도를 설계했다. 그럼에도 조광운은 불굴의 의지로 학업과 사업을 이어가면서 1920년 10월에 청강생을 거쳐 기어코 와세다대학 정경학부 예과에 입학했다. 하지만 그것도 잠시, 2·8 도쿄 유학생 독립선언과 3·1운동 이후 조선인 유학생에 대한 일본 관헌의 박해와 감시가 극심해지자, 광운은 비교적 감시가 소홀한 오사카(大阪)로 이동하여 사업 전선에 뛰어들면서 8개월 만에 유학 생활을 끝낼 수밖에 없었다. 이후 그는 갖은 사업의 성공과 실패를 반복하면서 항상 현장에서 문제를 찾고 현장에서 그 해결책을 구하는 놀라운 순발력을 발휘하며 살아간다.

구체적인 내용은 본문으로 넘기기로 하고, 미완으로 남은 조광운의 「회고록」에서 그가 청년들에게 남긴 매우 문학적인 메시지를 하나 소개하면서 머리글을 마무리한다.

청년은 미래에 살고 노인은 과거에 산다고 한다. 붓을 들고 조용히 눈을 감으면 여러 가지로 얽히고설켜 오늘에 이르기까지 펼쳐 나온 나의 생애의 일들이 짙은 안개 속에 파묻힌 풍경처럼 서서히 머릿속에 떠오른다. 청년들은 누구나 희망에 부푼 미래의 설계도를 보다 낫게 그려 보람 있는 일생을 마치기 위하여 그들보다 앞선 선인들의 경험담과 체험담을 즐겨 듣는다. 또 노인들은 자기들이 겪어온 지난 일들을 되새겨 반성하면서 뒤따라오는 청년들의 앞날을 올바르게 이끌어주려고 하는 데서 또 하나의 생의 희열을 느끼는 것 같다. 나는 나의 지나온 생애가 결코 순풍에 돛을 단 순탄한 항해가 아니고 갖은 풍랑과 파도 속에서 오직 신념과 투지만을 가지고 싸워 이겨온 생애이기에 뒤따라오고 있는 후배들, 특히 청년들의 앞날에도 도움을 줄 수 있다는 기대 속에서 이 글을 쓴다. 또 이 글은 나 개인의 역사라기보다 광운학원이 이루어지기까지의 지나온 발자취를 더듬는 우리 광운학원의 역사가 될 것이며, 나는 그것을 지켜본 산증인으로서 이 글을 쓰는 것이다.

2019년 5월

집필자 대표 이향철

제1장
개항장 소년

출생

조광운은 1899년(광무光武 3년 기해년己亥年) 5월 20일(음력 4월 11일) 새벽 (寅時)에 인천부(仁川府) 다소면(多所面) 고잔리(古殘里)에서 아버지 조운식(曹 雲植, 1864~1939)과 어머니 연일 정씨(延日 鄭氏, 1869~1925) 사이의 장남으로 태어났다. 호적 원부에 기록되어 있는 인천부 신화수리(新花水里, 현재의 인 천광역시 동구 화수동) 123번지는 일제의 토지조사사업에 따른 지번 부여와 지방 통치 제도 개편(『朝鮮總督府會』 第111號)으로 1914년 10월 이후 변경된 것으로 보인다. 아래로 누이동생 복순(福順)을 두고 있었지만 4대 독자로 대대로 손이 귀한 집안의 자식이었다(『조광운 비망록—광운학원편』, 이하 『비 망록』).

창녕 조씨(昌寧 曺氏) 원시조로부터 헤아려 41세, 선무랑계(宣武郎係) 찬 성공파(贊成公派)로는 24세에 해당하며, 세보에는 돌림자에 따라 '환(換)'을 사용하여 조광환(曹光換)으로 올라가 있다. 참고로 창녕 조씨 같은 항렬이 었던 죽산 조봉암(竹山 曺奉岩, 1898~1960)이 1년 앞서 지척에 있는 강화부(江

華府) 선원면(仙源面) 지산리(智山里)에서 태어난다. 두 사람의 인연이 역사의 소용돌이 속에서 일의대수 강화해협의 급류와도 같은 우여곡절을 겪게 되리라고는, 당시 아무도 상상할 수 없었다(『昌寧曺氏派譜 贊成公派』).

어머니 품속 같은 고향

인천은 유서 깊은 사학 설립자 조광운을 기억하거나 기록을 남기지 못했지만, 광운은 자신의 아호(雅號)를 화도(花島)라고 하고 자신이 설립한 대학의 본관을 화도관(花島館)이라고 할 정도로 고향에 대한 깊은 애정을 가지고 있었다. 태어나 20년 가까이 살면서 세상 물정에 눈뜬 곳인 데다 어머니를 떠나보낸 후 바로 그곳을 떠나 현재의 서울 중구 봉래동으로 거처를 옮겼던 만큼, 인천에 대한 애정은 어머니에 대한 그리움과 겹치는 애틋한 것이었다.

그는 『비망록』에서 어머니의 타계에 대해 "장자이며 단 하나인 나 광운이가 늘 외국에 가서 있었기 때문에 보고 싶어 병이 되어 장구히 고생하시다 해소 천식병으로 (…) 인천부 화도동 123번지에서 별세하셨다"라고 소회를 남기고 있다. 이처럼 그는 '신화수리'라는 행정상의 명칭 대신에 고향 사람들이 예전부터 자기 동네를 불러왔던 '화도', '화도동'이라는 표현을 사용하고 있다(『비망록―광운학원편』). 사실 '화도동'은 한 번도 정식 행정구역 명칭으로 사용된 적이 없지만, 지금도 그곳에 가면 골목마다 '화도'라는 이름이 붙은 오래된 이발소, 가게, 꽃집, 정육점, 복덕방, 어린이집, 학교, 교회, 공원 등을 어렵지 않게 만날 수 있다. 100년도 더 된 화도교회(花島敎會)는 12살짜리 광운 소년이 재 너머 공립보통학교에 늦을세라 화도 고개를 숨차게 달음박질하여 올라오는 모습을 증언이라도 하듯이 지금도 고개 위에서 내려다보고 있다.

'화도'라는 지명이 인구에 회자된 것은 19세기 후반 미국, 프랑스, 일본 등 제국주의 열강의 함대와 상선이 서해안에 출몰하여 500년 왕조의 운명이 풍전등화에 처했을 무렵이었다. 1876년 2월 26일, 일본은 자신들이 일으킨 운요호(雲揚號) 사건을 구실로 조선에 군함을 파견하여 군사적 위협을 가하면서, 청의 종주권 부정, 조선 영해의 자유항행, 주요 항구의 개항 및 교역, 영사재판권 인정 등의 일방적이고 불평등한 요구를 담은 강화도조약을 강제하여 조선 침략의 발판을 마련한다. 제물포(濟物浦)가 개항 후보지로 부각되는 가운데, 조선 조정으로서도 도성으로 들어오는 강화 수로를 방어하고 인천에서 부평으로 통하는 육로를 차단하여 일본은 물론 구미 열강에 의한 만일의 사태에 대비하기 위해 인천 부평 연안의 방비를 강화할 필요가 있었다.

이에 고종 황제는 1878년 8월 27일 어영대장(御營大將) 신정희(申正熙)에게 명하여 수도 한성으로 들어오는 수로와 육로의 요충지에 방어용 요새를 구축할 것을 명했다. 신정희는 강화로 통하는 수로가 훤히 내려다보이면서 바다 측으로부터는 응봉산에 가려져 보이지 않고 부평으로 통하는 길목에 해당하는 화도에 진지를 구축했고, 고종은 친히 지역 이름의 따서 화도진(花島鎭)이라 명명하여 해안 방어의 의지를 굳건히 했다. 서해안의 이름 없는 한적한 갯마을이 일약 조선의 명운, 그리고 세계사의 격동과 연결고리를 갖게 된 것이다.

세계를 만난 갯마을 사람들

광운의 아버지 조운식은 몰락한 양반 출신이기는 하지만 세상의 이치에 눈이 어둡기로는 다른 민초들과 마찬가지로, 바로 이 시기에 자신의 일신에 무슨 일이 닥칠지 모른 채 한성부에서 일본과 구미 열강의 침략의 원점으로 흘러들어 왔다. 13살 때 부친 조유책(曺有策)을 여의고 홀어머니 밑에서 갖은 고생을 하다가 개항 전후에 그 어머니마저 떠나보내고 천애 고아의 몸으로 정처 없이 떠돌다가 이름 없는 한적한 갯마을에 발걸음을 멈추고 정착한 것이다. 거기서 남의집살이를 전전하다가 느지막하게 다섯 살 아래의 연일 정씨를 만나 백년가약을 맺고 35살이 되어서야 맏아들 광운을 보게 되었다.

그런 까닭으로 광운의 생가와 고향의 옛 자취는 1879년 화도진 설치와 함께 제작된 것으로 보이는 한 폭의 산수화 같은 아름다운 군사지도를 통해 비교적 생생하게 확인할 수 있다. 〈화도진 진사도(花島鎭鎭舍圖)〉(그림 1-1)와 〈화도진도(花島鎭圖)〉(그림1-2)라는 두 종류의 고지도가 그것이다.

〈화도진 진사도〉는 포대 지휘부인 화도 진영을 중심에 두고 방비 지역인 서해안 수로와 북측 수문통 갯골을 내려다보는 방향을 집중적으로 묘사하고 있다. 반면 〈화도진도〉는 지방행정관청인 인천도호부를 중심으로 화도진과 주변 지형의 배치 상황을 자세히 묘사하고 있다. 이를 종합하면 화도 진영과 각 포대 시설은 물론 인천도호부 관아의 건물 배치, 도로망 및 산천 이름, 그리고 지금은 매립되어 사라진 연안의 섬 이름까지 자세히 알 수 있다. 화도진에서 관할하는 6개 포대와 인천도호부 방어용 2대 포대의 탄착 거리는 물론, 포대별 명칭과 포좌(砲座)의 방향 및 포혈(砲穴) 수도 묘사되어 있다. 묘도(猫島) 포대와 장도(獐島) 포대는 섬에 설치되어 있고 석축 혹은 흙으로 뚝(築堰)을 쌓아 육지와 연결되어 있음도 확인된다. 아울러 적의 상륙이 예상되는 해안에는 토둔이라 쓰인 토루(土壘)가 구축

〈그림 1-1〉 화도진 진사도

화도진 관아를 중심으로 주변 상황을 상세히 그린 지도. 서울대학교 규장각 소장

〈그림 1-2〉 화도진도

1982년 당시의 화도진을 그린 지도. 국립중앙도서관 소장

되어 있었고, 응봉산 정상에는 요망대가, 그 앞에는 해망대가 설치되었다.

위의 두 군사지도는 해안의 매립에 의해 지금은 그 흔적조차 찾을 수 없는 옛 해안선과 자연의 모습을 알아볼 수 있는 귀중한 정보를 제공해준다. "화도진은 소나무 숲으로 뒤덮였고 바닷물이 진지 바로 밑까지 밀려들어왔으며 제물포로 통하는 한 줄기 오솔길이 화도고개를 넘어갔을 뿐이다. 정문 옆에 약 20여 채의 민가가 있었으며 간혹 말을 탄 병사가 총이나 창을 비켜들고 왕래했고 어쩌다 가마를 탄 양반들이 드나들곤 했다"고 한 『향토지(鄕土誌)』 기록과도 부합된다. 여기 표현된 지형과 도로망은 일제강점기에 제작된 지도와 상당 부분 일치하고, 현재의 화수동에서 인천역 일대와 팽이부리(묘도)로 가는 옛길은 아직도 흔적이 남아 있다.

물론 산수화 방식으로 그려진 데다 중요 시설을 크게 그려 축적이 맞지 않아 정확한 위치를 확정하기 힘들지만, 화도진 부분을 확대하여 조광운의 생가 터를 표시하면 검은색 점의 주변이었음은 거의 확실하다(그림 1-3 참조). 마을 형성의 중심이었을 쌍우물에서 100미터 남짓 올라가 화도진공원 입구와 만나는 구 지번주소 화수동 123번지가 바로 그곳이다. "화도진 정문 옆에" 있었다던 "20여 채의 민가" 가운데 하나일 가능성이 높다.

화도진은 일본의 독주를 견제하기 위해 1882년 미국, 이듬해 영국, 독일 등 구미 열강과 잇달아 수호통상조약을 체결하여 그 전략적 가치가 사라짐에 따라 갑오개혁의 군제 개편과 함께 1894년 10월 9일 철폐된다. 진영(鎭營)의 관아 건물도 대한제국의 지방 군사 조직인 진위연대(鎭衛聯隊)의 예하 부대가 월미도(月尾島)에 주둔하게 되면서 일부가 헐려 병영 건축에 사용되었고, 그 후 일제강점하에 이루어진 해안 매립 때 완전히 자취를 감추고 말았다.

〈그림 1-3〉 조광운 생가 터

왼쪽의 화도진 진사도(부분), 오른쪽의 화도진도(부분)에서 검은색 점으로 표시한 부분이 조광운의 생가 터로 추정된다.

이 화도진에서 조선과 미국, 독일 사이에 수호통상조약이 체결되었다는 주장(최성연, 『개항과 양관 역정』, 경기문화사, 1959)이 오랫동안 정설이었다. 이에 인천시가 한미수교 100주년을 기념해 1988년 9월 국립중앙도서관에 소장된 〈화도진도〉를 바탕으로 당시 병영과 군사들이 사용하던 우물 등을 복원한 것이 지금의 화도진공원이다. 그런데 2015년 세관 연구자 김성수가 「인천해관 문서철」에서 결정적인 지도 자료를 발굴·고증함에 따라, 자유공원 입구의 구 인천해관 세무사(稅務司, 1907년 세관장으로 명칭 변경) 관사 자리야말로 조미수호통상조약의 체결 장소였다는 설이 유력해지고 있다. 이렇듯 화도진의 정확한 위치와 도로망의 비정(比定)은 여전히 과제로 남아 있지만, 광운의 생가 터가 화도진 정문 옆에 있었다는 사실에는 변함이 없다.

쌍우물의 전설

이곳의 행정상 명칭은 인천부 다소면 고잔리 또는 고잔(古殘)으로 불렸다. 다소(多所)란 "우물이 많은 곳"이라는 뜻으로, 면 이름 자체가 100m 남짓한 야트막한 산을 둘러싸고 논을 일구고 염분이 많은 하천수를 끌어오기보다 우물을 길어 벼농사를 지으면서 근근이 살아가던 민초들의 삶을 이야기해준다. 고잔은 지형이 바다를 향해 손을 쭉 내밀고 있는 '곶(串)'의 안쪽, 즉 '곶 안'을 한자로 음사(音寫)한 것이다(李薰益, 『仁川地名考』, 1993). 「회고록」에서 광운의 아버지가 다른 몰락한 "양반계급들처럼" 산 아래의 논밭과 수문통로 갯골 주변의 물길과 개펄에서 "농사와 어옹(漁翁)으로 지내셨다"고 회상하는 장면과 맞아떨어진다.

앞에서 살펴본 두 군사지도에 우물 '정(井)'자로 표시되어 있듯이 화도진 정문 옆으로 형성된 광운의 생가 마을에도 '쌍우물'이라 불리는 유서 깊은 두 개의 우물이 존재했다. 바닷가에 위치한 우물이기 때문에 염분이 덜 여과되어 물맛은 다소 짠 편이었지만, 가물어도 물이 마르지 않을 정도로 수량이 풍부하고 시원하여 화도진에 배치된 병사들뿐만 아니라 주변 마을 주민들까지 물지게를 지고 와서 하루 종일 줄을 서서 물을 길어 가곤 했다. 외세의 침략과 민란이 끊이지 않던 왕조 말이었던 만큼, 이곳 쌍우물은 생명의 물만 제공하는 것이 아니라 그야말로 세상 돌아가는 정보를 나누거나 쑥덕공론을 벌이고 남녀노소 간 만남과 교제의 장소를 제공하기도 했다.

　이와 관련하여 쌍우물에 구전되어 오는 전설을 하나 소개하면서 당시 사람들의 만남과 사랑의 일상을 잠시 들여다보도록 하자. "화도진에 배속되어 있던 군졸 동이가 쌍우물로 물지게를 지고 나르면서 마을 처녀 정이와 눈이 맞아 사랑을 나누게 되고, 둘은 혼인을 맹세한 사이가 되었다. 얼마 안 있어 지방에 민란이 일어나자 동이는 신정희 장군 휘하로 차출되어 돌아오겠다는 약속만 남기고 출정을 떠난다. 어느 날 정이는 다른 군졸로부터 동이가 전사했다는 소문을 듣게 되고, 망연자실한 나날을 보내던 차에 설상가상으로 부모가 정해준 마음에도 없는 혼처로 시집을 가야 하는 딱한 처지에 놓이게 되었다. 식음을 전폐하다시피 괴로움에 몸부림치던 정이는 문득 이웃집 할머니로부터 쌍우물이 영험하니 기도를 한 번 해보라는 이야기를 듣게 된다. 이에 새벽마다 쌍우물에서 길어온 정갈한 물 한 사발을 떠놓고 기도하길 두 달, 죽은 줄 알았던 동이가 오히려 전공을 세워 나라로부터 큰 상을 받고 무네미에 나타났다. 동이는 정이를 데려고 갔으며, 둘은 아들만 내리 셋을 낳고 오순도순 잘 살았다"고 한다(「쌍우물안내판」).

신화수리 123번지

이 고잔의 만석동 북측에는 수백 년 전부터 사람이 살던 몇 개의 자연
부락이 있었다. '곶섬' 또는 '곶마을', '무네미', '새말'이 그것이다. 광운이
태어난 '곶섬' 또는 '곶마을'은 바다로 쭉 뻗어 나온 지형이 멀리서 보면 마
치 섬처럼 보인다고 하여 그렇게 불리다가 '꽃섬', '꽃마을'로 와전되고, 그
것이 다시 한자로 '화도(花島)', '화촌(花村)'으로 표현됐다는 설이 유력하다.
한편 갯벌을 끼고 있는 장미꽃처럼 생긴 마을, 꽃처럼 생긴 작은 섬이라
그렇게 불렸다는 전승도 있는데, 산수화 같은 화도진도 등을 보면 전혀 근
거 없는 이야기도 아닌 것 같다. 거기에서 남쪽으로 연결된 해안 지역 마
을은, 지금은 매립되어 원형조차 확인할 수 없지만 사리 때 밀물이 찰랑찰
랑 넘쳐 들어왔다고 하여 '물넘이', '무너미', '무네미'라고 했다. 이를 한자
로 '물 수(水)', '넘칠 유(踰)' 글자를 사용하여 '수유', '수유리'라고 표기하기
도 했다. 또한 1883년 1월 제물포 개항 이후 유입 인구가 늘어나고 호수가
증가함에 따라 주변에 새로운 마을이 생기는데, 이를 분리하여 '새말', '새
마을'이라고 불렀다.

이들 세 마을은 인천의 다른 지역과 마찬가지로 개항 이후 급격한 사
회변동으로 법정동의 신설과 세분화가 이루어지면서 이름이 자주 바뀌
게 된다. 개항한 지 20년이 되는 1903년 8월에 제물포 전역을 총괄하는 '부
내면(府內面)'이 확장·신설되었을 때 이들 마을을 하나로 묶어 '화촌동(花村
洞)'이라고 했다가, 1906년 5월에는 다시 분리하여 각각 '화촌동(花村洞)', '수
유리(水踰里)', '신촌리(新村里)'라는 명칭을 사용한다. 나아가 1912년 5월에

도 법정동의 증설이 이루어지는데, 이때 수유리와 신촌리는 그대로 둔 채 화촌동만 인접 지역에 같은 이름의 법정동이 신설됨에 따라 중복을 피하기 위해 '화동(花洞)'으로 이름이 변경된다.

1914년 10월에는 인천에 일본인 관료가 직접 통치하는 부제(府制)가 도입되면서 천 년 가까이 유지되어온 부내면이 폐지되고 신촌리, 화동, 수유리를 통폐합하여 마을 이름 첫 자를 딴 '신화수리(新花水里)'로 개편된다. 조선의 전통적인 향촌 사회를 파괴하고 식민지 권력을 행정 말단까지 침투시켜 식민지 지배를 확립하기 위한 지방 제도 개편의 일환이었다. 광운의 호적 원본에 기록된 '신화수리 123번지'가 이러한 시대 상황을 반영한 것임은 앞에서 이미 언급했다. 그것이 또한 1937년 1월 정회규정(町會規程)에 따라 일본식 명칭인 '화수정(花水町)'으로 되었다가 해방 후 '화수동(花水洞)'으로 이름이 바뀌어 오늘에 이르고 있다.

이처럼 쌍우물마을은 그야말로 세계와 조선의 접점으로 역사의 격랑에 휩쓸려 현란하게 명찰을 바꿔 다는 처지가 되었지만, 어린 광운의 마음 깊숙이 보석처럼 자리 잡은 고향의 이름은 '꽃마을', '꽃섬'의 화도로 변함이 없었다. 실제로도 응봉산, 용동고개, 율목언덕, 화도고개, 송림산과 같은 나지막한 야산이나 언덕이 장미의 꽃잎처럼 감싸고 북측 갯골 쪽으로만 터져 영종도(永宗島)와 물치도(勿淄島, 작약도)가 한눈에 들어오는 모습이었다. 구릉지대에 산재한 척박한 토지는 얼마간의 곡물을 키워내고 넓게 퍼진 개펄과 바닷물이 드나드는 수로는 풍부한 어패류를 제공하여 마을 사람들의 젖줄과 생활 자금의 원천이 되었다. 그 중간에는 지금도 원초의 모습을 간직하고 있는 영종도, 강화 동검도(東儉島), 신도(信島), 무의도(無衣島), 소래습지(蘇萊濕地) 등 인근 도서나 연안의 조간대(潮間帶)처럼 지대가 낮아 항상 바닷물이 자작자작 고여 있거나 사리 때는 마을 언저리까지 바닷물을 밀어 보내는 늪지대가 펼쳐져 있었다. 여기에는 갈대밭이 울타리를 이루고 아래로 계절마다 층층이 알록달록 색깔을 달리하는 칠면초, 나문재, 퉁퉁마디, 땅채송화, 낚시돌풀과 같은 염생식물(鹽生植物)이 군락을 이루고 있었다. 서당에서 한학을 공부하던 6~11살 때까지 간혹 또래 댕기머리 서동(書童)들과 함께 화도고개 너머 싸리재(현재의 동인천역) 인근까지 기차 구경을 가는 모험을 감행하는 정도가 유일한 외부 세계와의 접촉이었을 만큼, 화도마을은 그야말로 광운 소년에게 하나의 세계요 우주였던 것이다.

일본의 식민 기지로 변해가는 개항장

일본은 개항 당초부터 한성을 향한 해로의 관문이자 대륙 침략의 전진기지라는 전략적 가치에 주목하여 "갈대만 무성히 자라고 월미도 동쪽과 만석동 해변에 소수의 어촌만이 점재한"(信夫淳平, 『仁川開港二十五年史』, 大阪, 1908) 제물포를 식민의 거점으로 삼았다. 이를 위해 중국에서의 서구 열강의 수법을 그대로 답습하여 1883년 9월 말 제일 먼저 응봉산 남쪽 제물포항 중심 평지부의 이름도 제대로 없는 7천 평(23,100m²) 규모의 구역(1912년 5월 일제강점하에 처음으로 혼마치本町, 나카마치仲町라는 일본식 지명을 갖게 되고, 해방 후 각각 중앙동, 관동官洞으로 바뀌 불리게 됨)을 전관조계지(專管租界地)라는 조선의 법률이 미치지 않는 치외법권 지역으로 확보한다.

이듬해 '저물어가는 왕조' 청국도 여기에 뒤질세라 일본 구역 북서쪽 언덕(1912년 5월 일제강점하에 처음으로 시나마치支那町라는 일본식 지명을 갖게 되고 1937년 중국의 흔적을 지운 야요이마치弥生町로 되었다가 해방 후 선린동善隣

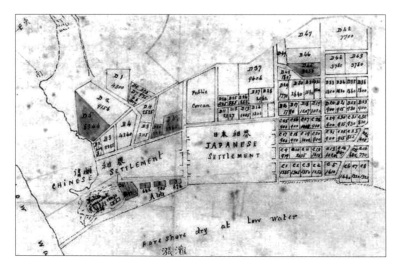

〈그림 1-4〉제물포항 각국 조계도(1893)

1883년 9월 말 일본이 제일 먼저 응봉산 남쪽 제물포항 중심부에 전관조계지를 확보한 이후, 청국도 일본 구역 북서쪽 언덕에 전관조계를 설정했다. 이를 둘러싸는 형태로 청일 양국은 물론 미국, 영국, 독일 등의 구미 열강이 공동으로 사용하는 각국조계가 조성되면서, 남측 제물포항 일대는 열강의 정치적·경제적·군사적 각축장이 되는 동시에, 다양한 문물이 유입되는 국제도시의 면모를 갖추게 되었다.

洞으로 바뀜)에 5천 평(16,500m²) 규모의 전관조계를 설정한다. 일본과 청국이 제물포항의 알짜배기 구역을 독점한 가운데 이를 둘러싸는 형태로 청일 양국은 물론 미국, 영국, 독일 등의 구미 열강이 공동으로 사용하는 각국조계(各國租界)가 응봉산 남쪽 기슭 일원의 14만 평(475,200m²)에 달하는 넓은 영역에 조성된다. 이처럼 응봉산을 경계로 남측 제물포항 일대에는 일본, 청국, 미국, 영국, 독일의 조계지가 들어서 열강의 정치적·경제적·군사적 각축장이 되는 동시에, 다양한 국민과 문물이 유입되고 양관(洋館)이 즐비한 국제도시로서 면모를 일신하게 된다. 이와 대조적으로 북측 일대에는 여기서 밀려나거나 인근 농촌 지역에서 일자리를 구해 모여든 조선인들이 흙벽에 초가지붕을 얹은 오두막을 지어 다닥다닥 붙어사는 가난한 마을이 형성되었다.

제물포항에 일본의 조계가 설치됨에 따라 조선에서 '일확천금'을 노리는 일본인 고리대금업자, 무역상, 미곡상, 정미업자, 잡화상, 요리업자, 주류업자, 목재상 등이 몰려들어 이내 과밀 상태에 빠지게 되었다. 「조계차입약서(租界借入約書)」에 따라 해안 매립으로 3,800평을 추가했지만 급증하는 이주자를 수용하기에는 역부족이었다. 그리고 "일본 상점은 좁은 조계 구역 안에 잡거(雜居)하고 있는" 데 반해, 인접한 "청국 조계의 상인은 한성 시내 여러 곳에 자유롭게 상점을 마련하여 노점을 펼쳐 (…) 청국 상인과 일본 상점과의 경쟁은 점차 청국 측의 승리로 돌아가고 (…) 1890년부터 몰락으로 치닫는"(『公事官及領事館報告』 2965, 1893) 상황이 발생했다.

이에 일본 정부는 청국을 군사적으로 제압하지 않고서는 조선에 대한 정치적·경제적 지배권을 확립할 수 없다고 판단하고 건곤일척의 승부에 나선다. 1만 명 가까운 일본군이 인천에 상륙하여 전원 거류민의 개인주택(3,201명 511호)에 분산 주둔하고 거류민과 그들에게 고용된 인부가 군수물자의 하역과 운반의 병참 역할을 떠맡음으로써 조계지의 과밀 상태는 그야말로 입추의 여지가 없어졌다. 청일전쟁의 승리로 조선의 식민화에 가로놓여 있는 하나의 커다란 장애물이 제거되자, 곧바로 일본인의 입식을 적극 유도하여 조선에서 확고한 지위 구축에 착수했다. 개항장의 불확실한 상황이 개선되면서 일본 열도나 다른 개항지에 거주하고 있던 일본인들이 인천으로 몰려들어 자신들의 전관조계를 벗어나 청국 영역과 조선인 거주 지역을 잠식하고 대거 각국조계로 진출하여 그 주민과 소유 면적이 전관조계를 능가할 정도였다.

광운의 아버지 조운식이 자식의 장래를 위해 자택에 사숙(私塾)의 형태로 서당을 만들어 쌍우물마을 아동들을 교육하기 시작했던 1906년 무렵부터, 개항장 인천은 일제의 식민 거점에서 식민 기지로 급격히 변모했다. 러일전쟁 와중에 조선 진출을 관망하던 다양한 일본인들이 이권을 선점하기 위해 인천으로 물밀듯이 몰려들었던 것이다. 개항 당초 3백여 명으로 출발했던 일본인 거류민은 40배 가까이 불어났다. 당시의 목격자는 "인천의 인구는 1만 5천 명인데 그 가운데 일본인은 8천 명(유동 인구를 포함하면 1만 명)이다. 큰 도로에는 거의 일본인 상점들이 즐비하다. 일본의 지방 도시를 유람하고 있는 느낌이다"(志賀重昂, 『大役小志』, 東京堂, 1909)라고 조선인보다 일본인이 더 많은 인천의 모습을 전하고 있다. 그에 따라 조선인들은 일본인에게 논밭, 상점, 어장, 가옥 등 생활의 터전을 약탈당하고 중국인에게 일자리를 빼앗겨 주변 지역으로 밀려나는 운명에 처했다. 화도마을도 유입 인구가 늘어나 적지 않은 변화를 겪게 되었고, 여기에조차 정착이 여의치 않은 가난한 사람들은 바닷가에 맞닿은 비탈진 소나무언덕(현재의 수도국산水道局山)까지 밀려나 보금자리를 마련함으로써 그 일대가 빈민가로 변모했다.

일본은 러일전쟁 승리의 여세를 몰아 군사력을 배경으로 조선의 외교권을 박탈하고 통감부를 설치하여 조선의 경제와 사회를 종속시키는 을사늑약을 체결했다. 사실상 식민지에 준하는 통치와 수탈을 자행하기 시작한 것이다. 이제 남은 것은 전국 각지에서 일본의 침략에 맞서 필사적으로 저항운동을 펼치고 있는 의병을 무력으로 진압하는 것뿐이었다. 그

것이 최종적으로 마무리되는 것이 바로 1910년 8월 28일의 경술국치일이었다.

제2장
일제강점기 인천의 초등교육 지형

쌍우물서당

광운의 아버지 조운식은 어릴 때 부친을 여의고 영락한 양반계급의 후예로 가난하게 살았지만, 전통적인 교양 독서인의 품격을 잃지 않았고 느지막이 얻은 외아들의 교육에 유난히 열성적이었다. 당시 민족의식이 강하거나 유교적 가풍이 엄격한 집안들이 그랬듯이, 광운의 나이 7세가 되던 1906년부터 5년간 자신의 화도 자택 바깥채에 훈장이나 학구(學究)로 불리는 글방 선생을 모시고 쌍우물 인근 7~8명 정도의 댕기머리 서동(書童)을 모아 『천자문(千字文)』, 『동몽선습(童蒙先習)』, 『소학(小學)』, 『통감(通鑑)』, 사서삼경(四書三經)을 가르치고 삼강오륜의 덕목을 익히는 가히 '쌍우물서당'이라 할 만한 사숙(私塾)을 열었다.

「회고록」에서 말하는 『통감』 2권은 서당의 학동이 배우기에 너무 방대하고 주자학의 정통과 맞지 않다고 배제된 북송(北宋) 사마광(司馬光) 편찬 역사서 『자치통감(資治通鑑)』 그 자체가 아니라, 송나라 강지(江贄)가 간추린 『통감절요(通鑑節要)』 가운데 공자가 살았던 시대를 다루는 주기(周紀)

〈그림 2-1〉 한말·일제강점기 서당의 모습

이 그림은 영국의 여성화가 엘리자베스 키스(Elizabeth Keith, 1887~1956)가 1921년 무렵 원산의 한적한 시골 마을에서 훈장이 학동들을 데리고 외출하는 모습을 목판화로 표현한 것이다. 10여 년 정도의 시차가 있지만 광운의 쌍우물서당도 이와 별반 다르지 않았을 것으로 보인다. 소장자 송영달 씨에 의하면, 한 서동이 들고 있는 회초리는 체벌용이 아니라 한문 낭독과 암송의 박자를 맞추기 위한 용도로 쓰이는 것이라고 한다. 출처: 엘리자베스 키스·엘스펫 K. 로버트슨 스콧 지음, 송영달 옮김, 『영국 화가 엘리자베스 키스의 코리아 1920~1940』, 책과함께, 2006. 〈원산 학자와 제자들〉(채색 목판화, 33×26cm, 1921), 송영달 소장.

2권으로 보인다. 어쨌든 1914년 인천공립보통학교 졸업을 몇 달 앞두고 구 일본 조계에 있던 잡화상 점원으로 들어갔을 때, 광운을 야멸차게 대하던 일본인 주인 영감이 얼마 안 있어 15세의 나이로는 예사롭지 않은 그의 한학 실력을 알고 광운을 대하는 태도가 바뀌었다는 「회고록」의 기록은 흥미롭다.

서당은 조선시대의 보편적인 사설 교육 시설이었지만, 대한제국 출범 이듬해 단행된 근대적 교육개혁(학부 고시 제121호 소학교령, 1895년 8월 1일 시행)으로 점차 5~6년제 근대적 공립소학교 체제로 대체될 예정이었다. 당초 한성 4개교, 지방 37개교로 출범했던 소학교는 4년 후 광운이 태어나는 1899년에는 한성 10개교, 지방 62개교로 늘어났다. 대부분 서당에서 옮겨 온 학동들이었기 때문에 같은 학년이라 해도 나이 차이가 많이 나서 형과 동생이 한 교실에서 배우거나 장가를 들어 자식을 둔 학생까지 있을 정도였다.

그러나 을사늑약 이후 이러한 움직임에 제동이 걸린다. 일제 통감부가 대한제국 교육에 대한 통제를 강화하여 종래의 소학교를 4년제 보통학교로 개편하고 일본어 수업을 한글과 동등한 주당 6시간으로 확장하여 조선 민족의 언어, 문화, 생활양식을 없애는 동화 정책을 본격화한 것이다. 이에 반발한 조선인 부모들이 자제를 공립학교에 보내는 것을 꺼리고 종래의 사숙으로 돌아서면서, 지방을 중심으로 초등교육기관으로서 서당의 입지는 오히려 강화되었다. 1908년에는 '서당 관리에 관한 건'을 발령하여 지방관의 감독하에 단군에서 조선시대까지의 역사를 기록한 『동몽선습』을 가르치지 못하게 하고 일본어 수업을 도입하는 등 교육의 방법과 내용 개편에 간여했지만 이를 수용하는 서당은 거의 없었다.

전국의 재야 유생들은 갑오개혁에 의한 과거 제도 폐지로 사회적 지위가 흔들리자 자신의 존립 근거와 활로를 학문과 교육에서 찾았다. 개화라는 미명 아래 감추어진 침략의 본질을 꿰뚫어 보고 반제국주의 의병 운동을 주도하는 한편, 일제가 권장하는 관립·공립학교나 신식 학문 등을 통한 동화 정책에 저항하는 거점으로 향리에 내려가 서당과 사학을 설립하여 교육을 통한 구국 활동에 나섰던 것이다.

1910년 의병 운동을 최종적으로 제압하고 한반도를 강점한 일제는 군대와 경찰을 동원한 무단정치를 펴면서 민족 교육을 실시하는 사학을 무력화하여 식민지 지배의 마지막 걸림돌을 제거하고자 했다. 그러자 기존의 많은 민족 사학은 개량 서당(改良書堂)으로 형태를 바꾸어 탄압의 예봉을 피했고, 조선인 부모들은 자녀를 서당으로 보내는 저항운동을 조직적으로 전개함으로써 서당을 중심으로 하는 민족 교육은 오히려 확대·심화되었다.

조선총독부 통계연보에 의하면, 1911년에 16,540개였던 서당은 1918년 23,369개로 증가하고, 학생 수도 141,504명에서 260,975명으로 늘어난다. 조선총독부가 "민족 교육의 온상"인 서당을 더 이상 방치할 수 없다고 보고 1918년에 '서당규칙'(총독부령 제18호)을 제정하여 탄압에 나서자, 이번에는 야학과 사설 강습을 통해 민족 교육을 실시하는 방식으로 저항이 이어졌다. 요컨대 1910년대 사학의 감소는 서당의 증가로 연결되었고, 1920년대 서당의 감소는 야학과 강습소의 증가로 귀결되었다.

개항장 인천의 근대 교육 지형

광운이 쌍우물서당에서 주변 학동들과 함께 강독, 제술, 습자를 배운 7

세부터 11세까지 시기(1906~1910)를 전후하여 개항장 인천의 교육 사정은 어떠했기에 전통적인 방식의 초등교육을 받게 되었을까.「회고록」에서는 "서당에서 공부를 마쳤을 때가 바로 한일병합이 이루어진 1910년이었고" "일제는 곳곳에 있던 서당을 폐쇄하고 이를 대신하여 보통학교를 세우기 시작하여 그들의 개화 문명을 이식하기에 서둘던 때이다. 사정이 이와 같았으므로 나도 서당을 그만두고 댕기를 자르고 인천보통학교에 들어갔다"고 기억을 더듬고 있다.

사실관계에 약간의 착오는 있지만 전체적으로 시대의 흐름은 정확하게 파악하고 있다고 할 수 있다. 다만 정해진 것은 아니지만 서당에는 7~8세의 학동이 입학하여 3~4년간 재학하는 것이 일반적이었다. 또한 훈장을 모셔오고 사랑방과 같은 공간을 제공하여 서당을 개설한 사람의 자제가 학업을 마치면 문을 닫는 것이 통례였다. 이런 사정을 감안하면, 우연의 일치인지는 몰라도 반드시 일제강점이 서당을 그만둔 직접적인 이유는 아닐 것이다. 오히려 1907년 5월 6일 쇠뿔고개마을(우각리牛角里, 지금의 창영동昌榮洞)에 다른 지역보다 늦게 공립보통학교가 설립되지만 조선인 자제의 입학이 극도로 저조하자 개항장 인천을 대표하는 친일분자 인천 부윤 김윤정(金潤晶, 1869~1949)이 교장을 겸직하고 동면장을 동원하여 지역사숙과 사학의 폐쇄 및 흡수 합병을 강요하여 그 시기가 앞당겨졌을 가능성은 있다.

개항지 인천의 초등교육 도입 및 전개의 지형을 보면, 응봉산 남측 조계 지역에서는 1885년 일본이 자국 거류민 자제를 위한 초등교육을 시작하고, 1902년 청국이 화교 학교를 설립하여 그 뒤를 이었다. 그러나 1895년 '소학교령'의 반포 이후 경향 각지에 공립학교 설립이 줄을 잇는 가운데

서도 응봉산 북측의 조선인 거주 지역은 그 흐름에서 비켜나 있는 듯이 보였다. 인천에서 처음으로 조선인을 위한 공적인 교육기관(인천공립보통학교)이 설립되는 것은 1907년 5월 6일이었으며, 그것도 식민지 동화 정책의 거점인 공립학교에 대한 주민들의 기피 현상으로 학생 모집에 심각한 어려움을 겪었고, 입학한 학생들도 대다수 중도 퇴학하여 자리를 잡는 데 상당한 세월이 소요되었다. 그동안 "불결한 조선인 지구"의 "온몸에 때가 낀 아이들"을 거두어 근대적 초등교육을 실시한 것은 프랑스 천주교 성당이나 미국 감리교 교회의 선교사가 세운 사학이나 광운이 다니던 쌍우물서당이나 야학과 같은 사숙이었다.

먼저, 개항지 인천에 일본인 거류민이 급증하면서 자연히 조선에서 자녀들의 교육을 어떻게 할 것인가라는 문제가 제기되었다. 1885년 일본 교토에 본사(本寺)를 두고 있는 진종(眞宗) 오타니파(大谷派)의 사찰 히가시혼간지(東本願寺)가 부산별원(別院) 인천지원(支院)을 다소면 선창리(船倉里, 1903년 8월 답동畓洞이라는 지명을 갖게 되고 1912년 5월 데라마치寺町, 1937년 1월 아사히마치旭町로 바뀌었다가 해방 후 답동으로 복원됨)에 아사히소학교(旭小学校)를 설립하면서 초창기 거류민 자제의 교육기관의 역할을 떠맡았다. 아미타여래를 본존으로 삼는 정토종파의 승려들이 일본 거류민의 장례나 군인, 일반인의 묘지 관리를 하면서 한편으로 전통적인 데라코야(寺子屋) 방식으로 거류민 자제를 교육했던 것이다. 데라코야란 조선의 서당과 비슷한 일본 에도시대(江戸時代)의 전통적인 사설 교육 시설로, 사찰에서 서민 자제를 대상으로 『천자문』 등을 통한 기초적인 문자의 읽기 쓰기, 산수, 서간 작성 등 실생활에 필요한 실용적인 지식을 가르치고, 나아가 사서오경, 『육유연의(六諭衍義)』, 『십팔사략(十八史略)』, 『당시선(唐詩選)』 등을 교재로

하여 유교 교양을 가르쳤다.

그러나 1885년 가을 10여 명 규모로 시작한 데라코야 방식의 사숙으로는 급증하는 일본인 거류민 자제의 교육 수요를 충족할 수 없었다. 따라서 1892년 말 거류민 사회가 운영비를 출연하여 히가시혼간지 인천지원 옆에 교사(校舍)를 마련하고 교원을 채용하여 학교를 운영하는 자체 사업으로 전환했다가, 1896년 1월 24일 일본 국내의 '소학교령'에 따라 반공립(半公立)·반사립(半私立) 형태의 인천공립소학교(仁川公立小學校)로 개편되고, 1906년 8월 17일 재외지정학교로 정식 인가를 받게 된다. 이처럼 개항장 인천이 식민의 거점에서 식민의 기지로 변화하는 과정에서 일본인 이주가 폭발적으로 늘어나 취학 인구가 증가함에 따라 학교의 규모와 설치 형태도 빈번하게 바뀌었던 것이다. 1910년 현재 인천공립소학교는 6년제 심상과(尋常科) 1,074명(남자 527명, 여자 547명), 2년제 고등과(高等科) 118명(남자 91명, 여자 27명), 합계 1,192명(남자 638명, 여자 554명)의 재학생을 22개 학급 편성으로 운영했다(朝鮮總督府, 『學事通計』). 이는 부산, 원산, 군산 등 다른 개항지의 일본인 거류민 학교는 물론이요 한반도 전체를 통틀어 가장 큰 규모의 교육 시설로서, 인천이 국권 상실 이전에 이미 '작은 일본'으로 바뀌어 있었음을 말해준다.

다음으로 개항지 인천에서 청국 거류민 자제의 교육은 청일전쟁 패배로 조선에서 정치적·군사적 이권을 거의 상실한 1902년 4월에 화교 학교의 설립으로 시작되었다. 인천에서 중국인 사회의 형성은 임오군란 당시 북양대신(北洋大臣) 이홍장(李鴻章, 1823~1901) 휘하 수군제독 오장경(吳長慶)이 3,000여 명의 병력을 이끌고 와서 조선 내정에 개입할 때 데려온 상인 40여 명으로부터 비롯되었다. 인천 개항과 더불어 청국의 전관조계가 설정되면서 기존의 광둥성(廣東省) 출신에 더해 지리적으로 인접한 산둥성(山東省) 출신이 대거 가족 단위로 들어와 청일전쟁 직전에 그 규모가 1,000여 명으로 급증했다. 이들은 타고난 상재를 발휘하여 개항장 인천뿐만 아니라 한성 시내까지 진출하여 상점을 내고 노점을 펼치는 등 일본 상인을 따돌리고 조선의 상권을 장악해 들어갔다. 전국적으로 청국 상점의 점포는 160여 개에 달했고, 그 가운데 28개는 옥양목류와 견직물류를 거래하는 거상으로서 존재감을 과시했다. 일본으로서는 청국 그 자체를 군사적으로 제압하지 않고서는 이를 돌이킬 수 없는 상황에 내몰리게 되었던 것이다.

초창기 인천의 화교들은 자녀를 중국 본토의 학교로 보내거나 집에서 『천자문』이나 『사자경(四字經)』 등을 직접 가르쳤다. 그러나 중국인 사회의 규모가 커지면서 자녀 교육 수요도 점차 늘어나 1902년 4월 중국 출신 상인들의 연합체인 중화상회(中華商會, 1887년 청국조계에 설립, 현 인천화교협회)가 사무국 건물(인천중화상무총회) 동쪽에 인접한 창고 건물을 빌려 학교 문을 열었다. 개교 당초 초등교육 4년, 고급 초등교육 3년의 7년제 교육과정으로 운영되었다. 얼마 뒤 인천 주재 중화민국 대리영사 장궈웨이(張國威)가 학교 감독을 맡고, 부영사 진칭창(金慶長)이 교장을 겸직하는 등, 정부 파견 관리가 학교 운영에 관여하면서 명실공히 인천화교소학(仁川華僑小學)이라는 정식 학교로 발돋움했다. 조선 최초의 재외 중국인 학교였기 때문에 한반도 전역의 화교 자제들이 몰려들어 1923년 모금 운동을 벌여 교실 세 칸을 증축했는데, 이것이 현재의 인천화교중산중·소학교(仁川華僑中山中·小學校)로 이어지고 있다(杜書溥, 『仁川華僑教育百年史』, 발행처 불명, 2012).

기독교 계통 학교의 조선인 교육

1907년 5월 6일 쇠뿔고개마을에 인천공립보통학교가 설립될 때까지 조선인 자제의 교육은 시숙, 홈스쿨링, 서당과 같은 전통적인 방식으로 이루어지다가, 개항 후 각국조계에 서구 열강과 함께 들어온 기독교 단체가 이를 대체하여 서구식 근대 교육을 이식하는 형태로 이루어졌다. 개항장 인천에 진출한 기독교 교파에는 영국의 성공회, 프랑스의 천주교, 미국의 북감리교 등이 있었다.

영국 국교인 성공회는 1891년 9월 30일 영국 해군 종군 신부인 코르프 (Charles John Corfe) 주교가 각국조계의 일각(1912년 야마노테마치山手町라는 일본식 지명을 갖게 되었다가 해방 후 송학동松鶴洞으로 바뀜)에 한국 최초 성미카엘교회(St. Michael's Church)를 건립하면서 본격적인 선교 활동을 시작했다. 이 영국교회는 미국인 의료 선교사 내과의사 랜디스(Elibarr Landis)와 함께 조선인 거주 지역인 내리(內里, 1907년 내동內洞으로 변경)에 인천 최초의 서양 병원 성누가병원(St. Luke's Hospital, 낙선시의원樂善施醫院)을 세워 의료 사업에 치중하고 교육 사업에는 별로 관심을 보이지 않았다. 굳이 교육 사업이라고 한다면 선교의 일환으로 일본 영사관의 요청을 받아들여 개항장에 거주하는 일본 청년을 대상으로 영어 교육을 실시하는 정도였다. 그것도 "학구열로 가르치는 기쁨을 느끼게 해준 일본인"과 달리 조선인은 영어를 배우기를 원하지 않았다는 이유로 조선인 젊은이에 대한 교육에는 무관심했다(『인천 내동교회 110년사』, 2001).

반면에 천주교는 개항장 인천에 거주하는 조선인 자제의 교육에 관심을 가지고 주목할 만한 성과를 보여주었다. 천주교의 교육 사업은 1889년 7월 1일 동아시아 기독교 선교에 큰 족적을 남긴 프랑스 파리외방선교회(Société des Missions Étrangères de Paris) 소속 빌렘(Nicolas Joseph Marie Wilhelm, 1860~1938) 신부가 초대 주임신부로 임명되어 병인박해를 피해 고잔 지역에 정착한 민종황(요한) 일가로부터 답동 언덕 일대의 10,600㎡(3,212평) 부지를 기증받아 제물포 본당의 정초식(定礎式)을 갖고, 코스트(E. Coste) 신부의 설계로 고딕 양식의 성당을 건립하고 나서 본격화되었다.

프랑스는 파리외방선교회의 선교 자유를 앞세워 다른 서구 열강보다 일찍 조선의 군사적 점령과 식민지화를 획책하여, 그 과정에서 9명의 프랑스 신부와 수천 명의 조선인 천주교도가 희생되고 강화도에서 조선과 격렬한 군사적 충돌(병인양요)을 경험한 바 있었다. 또한 조선과의 수교도 베트남의 영유를 둘러싸고 대립하던 청국의 도움을 받지 못해 미국, 영국, 독일, 이탈리아, 러시아보다 3~4년 늦어져 1886년 5월이 되어서야 겨우 '조불수호통상조약(朝佛修好通商條約)'을 체결했다. 비록 출발은 늦었지만 이를 통해 포교의 자유를 인정받아 각국조계에 교회를 설립한 영국 성공회와 달리 조선인 주거 지역에 본당을 설립하고 선교 사업의 일환으로 조선인 자제에 대한 근대 교육에 나서게 되었던 것이다.

천주교는 제물포 본당의 설립과 르비엘(Emile constant Le Viel, 1863~1893) 신부의 제2대 주임신부 취임 이후 신도가 급속히 늘어나자 근대 교육의 사각지대에 놓인 신도 자녀들을 거두어 성당 내에서 가르치기 시작했다. 또한 성당 부지 일각에 성바오로수녀회 제물포 분원을 설치하여 고아들에게 읽기와 쓰기, 수공예 등을 가르치는 간이 교육 시설(현 해성보육원의 전신)을 운영하고, 여학생들에게 읽기와 쓰기, 바느질 등 실용적인 기술을 가르치는 등, 자선적인 교육 사업을 펼쳤다. 제물포 본당과 성바오로수녀회 제물포 분원의 노력은 독립협회의 자매단체이자 지회의 역할을 맡아 개항장에서 신교육 등 애국 계몽 운동을 펼치고 있던 인천박문협회(仁川博文協會)와 연대하여 1900년 9월 1일 박문학교(博文學校)의 전신인 인천항사립박문학교(仁川港私立博文學校)를 설립함으로써 결실을 맺고 본격적인 체제를 갖추게 된다. 개항장 인천에 6학급 489명 규모의 조선인 자제를 위한 최초의 초등교육기관이 출범한 것이다. 여기에서는 신도 자제와 가난한 아동들을 대상으로 그동안 인천박문협회가 운영해온 야간 영어학교에 보통교육과정을 신설하여 주간에는 한글, 한문, 산술을 가르치고 야간에는 영어를 가르쳤다. 민족 사학에 대한 일제의 통제가 날로 강화되는 가운데 무려 33년(1904~1937)이나 제4대 주임신부로서 강력한 존재감을 보여준 드뇌(Eugene Deneux) 신부가 1909년 12월 8일 이 학교를 인수하여 교장에 취임함으로써 기독교계 학교로 인가를 받고 존속할 수 있었다.

천주교는 서구 제국주의의 앞잡이로 개항장 인천에 들어왔지만, 박문학교 설립을 전후하여 조선인 자제의 교육 문제와 관련하여 애국 계몽 운동을 전개하는 민족 세력과 연대하면서 예상치 않은 방향으로 질적인 변화가 일어났다. 제도로서의 천주교의 의도와 관계없이 박문학교 설립으로 귀결되는 일련의 기독교 계통 근대 교육 시설은 조선인들에게 폭넓게 받아들여졌고, 조선을 식민화하려는 일제의 동화 정책에 저항하는 거점으로 기능할 가능성을 열어준 것이다. 일제 통감부로서도 조선인 자제들이 기독교 계통 사학에 모여드는 것을 막기 위해 조선인 거주 지역에 공립 보통학교의 설립을 서두를 필요가 있었다. 일제강점 이전은 물론 이후에도 민족 교육의 거점으로 자리 잡은 기독교 계통의 사학은 식민지 지배 체제 확립에 커다란 걸림돌로 작용한다.

참고로 제도로서 천주교의 본질과 관련된 에피소드를 하나 소개하고 넘어가겠다. 제물포 본당 초대 주임신부를 역임한 빌렘 신부는 1860년 알퐁스 도데(Alphonse Daudet)의 단편소설 「마지막 수업」의 무대가 되었던 프랑스 알자스로렌(Alsace-Lorraine)에서 태어나 그곳에서 주인공 소년과 비슷한 또래로 살았던 인물이다. 물론 알자스로렌은 본래 프랑스어권이 아니라 남부 독일어 방언의 하나인 알사스어를 사용하고 있었으므로, 소설에서 묘사하는 상황은 허구에 지나지 않는다. 그렇지만 역사의 고비마다 프랑스와 독일로 중앙 권력이 바뀌면서 지역사회의 고유한 문화와 전통이 훼손되는 것을 목도해온 만큼, 제국주의 국가의 약소국 침략에 대해 뭔가 특별한 상념이 있을 법도 했다. 그러나 빌렘 신부는 약소민족의 곤궁한 처지를 동정하면서도 일제의 조선 침략을 조선에 근대화의 혜택을 가져다준 계기로 인식하고 있었다. 파리외방선교회 조선 교구의 하부 조직으로서 천주교 성당의 입장을 대변하는 것이었다.

빌렘 신부는 안중근 의사를 천주교로 인도하여 세례를 준 종교적 스승이자 국권 회복 운동의 일환으로 서양인을 초청하여 조선에 대학을 설립하자는 안중근의 구상을 조선 교구의 최고 책임자 뮈텔(Gustave Charles Marie Mutel, 1854~1933) 주교에게 전달한 조력자로도 알려져 있다. 그때 뮈텔 주교는 "조선인이 학문이 높아지면 신앙심은 거꾸로 약해진다"는 석연치 않는 이유로 이를 거절했다. 또한 1909년 10월 26일 안중근 의사가 "조선 침략의 원흉"인 이토 히로부미(伊藤博文)를 처단하고 교수형을 당하게 되었을 때, 뮈텔 주교는 일본 검사의 허락이 있었음에도 '살인범에게 미사를 베풀 수 없다'는 이유로 빌렘 신부의 파견을 거부했으며, 그의 사형을 당연한 귀결로 생각했다. 빌렘 신부는 교구의 명령을 어기고 개인 자격으로 뤼순(旅順) 감옥까지 찾아가 고해성사를 받고 마지막 성체성사를 집전하며 그의 마지막을 지켰다(『뮈텔 주교 일기 4』, 1909년 10월 26일, 1910년 3월 4일, 3월 15일, 3월 28일).

그렇다고 해서 빌렘 신부가 애국 계몽 운동에서 무력 항쟁으로 노선을 바꾼 옛 제자의 행동을 용인한 것은 아니었다. 뮈텔 주교와 마찬가지로 빌렘 신부에게도 "조선 침략의 원흉"을 처단한 사건은 조선에 근대화를 가져다준 일본인 지도자에 대한 무도한 살인 행위에 다름이 아니었다. 그는 "의병의 참모장으로 독립 전쟁을 수행했고 그 과정에서 침략의 원흉인 이토를 죽인 것이므로 나는 형사범이 아니라 전쟁 포로다"라는 식민지 청년의 절절한 목소리에 귀를 기울이지 않았다. 뮈텔 주교는 자신의 명령을 어긴 빌렘 신부를 압박하여 안중근 의사 처형 이후 주변 인물의 동향을 조사·보고하도록 했고, 빌렘 신부가 집전한 사촌동생 안명근(安明根)의 고해 성사에서 데라우치(寺內正毅, 1852~1919) 총독 암살 계획을 알아내 일본 헌병 사령관 아카시 모토지로(明石元二郎)에게 밀고하여 105명의 애국 계몽 운동가를 궁지로 내몰기도 했다(신민회 사건, 『안중근 의사 자서전』, 『뮈텔 주교 일기 5』, 1911년 1월 11일). 그들은 정도의 차이는 있을지언정 제국주의의 앞잡이로서 일본의 조선 침략에 동조하고 천주교 성당의 이익을 위해 조선 민족의 희생도 마다하지 않았던 것이다.

영화학당의 설립

서구 열강과 함께 조선에 진출한 기독교 세력 가운데 처음부터 소외된 조선인의 교화와 사회 여건의 개선에 중점을 두고 본격적으로 서구식 근대 교육을 도입하고자 노력한 교파는 미국의 북감리교였다. 기독교의 초창기 선교 활동은 조미수호통상조약 체결 2년 뒤인 1884년 7월 북감리교 선교사 맥클레이(Robert S. Maclay, 1824~1907)의 간청을 고종 황제가 윤허한 뒤 직접적인 포교보다는 의료 활동과 교육 사업을 통한 간접적인 선교를 기본 축으로 이루어졌다. 1886년 5월 천주교가 조불수호통상조약 제9조 2항의 "조선에서 언어 문자를 학습 또는 교화(教化)할 수 있는(y étudier ou y professer la langue écrite ou parlée)" 권한을 선교를 목적으로 한 학교 설립과 직접적인 포교의 자유를 얻은 것으로 해석하고 일제 식민지 권력과 영합하여 교세를 확장한 것과 좋은 대조를 이룬다. 이후 다른 교파도 최혜국 조항에 의해 점차 직접적인 선교를 하게 되었다.

북감리교 선교부는 1885년 6월 펜실베이니아 출신 아펜젤러(Henry Gerhard Appenzeller, 1858~1902) 부부와 오하이오 출신 스크랜톤(William Benton Scranton, 1856~1922) 모자(母子)를 선교사로 파송하여 주로 한성과 인천에서 교육 활동과 의료 사업을 펼쳤다. 한성 정동(貞洞)에서는 아펜젤러와 스크랜톤 여사가 설립한 학교가 각각 중등교육기관인 배재학당, 이화학당으로 성장했다. 인천 안골(내리)에서는 배재학당 교사 출신 존슨(Geroge Herber Jones, 1867~1919) 목사와 그 부인이 초가집 6칸으로 시작한 제물포 웨슬리예배당에 "영생과 교화"를 모토로 하는 영화학당(永化學堂)을 설립하여 1912년 8월 근대식 초등교육기관인 사립 영화학교로 발전했다.

영화학당은 초창기 선교사에 대한 부정적인 인식, 남녀를 따로 교육하는 전통적인 사회 분위기, 학교보다 사숙에 가까운 형태 등의 요인 때문에 그 기원을 둘러싼 논란이 있지만, 한반도에서 가장 이른 시기인 1892년 무렵에 시작된 것만은 확실한 것 같다. 인천에서 초등교육을 마친 학생들이 중등학교에 진학하고자 할 경우, 남녀 각각 한성의 배재학당이나 이화학당으로 진학해야 하는 어려움 때문에, 영화학당 내부에서도 다양한 형태의 중등학교 설립 시도가 있었다. 그러나 학생 부족과 교사 충원, 학교 건립, 재정 확보 등과 관련된 문제에 부딪혀 결국 초등교육기관으로 특화된다. 1904년 11월 미국의 자선사업가 콜린스(Everell Stanton Collins, 1866~1940)가 기부한 미화 1천 달러로 싸리재에 벽돌집 교사를 신축하여 영화 남학당으로 삼고, 또 다른 미국의 자선사업가 카루렌이 1902년, 1909년 두 차례에 걸쳐 기부한 미화 2천 달러로 쇠뿔고개에 2층 벽돌집으로 된 영화 여학당 교사를 마련함으로써 본격적인 발전의 기틀을 마련했다.

영화학당은 1904년 입학한 학생들부터 학적부를 작성하여 체계적으로 관리하기 시작했다. 그에 따르면, 1905년 100명이었던 재학생은 1906년에 216명으로 크게 늘어난다. 이 가운데는 입학 전에 사숙, 서당 등에서 『천자문』, 『동몽선습』, 『소학』, 『통감』 등과 같은 전통적인 한문과 유교 교육을 받았거나 다른 지방에서 보통학교를 다니다가 주거지 이전으로 전학해 온 학생도 상당수 포함되어 있었다. 그러나 을사늑약을 전후하여 국권 회복 운동의 일환으로 개항장 인천에도 민족 사학이 설립되고, 조선인 거주 지역에 천주교 계통 박문학교도 본격적으로 운영되었으며, 여기에 일제 통감부가 민족 사학을 통제하고 인천공립보통학교를 설립하면서 조선인의 동화 정책에 나서게 된다. 따라서 1907년에는 입학 자원이 분산되어 신입생이 줄어들고 기존 학생들도 다른 학교로 이동하여 재학생이 35명으로 크게 줄어들었다. 그 후 어느 정도 회복되어 1919년까지 총 488명이 영화학당에서 근대식 초등교육을 받게 되었다(「사립 영화학교 학적부」).

광운의 인천공립보통학교 입학

1910년 8월 29일 조선왕조는 개항 이후 인천을 식민의 거점, 나아가 식민의 기지로 삼아 국권 침탈을 가속해온 일제에 의해 27대 519년 만에 속절없이 망하고 말았다. '망국의 소년' 광운은 경술국치 이듬해인 1911년 4월 일곱 살 때부터 다녔던 쌍우물서당을 그만두고 쇠뿔고개마을에 개교한 지 4년째 되는 인천공립보통학교에 입학했다. 화도의 집에서 나와 화도고개, 싸리재, 배다리, 쇠뿔고개로 이어지는 12살 소년에게는 녹록치 않은 편도 5리, 왕복 10리 길이었다. 「회고록」은 그간의 사정에 대해 국권 강탈 이후 "일인(日人)들은 곳곳에 있던 서당을 폐쇄하고 이를 대신하여 보통학교를 세워 그들의 개화 문명을 이식하기에 서둘렀다"고 기록하여, 식민지 권력의 강력한 압력이 있었음을 시사한다. 다음에서는 잠시 그 역사적 맥락을 살펴보고 이야기를 이어가도록 하겠다.

1895년 7월 19일 고종은 갑오개혁의 일환으로 '소학교령'(칙령145호)을 발령하고 각 부군(府郡)에 학령 아동이 취학할 5~6년제 공립소학교를 설치할 것(제17조)을 지시했다. 다만 관찰사의 판단에 따라 관내 공립소학교 설치 이전에 사립소학교로 그 역할을 대신할 수 있도록 했다(제18조). 개항장 인천의 조선인 거주 지역에서는 '소학교령' 발령을 전후하여 영화학당, 인천항사립박문학교와 같은 기독교 계통 학교에다 각종 민족 사학이 설립되어 뿌리를 내리고 있었던 만큼, 공립소학교의 설립은 크게 늦어졌다.

을사늑약 이후 통감부는 조선을 식민지로 편입하기 위한 준비 작업의 일환으로 교육에 대한 통제를 강화하기 시작했다. 그것은 1906년 8월 27일 '보통학교령'을 내려 종래의 5~6년제 소학교 체제에서 4년제 보통학교 체제로 개편하고 일본어 필수 지정, 민족의식 고취 교과목 배제, 실용적인 교과목 추가 등 교육 내용에 개입하는 것으로 구체화되었다. 이어 민

족 사학과 기독교 계통 사립학교가 민족 교육을 통해 항일운동의 구심점
이 되어가는 사태를 우려하여 1908년 8월 26일 모든 사립학교를 일제의
인허가 관리 체제 아래 두는 '사립학교령'을 발령하여 사립학교 설립 및
운영에 대한 탄압과 회유에 나섰다. 여기서 사실상 사립학교의 인허가 기
준이 된 것은 '반일 사상을 고취하는 교육 내용이 들어 있는가'라는 것이
었다. 당연히 한글, 역사, 지리, 창가 등 민족의식을 고취하는 교과목을 운
영하는 사립학교는 철저한 배제의 대상이 되었다. 인허가 작업이 마무리
되는 1909년 5월 현재, 신규 설립을 포함해 전국의 사립학교 1,834개교 가
운데 절반 가까이가 인허가 기준에 걸려 탈락했으며, 살아남은 학교의 상
당수는 국권 회복 투쟁을 위해 형식상 치외법권을 갖는 종교계 학교로 변
신한 경우였다.

　앞서 언급한 대로, 인천공립보통학교는 나름대로 조선 조정이 주체적
으로 추진한 갑오개혁의 '소학교령'이 아니라 일제 통감부가 조선인 동화
정책을 위해 반포한 '보통학교령'에 의거하여 1907년 5월 6일 쇠뿔고개에
설치되었다. 인천에는 개항 후 공교육의 부재 속에서 상당히 이른 시기부
터 북감리교 계통 영화학교의 전신인 영화학당, 천주교 계통 박문학교의
전신인 인천항사립박문학교와 같은 기독교 계통 학교나 민족 사학이 조
선인 거주 지역에 설립되어 근대식 교육을 실시하는 구도가 정착되어 있
었다. 여기에다 을사늑약을 전후하여 일제의 국권 침탈에 대한 반감이 고
조되고 구국 투쟁의 거점으로서 사립학교에 대한 기대 역할이 증대하고
있었기 때문에, 동화 정책의 수단으로 새롭게 출범하는 인천공립보통학
교의 전도는 그렇게 밝지만은 않았다.

　그런데 광운의 아버지 조운식은 4대 독자 외아들을 왜 기독교 계통 학

교나 민족 사학이 아니라 인천공립보통학교에 보낸 것일까. 우선 돈 문제
는 아니었던 것 같다. 당시 천주교는 기본전답을 기본자산으로 가지고 그
수익금으로 박문학교를 재정적으로 지원하고 있었으므로, 학생들에게
수업료를 징수하지 않았다. 북감리교 계통 영화학당의 경우 교회의 지원
없이 기부금과 설립자 출자로 대부분의 운영비를 충당하고 있어, 여학교
는 얼마간 수업료를 받았지만 남학교는 전혀 받지 않았다. 후발 주자인 인
천공립보통학교도 이들 학교와 경쟁하여 학생을 확보해야 하는 처지로
서, 1914년 전반기까지 수업료를 면제하고 교과서, 학용품 등을 무상으로
제공하고 있었다.

한 가지 생각할 수 있는 것은, 광운의 고향 화도(花島) 주변이 개항을 전
후하여 구미 열강은 물론 일본의 제국주의와 대치하는 최전선 병영 마을
이 되었다는 지역성과 역사성이다. 쌍우물가에 모여든 인근 주민과 화도
진 병사들이 이야기꽃을 피운 것은 불과 몇 년 전에 거기서 훤히 내려다보
이는 바다와 섬에서 벌어진 프랑스, 미국 등 '서양 오랑캐(洋夷)'와의 격렬
한 전투에 관한 기억이었다.

프랑스는 자국 신부 9명이 살해당한 보복 조치로 조선인 9,000명을 죽
이겠다고 7척의 군함에 1,000여 명의 군인을 싣고 와서 월미도에서 강화
해협을 휘젓고 다녔으며 강화도에 상륙하여 약탈과 방화를 자행했다. 미
국도 제너럴 셔먼호 격침을 구실로 군함 5척에 함포 85문, 병사 1,230명을
싣고 와서 화도 앞바다에 떠 있는 물치도(勿淄島)에 정박하여 무력 시위를
하다가 북상하여 함포 사격을 가해 강화도 초지진(草芝鎭)을 초토화하고
광성보(廣城堡)에서 결사항전하는 조선군을 몰살시켰다. 물론 '서양 오랑
캐와의 화친은 매국 행위'라는 위정척사 사상이 풍미하던 시대의 이야기

이다. 그러나 광운의 아버지 조운식을 비롯한 화도 주민은 누구나 개항 후 이들 제국주의 세력의 등에 업혀 개항장 인천에 들어온 천주교와 북감리 교가 세운 학교가 각각 박문학교, 영화학당이라는 사실을 알고 있었고, 모종의 거부감을 느끼고 있었던 것만은 확실하다.

이런 사정에 더해 인천부(仁川府) 행정조직을 동원한 일제 통감부의 강한 압력도 광운이 인천공립보통학교를 선택하지 않을 수 없었던 직접적인 계기로 작용한 듯하다. 이에 대해서는 이미 일본식 개화 문명을 이식하기 위해 민족 교육의 거점을 폐쇄하고 보통학교 체제로의 개편을 강행하는 대목에서 간단하게 언급한 바 있다. 이는 광운이 인천공립보통학교의 교육 방법과 교육 내용에 처음부터 회의를 품고 흥미를 가질 수 없었던 이유이기도 했다.

인천공립보통학교는 1907년 5월 6일 관립인천일어학교(1904년 통역관 양성을 위한 관립한성외국어학교 인천지교를 개편한 관립학교)의 교실 한 칸을 빌려 문을 열고 학생 모집에 적극 나섰으나 조선인들의 반응은 냉랭하여 겨우 6명의 입학생을 확보하는 데 그쳤다. 우여곡절 끝에 개교한 다음 달에 경영 문제로 폐교 위기에 처한 용동(龍洞) 소재 사립 제령학교(濟寧學校)를 통합하여 74명의 학생을 추가로 확보하여 일단 80명 규모로 출범했다. 이 학생들은 5세의 어린아이부터 24세의 기혼 장정까지 다양한 연령대로 구성되어 있었고, 수학 능력에도 현격한 차이가 있어 1, 2학년 두 학급으로 나누어 오전과 오후의 2부 수업을 운영했다. 그러나 사립학교에 입학했다가 엉겁결에 원하지도 않은 공립학교로 옮겨온 학생들이 대부분이었고, 학부모의 불만도 이만저만이 아니어서 중도 퇴학자가 속출했다.

이에 인천부윤 김윤정은 1907년 6월부터 1910년 9월까지 직접 교장을

〈그림 2-2〉 인천공립보통학교 졸업 사진

위는 인천공립보통학교 제1회 졸업 사진(1910년 3월 26일)이고 아래는 제5회 졸업 사진(1914년 3월 24일)이다. 경술국치 이후인 제2회, 3회 졸업 사진에서는 보이지 않지만, 제5회 졸업 사진에서는 일본인 교사가 제복을 입고 군도를 찬 모습이 확인된다. 제4회 졸업 사진은 전해지지 않아 확인할 수 없다. 출처: 창영초등학교, 『창영초등학교 100년사』; 인천공립보통학교, 『졸업대장』.

겸직하면서 인천항 각동에서 학생 90명씩 입학시킬 것을 요구하고 동면 장 등 행정조직과 헌병, 경찰 등 치안 조직을 총동원하여 학생 모집에 나 섰다. 그는 한성부 출신으로 구한말에 관료 생활을 하다가 대한제국 학부 (學部)가 선발한 해외 유학생으로 선발되어 1897년부터 미국 유학을 다녀 와 1906년 37세의 젊은 나이에 인천의 행정을 총괄하는 부윤으로 발령받 았다. 경술국치 직전까지 스스로 인천공립보통학교 교장을 겸직하면서 토끼몰이식으로 민족 사학과 기독교 계통 학교들을 압박하여 조선인을 일제의 동화 기관인 인천공립보통학교에 몰아넣는 역할을 했다.

그 결과 1908년 4월에는 136명의 신입생을 확보하여 어느 정도 궤도 에 오르는가 싶었으나, 일제의 국권 강탈이 노골화됨에 따라 학부모들은 자녀들을 중도 퇴학시키는 저항을 일상화했다. 1907년 개교와 더불어 입 학한 80명 가운데 졸업까지 간 학생은 18명(제1회 졸업자)에 불과했고, 1908 년의 경우 더욱 악화되어 입학자 136명 중 대부분이 중간에 그만두고 14 명(제2회 졸업자)만 졸업했다. 인천공립보통학교의 공식적인 기록은 『연혁 지(沿革誌)』와 『졸업대장(卒業臺帳)』만 남아 있을 뿐 『학적부』가 전해오지 않 아 그 후 몇 명이 입학하여 중도에서 그만두었는지 확인하기가 쉽지 않다. 그렇지만 그 후 졸업자 수가 21명(1909년 입학, 제3회 졸업자), 33명(1910년 입학, 제4회 졸업자), 30명(1911년 입학, 제5회 졸업자)으로 큰 변화가 없는 것으로 보 아, 광운의 동기가 입학하여 졸업할 때까지는 물론 1919년 3·1운동 이후 에도 이러한 식민지 교육 배척 상황이 계속된 것으로 보인다(인천공립보통 학교, 『연혁지』, 『졸업대장』).

광운은 인천공립보통학교에 입학하자마자 겪었던, 인생의 진로를 바 꾸게 할 정도의 충격적인 사건에 대하여 「회고록」에 다음과 같은 기록을

〈그림 2-3〉 인천공립보통학교 『연혁지』 표지 및 내용

「회고록」에서 언급하고 있는 '배 선생님'이 1909년 4월 12일 진주공립보통학교에서 전근을 온 '부훈도 배두성'임을 『연혁지』 1909년도(메이지 42)의 기술에서 확인할 수 있다.

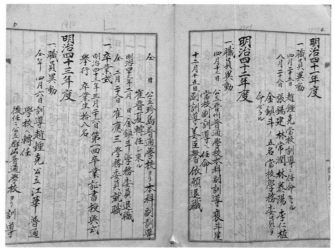

남겼다.

　　그 당시 보통학교 시절 (…) 지금까지도 잊혀지지 않는 일이 있다. (…)
데라우치(寺內)란 일인(日人) 총독이 부임해 와서 무단 군국 정치(武斷軍國
政治) 강화책의 일환으로 학교 선생들에게까지도 강제로 군복, 군모, 군
도(軍刀)를 입고 차게 하였다. 그때 우리를 가르치시던 배 선생님이 군모
와 군복, 군도를 책상 위에 놓으시고 교무실에서 통곡하시던 일, 비록 나
이 어린 가슴일지라도 군복에 군도를 찬 다른 선생들의 모습은 도무지
스승의 모습으로 여겨지지 않았고, 그 밑에서 공부를 한다는 것이 못마
땅하게 생각되었다. 나는 그런 이후부터는 학교의 글을 외면하기 시작
하여 (…) 졸업반이 되던 해 어느 날 (…) 드디어 학교를 그만두었다.

　　광운의 아버지 조운식은 당시 화촌동(花村洞) 동장의 집요한 요구와 관
할 경찰서 순사나 헌병의 노골적인 협박에 직면하여 자식의 장래가 누가
될지 모른다는 생각에서 1911년 4월 외아들을 인천공립보통학교에 입학
시키지 않을 수 없었다. 광운은 동기생의 평균 연령이 13.5세였던 것을 감
안하면 1년 정도 이른 나이에 인천공립학교 설립 이후 5회째의 신입생이
되었다. 때는 바야흐로 일제가 국권 침탈에 끝까지 저항하던 국내 의병의
항일 투쟁을 무력화하고 조선을 경찰과 헌병으로 통치하는 거대한 강제
수용소로 만들었던 시기였다.
　　그러나 인천공립보통학교의 교육 방식과 교육 내용은 어린 광운에
게 커다란 충격으로 다가왔고, 결국 학업에 흥미를 잃고 졸업을 몇 달 앞
두었을 때 학교를 그만두는 결과를 낳았다. 그것은 스승이 군복과 군모에

군도까지 착용한 채 어린 학생들에게 공포 분위기를 조성하고, 조선의 언어, 역사, 지리, 창가 등에 대한 교육은 억압하면서 일본인 교사를 내세워 일본어와 일본 역사를 가르치는 식민지 동화 교육에 대한 충격과 거부였다. 광운은 조선인에게 총칼을 겨눠 언어를 빼앗고 노예처럼 굴종할 것을 요구하는 장본인이 데라우치 마사타케(寺內正毅)라는 사실을 알고 있었다. 데라우치는 1910년 5월 30일 이토 히로부미 암살 사건 이후 일제 육군대신의 직위를 유지한 채 제3대 조선통감(朝鮮統監)에 취임하여 압도적인 군사력으로 의병 항쟁을 진압하고 최종적으로 조선을 병탄한 인물이다. 그 후에도 천황 직속 현역 장성·육군대신으로 초대 조선총독(朝鮮總督)에 취임하여 군사 조직과 경찰 조직을 통합한 헌병경찰로 조선인과 조선 사회에 대한 무단 공포 통치를 강행했다.

「회고록」에 언급된 "배 선생님"은 광운이 입학하기 1년 전인 1909년 4월 12일 진주공립보통학교에서 인천공립보통학교로 이동해온 부훈도(副訓導) 배두성(裵斗星)을 말한다. 그는 광운이 1학년 때 담임을 맡아 틈나는 대로 한글을 가르쳐주고 조선의 역사에 대해 이야기해주어, 광운은 깊은 감명을 받고 그를 존경하게 되었다. 특히 충절의 고장 진주(晉州) 출신답게 임진왜란 당시 진주목사 김시민(金時敏)이 지휘한 3,800명의 조선군이 2만 명이 넘는 왜군을 물리친 이야기를 해주었을 때는 마치 내 일처럼 통쾌했다. 또한 진주성이 함락되었을 때 논개가 왜장 게야무라 로쿠스케(毛谷村六助)를 유인하여 남강(南江)에 투신하여 순절(殉節)한 이야기는 광운의 어린 마음을 아프게 했다. 그랬던 배두성 선생님이 "군모와 군복, 군도를 책상 위에 놓으시고 교무실에서 통곡하시던" 모습은 그야말로 청천벽력 같은 충격으로 다가왔고, 인천공립보통학교에 대한 환상을 산산이 부수어버리기에 충분했다. 1912년 4월 13일 그는 광운이 2학년에 올라가자마자 교사 생활을 그만두고 고향에서 멀지 않은 전라남도 여수군청 서기로 지원하여 인천을 떠나고 만다(인천공립보통학교, 『연혁지』).

배두성 선생님이 인천공립보통학교를 떠나고 나서 광운은 학업에 흥미를 잃고 학교 생활을 외면하기 시작하여 결국 졸업을 몇 달 앞둔 1914년 9월 어느 날 학교를 그만두고 말았다. 당연히 1915년 3월 24일에 졸업한 동기생 36명의 명부에서 그의 이름은 찾을 수 없다. 그 시점에 중도 퇴학을 결단한 배경에는, 그동안 민족 사학과 기독교 계통 학교와의 학생 모집 경쟁 때문에 유예해왔던 수업료 면제가 중단되고 수업료를 징수하는 방향으로 정책이 전환된 것도 한 몫을 했다. 군국주의 교육의 대가로 전국 평균의 2배에 가까운 사실상 최고 수준의 수업료(월평균 20전)를 내라는 가정통신문을 받아들고 분노하지 않은 조선인은 없을 정도였다.

1912년 제3회 졸업 대상자부터는 매년 재학생 총수만 발표되고 입학자와 중도 퇴학자의 기록이 없어 학생 변동에 관한 정확한 사항을 알 수 없다. 하지만 치외법권 상태에 있는 기독교 계통 학교는 건드리지 못하고 주로 민족 사학을 억압하여 인천공립보통학교로 학생을 보내거나 사립학교 그 자체를 통합하는 정책이 노골화되고 있었다. 인천공립보통학교 개교 이후 재령학교(載寧學校), 인명학교(仁明學校) 등 민족 사학이 차례로 흡수되고 영화학당, 박문학교 등 기독교 계통 학교의 입학생도 절반 정도 줄어든 것으로 보아, 광운의 동기생은 전년보다 늘어 최소한 150명 정도 입학하여 도중에 110~120명 정도가 그만두고 최종적으로 36명만 졸업한 것으로 보인다. 사실상 기독교 계통 학교를 억압하고 민족 사학을 통폐합하는 형태로 성장한 한말·일제강점기 인천공립보통학교는 교육 내용과 교

육 방법을 둘러싼 민족적 모순과 갈등이 내공하여 임계점에 달했다. 그것
은 결국 1919년 3월 6일 광운의 후배인 5, 6회 입학생들의 동맹휴학과 만
세 운동으로 표출되었다.

제3장
주경야독의 나날

15세 소년의 결단

앞서 언급했듯이, 광운은 군국주의 교육에 염증을 느끼고 졸업을 몇 개월 앞둔 1914년 9월 어느 날 인천공립보통학교를 그만두었다. 15세 소년으로서는 감당하기 어려운 일이었지만, 공립학교라는 제도적인 장치를 통해 강압적으로 주입되던 식민지 동화 교육을 거부하고 개항장 인천을 무대로 스스로 현실을 체험하면서 학습하는 주경야독(晝耕夜讀)의 길을 선택한 것이다. 그는 자신의 결단을 스스로에게 설명하고 다짐이라도 하듯이, 앞으로 무슨 일을 해야 할지 나름대로 방향을 설정하고 계획을 세우고 있었다.

하나는, 동아시아 문화권의 주변부에 위치했던 일본이 중국, 러시아와 같은 강대국을 군사적·경제적으로 제압하고 조선을 손아귀에 넣게 된 힘의 원천이 어디에 있는지 해답을 찾는 일이었다. 그러면 거기서 무엇을 배워야 하는지, 혹은 배우지 말아야 하는지를 알 수 있을 것이라고 생각했다. 그는 서당에서 배웠던 『손자병법(孫子兵法)』「모공편(謀攻篇)」의 "적을 알고 나를 알면 백 번 싸워도 위태롭지 않다(知彼知己, 百戰不殆). 적을 알지 못하고 나를 알면 한 번 이기고 한 번 진다(不知彼而知己, 一勝一負). 적도 모르고 나도 모르면 싸울 때마다 반드시 위태롭다(不知彼, 不知己, 每戰必殆)"라는 구절을 마음에 새겼다. 근대성과 침략성이 교차하는 개항장 인천에서 나고 자란 사람이라면 누구나 생각할 수 있는 당연한 문제였다. 이는 여기에 그치지 않고 해방과 분단의 혼란, 동족상잔과 대립, 개발독재의 시대로 이어지는 인생의 고비마다 때로는 증오심으로, 때로는 향수로 모습을 바꾸면서 끊임없이 그를 따라다니던 문제이기도 했다.

다른 하나는, 자신의 사업을 벌여 "큰 돈"을 모으고 구차한 생활에서 벗어나고 싶다는 강한 열망이었다. 마침 그때 얼굴도 모르는 외숙부가 10여 년의 하와이 이민 생활을 청산하고 "큰 돈"을 벌어 광운의 가족 앞에 나타났다. 외숙부는 몇 년째 계속된 흉년으로 굶어 죽는 사람이 속출하던 1902년 12월 22일 제물포 웨슬리예배당(내리교회) 존슨 목사의 주선으로 미국 상선 겔릭(Gaelic)호를 타고 하와이 사탕수수밭 노동자로 떠났던 인천·강화 지역 감리교인 50명 등 102명(이 가운데 안질 환자 및 가족 16명은 상륙 허가를 받지 못하고 본국으로 소환)으로 이루어진 한국 최초의 하와이 이민단 가운데 한 사람이었다(안형주, 『1902년, 조선인 하와이 이민선을 타다―안재창의 가족 생애사로 본 아메리카 디아스포라』, 푸른역사, 2013). 하와이 이민 생활은 "지상낙원"이라는 선전 문구와 달리 일요일을 제외하고 매일 10시간씩 뙤약볕 아래 중노동에 내몰리고, 하루 품삯은 근근이 생활을 유지할 정도로만 50~80센트씩 받는 가혹한 것이었다. 여기에 똑같은 "버림받은 국민"의 처지로 조선인보다 먼저 와 있던 일본인 이민자들로부터 "지배-피지배 민족" 논리의 연장선상에서 텃세에 시달려야 했다. 이렇게 서른 살 때 제물포항을 떠나 갖은 고생 끝에 얼마 안되는 품삯을 쪼개 제법 "큰 돈"을 만들어 불혹을 넘긴 나이에 "망한 조국"으로 귀환한 것이다.

광운은 일단 사업 밑천을 마련하기 위해 부모나 외숙부에게는 아무 말도 하지 않은 채 며칠이고 개항장 인천의 "작은 일본"이었던 구 일본 조계 지역을 돌아다니며 일자리를 구했다. 「회고록」에서는 그때의 심정을 "범을 잡으려면 범의 소굴에 들어가라"라는 말로 표현하고 있다. 때는 일제가 한반도 전역을 병탄하고 나서도 얼마간 국제 여론 등을 감안해 경찰권만 박탈하고 기존의 조계 제도를 유지하다가 이리저리 저울질 끝에 인천 등 전국의 모든 조계를 철폐하여 자신의 통제 아래 둔 직후였다. 인천 부청사(구 일본 영사관), 제1은행, 제18은행, 제58은행 등 일본 상업은행의 인천지점, 대불호텔, 미두거래소 등 르네상스식 구조물과 일본식 건축물이 즐비한 구 일본 조계 지역은 응봉산을 사이에 두고 토박이들의 초가집과 주변 농촌 지역에서 모여든 부두 노동자들의 토막집이 산꼭대기까지 다닥다닥 붙어 있는 조선인 거주 지역과는 완전히 다른 별천지처럼 보였다.

광운은 그곳에서 일본인이 경영하는 잡화점에 들어가 1916년 가을까지 2년 가까이 점원 생활을 했다. 이어 일본인 변호사사무소로 옮겨 1917년 가을까지 1년간 통역 겸 직원으로 일하면서 외숙부처럼 월급을 꼬박꼬박 모아 얼마간의 사업 밑천을 마련했다. 이런 만반의 준비 끝에 그는 1917년 말에 그동안 저축하거나 빌려준 돈을 긁어모아 조그만 가게를 얻어 면포상 사업을 시작했다. 동시에 야간으로 운영되던 인천공립상업학교 병설 1년제 간이상업학교에 입학하여 상업부기, 상업문(商業文), 상업산술, 상사요항(商事要項), 상업영어 등 사업 경영을 위한 실무 지식도 익혔다.

2년 가까이 특유의 근면함과 투지로 사업도 확장하고 "큰 돈"도 모으는 등, 상당한 성공을 거두는 듯했다. 그러나 광운은 자본 증식의 욕심에 사로잡혀 투기적인 미두(米豆) 선물 청산 거래에 손을 댔다가 한순간에 그동안 천신만고 끝에 이뤄놓은 것을 송두리째 잃어버리고 말았다. 1919년 11월 새로운 기회를 찾아 조국을 등질 때까지 구 일본 조계에서 보낸 5년간의 성공과 좌절의 이야기는 「회고록」에 비교적 자세하게 기술되어 있으므로, 사실관계를 확인하면서 구체적으로 소개하도록 하겠다.

일본인 잡화상의 점원 생활

광운은 1914년 9월 어느 날 인천공립보통학교를 그만두고 일자리를 찾아 제물포항 부근 구 일본 조계 지역을 며칠이고 돌아다니다가 일본인이 경영하는 잡화점의 점원으로 들어갔다. 「회고록」에서는 "지도이키치(升內治郞吉)란 혹 달린 노인이 (…) 사위와 함께 경영하는 인천에서 제일 큰 잡화상"이었다고 기술하고 있다.

당시 일본인 개인이 경영하는 잡화점이나 사업체는 통상 주인의 이름을 상호로 내거는 경우가 많았다는 것을 감안하면 "지도이키치"라는 이름은 조금 괴이하다. 앞부분은 "土居吉" 또는 "土居喜七"라는 일본인 이름의 한글 표기이고, 뒷부분은 "마스우치 지로(升內治郞)"라는 일본인 이름의 한자 표기로 전혀 다른 두 사람의 이름이 뒤섞여 있는 것 같다.

나중에 언급하겠지만 「회고록」의 다른 부분에 와세다대학 정치경제학부 예과 재학 시절 일본 관헌에 쫓겨 오사카로 피신했을 때 "인천 시절 나의 주인이자 스승인 증권업자 다케나카 지로(竹中治郞)"를 만나 도움을 받는다는 내용이 나온다. "마스우치 지로"의 "마스우치(升內)"는 일본에서 매우 드문 성이고, 얼핏 보아 한자 모양이 비슷한 것으로 보아 주인 영감의 사위 이름인 "다케나카 지로(竹中治郎)" 혹은 "다케우치 지로(竹內治郎)"의 단순한 오기로 보인다.

1937년 항공사진을 바탕으로 건물 높이나 집 모양을 입체적으로 식별할 수 있도록 제작한 사진첩 『대경성부도시대관(大京城府都市大觀)』은 미두거래소 맞은편 혼마치(本町) 3가(해방 후 중앙동 3가동으로 변경, 현재의 와이케이디자인그룹 터)에 도이키시치상점(土居喜七商店)이 실제로 존재했음을 확인해주고 있다(『모던 인천 시리즈 1. 조감도와 사진으로 보는 1930년대』, 토향, 2017). 다만 1903년에 출판된 오가와 유조(小川雄三)의 『인천번창기(仁川繁昌記)』 부록 「관민인명록(官民人名錄)」에 상호가 실려 있지 않은 것으로 보아 그 후에 인천에 진출한 것으로 보인다.

어쨌든 광운은 비가 오나 눈이 오나 하루도 빠짐없이 새벽 동이 트기도 전에 도시락을 끼고 신화수리 집을 나와 화평리, 축현역(1926년 상인천역, 1948년 축현역, 1955년 동인천역으로 변경)을 거쳐 혼마치 가게로 이어지는 십 리 가까운 길을 걸어서 출근했다. 주인의 사위가 오기 전에 가게 문을 열고 청소를 하는 것으로 하루 일과를 시작하여 온갖 궂은일을 다 하고, 어두워지면 귀가하는 생활의 반복이었다.

주인 영감은 매우 엄격한 사람으로 자기 사위에게까지 위험한 상점 지붕 기왓장 청소를 시킬 정도였으니, 하물며 조선인 소년 광운에게는 "네가 얼마나 버티나 보자"라는 심산으로 훨씬 가혹하고 힘든 일만 골라서 시켰다. 이전에 주인의 등쌀에 견디지 못하고 여러 점원이 그만두는 것을 목격한 이웃 사람들은 광운에게 "너 몇 달 있니? 아마 얼마 못 있을 걸"이라고 말을 건넬 정도였다. 처음 얼마간은 너무나 힘들어 그만둘 생각을 한 것도 한두 번이 아니었지만, 그 때마다 주인 영감이 입버릇처럼 되뇌는 "조선인들은 근성이 되어 먹지 않았어"라는 말이 비수가 되어 폐부를 찔렀다. 광운의 어린 마음에도 피지배 민족의 딱한 처지를 근성 운운하며 폄하하는 소리를 듣는 것은 죽기보다 싫어, 시키기 전에 일을 찾아서 하는 일종의 오기 같은 것이 생겼다. 그렇게 2년 동안 지독한 일본인 주인 밑에서 수모를 견디며 스스로 일을 찾아 노력한 결과, 널리 인천 상점가의 점원 훈계에서 바람직한 젊은이의 롤 모델로 이야기될 정도가 되었다.

　그렇다고 일본인 잡화점 주인 도이 키시치 영감이 광운에게 부정적인 이미지로만 다가온 것은 아니었다. 그는 하급 사무라이의 아들로 태어나 젊은 시절 한학뿐만 아니라 난학(蘭學)과 같은 서양 지식도 두루 공부하고 인천으로 건너와 잡화상을 시작한 사람으로, 다른 일본인 상인과는 조금 달랐다. 개항장 인천에 진출한 일본인 상인들은 대체로 소자본을 가지고 자국민보다 조선인을 상대로 잡화상, 포목상, 목재상, 숙박업, 전당포, 음식점, 매춘업 등 돈 되는 것은 무엇이든 닥치는 대로 경영했다. 특히 잡화상의 경우, 전당포나 대금업 등과 같은 약탈적인 고리대금업을 겸하는 경우가 많았다. 그러나 도이키시치상점은 주로 문명개화와 관련된 다양한 박래품(舶來品)을 모아 판매하는 전시장 같았고, 그중에서 유달리 광운의 눈길을 사로잡은 것은 석유남포였다. 「회고록」은 "당시에는 어디서나 가물가물한 등잔만이 유일한 조명 수단으로 있었던 때였으므로 갓 달린 남포의 환한 불빛이 무엇보다도 나의 호기심을 끌었다"며 석유남포와의 조우를 감동 어린 필치로 그리고 있다. 석유남포는 1859년 일본의 개항과 함께 미국에서 일본으로 들어오고, 1876년 조선의 개항과 함께 일본 상인들이 개항장에 들여온 그야말로 문명개화의 상징물로서, 이들 나라에서 전등이 보급될 때까지 대표적인 조명 기구의 자리를 지켰다. 그로부터 10년 후 그가 경성부 봉래정(蓬萊町)에 광운상회를 개점하여 석유남포에서 전등으로 조명 기구 세대교체의 중심에 서게 된 것도 결코 우연은 아니었다는 생각이 든다.

무슨 일이든 시키기 전에 스스로 찾아서 하는 광운의 근면하고 성실한 업무 태도에 주인 영감도 곧 조금씩 매몰찬 태도를 거두고 마음을 열게 되었다. 도이 키시치 영감은 일찍이 학문에 뜻을 두었던 사람으로서 한학에 조예가 깊었으며, 특히 이백(李白), 두보(杜甫), 한유(韓愈), 백거이(白居易) 등 당나라 시인의 작품을 좋아했다. 광운이 5년간 쌍우물서당에서 갈고닦은 한문과 한학의 수준이 상당한 것을 알고는, 틈틈이 고시집(古詩集)을 가지고 와서 그 내용이며 배경을 설명해주기도 했다. 인천공립보통학교 재학 시절 군복과 군도를 착용한 일본인 교사가 강압적으로 가르치는 일본어 수업이 싫어 일부러 건성으로 들었던 탓에, 광운의 일본어 구사능력은 출중한 편이 아니었다. 도이 키시치 영감은 '싫든 좋든 한 나라의 언어를 아는 것은 그 나라를 아는 길'이라며 일본어 문법부터 일상 회화까지 체계적으로 가르쳐주었다. 그리하여 광운은 수준 높은 일본어를 구사할 수 있게 되었다.

일본인 법률사무소의 쓰라린 기억

1916년 가을, 도이키시치상점 점원으로 일한 지 2년쯤 되었을 때, 광운은 잡화상 고객으로 자주 드나들던 일본인 변호사의 요청으로 그의 법률 사무소로 일자리를 옮겼다. 일본인 변호사는 사무 보조로 일본어 구사능력을 갖춘 조선인 청년을 필요로 했고, 광운은 앞으로 자기 사업 구상을 위해서는 잡화상의 허드렛일보다 보수도 많고 법률 지식을 쌓을 수 있는 좋은 기회라고 판단했다. "앞으로 나 자신의 사업을 위해서는 법률 지식도 반드시 필요할 것이라는 생각이 들어 법률을 많이 아는 변호사 밑에서 일을 하는 것이 좋은 기회가 될 것 같았다"는 「회고록」의 기술이 이를 뒷받침한다. 일본인 변호사가 한글을 잘 몰랐기 때문에 사무실로 찾아온 조선인의 주장이나 하소연을 통역하거나 서류를 번역하여 관계자들에게 전달하는 것이 주요 역할이었다.

광운의 통역이나 번역을 통한 업무 보조는 법률 소송의 모든 과정에 걸쳐 있었기 때문에, 그는 사건의 내막을 비교적 소상히 알 수 있는 입장이었다. 사건의 대부분은 법률 지식이 없는 조선인을 대상으로 하는 '왜일수(倭日收)', '왜월수(倭月收)'라는 일종의 고리대금 피해를 둘러싼 것이었다.

'왜일수', '왜월수'란 당시 조선인 상인들 사이에 통용되던 말로 「회고록」에는 "일본인 고리대금업자가 조선의 영세 상인 등에게 높은 이율로 목돈을 빌려주고 매일, 매월 원금에 이자를 합한 일정 액수를 거두어들이는 방식의 돈놀이"라고 설명되어 있다. 개항 이후 직접 전당포, 대금업의 간판을 내걸거나 겉으로는 잡화상, 약종상(藥種商)의 간판을 내세우고 전당포나 대금업 영업을 하는 일본인 고리대금업자가 물밀 듯이 인천과 한성으로 들어왔다(信夫淳平, 『韓半島』, 東京堂書店, 1901). 당시 조선 사회의 금융은 생산·유통·소비에 걸친 폐쇄적인 자급자족 경제 체제의 영향으로 금액은 영세하지만 금리가 높았다. 따라서 개항장에 들어온 일본인들은 여기에 착목하여 조금이라도 여유가 있으면 너나할 것 없이 신용력이 약한 영세 상인 등의 부동산을 물적 담보로 설정한 고리대금업을 가장 확실한 치부 수단으로 삼았다. 일본인 전당포가 조선인에게 적용한 금리는 토지,

가옥, 상점 등의 부동산을 담보로 잡을 경우 엽전 10관(貫) 이하는 월 10%, 10~50관은 월 7%, 50관문(貫文)(50,000관) 이상은 월 5%로 일본인 간의 거래보다 3배 이상 높았다.

일본인 고리대금업자들은 원리금 상환 기일이 지나거나 지연되면 세 번까지는 이자를 원금에 산입하고, 그래도 약속을 못 지킬 경우 즉각적으로 강제집행에 나서서 많은 조선인 영세 상인들이 처참한 꼴을 당하게 되었다. 조선인 채무자들은 담보로 제공했던 문전옥답이나 생활의 터전인 가옥, 상점이 압류되어 더 이상 손을 쓸 수 없는 단계가 되어서야 일본인 변호사를 찾아와 억울한 사정을 하소연하기 일쑤였다. 조상 대대로 농사에 의존하며 살아와 고리대금이 얼마나 무서운 것인지, 유질(流質)이 얼마나 잔혹한 것인지 모르고 전당포 등에서 쉽게 돈을 빌려 장사를 시작하거나 개항장의 진귀한 물건을 구입하고 유흥비로 탕진하는 사람들이 많았다.

강제집행은 채권자, 채무자, 통역의 3인이 순경의 입회하에 재산을 차압하는 형식을 취했다. 일본말을 모르는 채무자가 통역인 광운을 붙들고 울며불며 애원하는 모습은 차마 눈뜨고 볼 수 없는 처참한 광경이었다. 「회고록」은 그때의 괴로운 심경을 다음과 같이 기록했다.

우리 조선인들을 야만시하는, 아니 동물 이하로밖에 취급하지 않던 일본인들이 인정사정을 둘 리 만무하였다. (…) 그 당시의 법률은 겉으로는 평등의 원리가 작용하고 있는 것처럼 보였지만 우리 조선인들을 수탈하기에 알맞게 만들어져 있었고 그 운영 면에 있어서는 특히 일본인과 조선인 사이에 소송관계가 발생할 때에는 언제나 그들에게 유리하게 해석되었다. (…) 우리가 그들이 정하여놓은 법 앞에서 평등을 주장하여보았자 그것은 한낱 잠꼬대에 지나지 않았다. 우리 조선인들이 일본인 변호사를 찾아와서 호소한다는 것 자체가 불합리했고 모순이었는지 모른다. 우직하고 선량한 조선인들은 그들이 만들어놓은 함정에 빠져 발버둥 칠 수밖에 없었다.

일본인 변호사 사무실에서 직접 경험했던 일을 생생하게 기록한 것인 만큼 매우 소중한 역사적 증언이다. 당시 일본인 고리대금업자들은 대개 불량배 출신으로 개항장에 거의 맨손으로 들어와 사기와 진배없는 도붓장사도 하고, 밀수출입도 하고, 위조지폐도 만들어 유포시키는 등 온갖 수단을 동원하여 돈을 모았다. 이렇게 해서 조금이라도 자금에 여유가 생기면 정상적인 상업이나 새로운 사업을 경영하기보다 전당포나 잡화점의 간판을 내걸고 고리대금업에 다투어 나섰다. 이율이 높기도 높았지만 담보 가치를 시가의 반값이나 반의 반값 정도로 후려쳐 돈을 빌려주었다가 상환 기간이 지나면 인정사정없이 강제집행을 통해 자기 소유로 만들어 폭리를 취했던 것이다(信夫淳平, 『韓半島』, 東京堂書店, 1901).

광운이 할 수 있는 일은 강제집행을 당하기 전에 조선인 채무자에게 몰래 가서 어느 날 몇 시에 강제집행을 할 것 같으니 대비하라고 말해주는 것이 고작이었다. 분명히 일본인 변호사의 업무 보조는 도이키시치상점의 점원 자리보다 보수가 넉넉해서, 광운은 매월 얼마간 우편소(郵便所, 일제시대 전신 전화 업무를 취급하지 않고 민간인에게 위탁 운영하던 지역의 소규모 우편국소) 저금통장에 저축을 늘려 나갈 수 있었고 사회생활과 직결된 법률 지식도 쌓을 수 있었다는 점에서 도움이 되었다. 그러나 거의 매일 조선인의 억울한 사정을 보고 들어야 하는 고충은 너무나도 큰 정신적 부담이었고, 자신의 월급도 억울한 조선인의 고혈을 빼는 것 같은 생각이 들어, 광운은 결국 일 년 만에 법률사무소를 떠나기로 결심했다.

청년 사업가의 길

1917년 가을 일본인 법률사무소를 그만두면서, 광운은 그동안 차근차근 준비해온 사업 구상을 현실로 옮기기로 했다. 우편소에 꼬박꼬박 저축해두었던 저금과 지인에게 빌려주었던 돈을 모두 끌어모아 조그만 가게를 구해 면포 판매 사업을 시작했다.

개항 이후 인천의 무역 구조는 청·일 간의 경쟁 구조 변화, 정기 항로의 개설, 군산 등 대체 항구의 개항, 경부선 개설, 인천항 축항 등으로 부침을 겪었지만, 부산과 더불어 최대의 무역항으로서 위상은 여전했다. 주로 일본 측의 쌀 수요를 충족시키기 위해 인접 지역의 미곡을 결집하여 수출하는 중계지 역할을 수행하는 한편, 대규모 소비 시장인 한성으로 옥양목(玉洋木), 면포(綿布), 견포(絹布), 마포(麻布)와 같은 섬유제품과 공산품을 수입하는 창구 역할을 했다. 광운은 당시 인천의 수입품 30~40% 정도가 일본, 청국, 구미계(영국계 이화양행怡和洋行, 미국계 Townsend & Co., 독일계 세창양행世昌洋行 등) 상인이 수입하는 섬유제품임을 착안하고, 일반 조선인이 가장 많이 찾는 면포에 특화된 도산매(都散賣) 사업을 벌였다. 신마치(新町, 1914년 신창동新昌洞에서 신마치로, 해방 후 신포동新浦洞으로 이름 변경)의 터진개시장 화농(華農) 푸성귀전에서 그리 멀지 않은 곳에 가게를 얻은 것으로 보이지만, 확실한 장소는 알 수 없다. 이와 관련하여 「회고록」에는 다음과 같이 기록되어 있다.

사실 면포 도산매점을 벌인다는 것은 적은 자본으로서는 누구도 감히 엄두를 낼 수 없는 일이었다. 그 당시 나는 아마 조선 최초의 면포상이었는지도 모른다. 자본이 적었으므로 많은 물건을 사다 진열할 수는 없었다. 상점에다 가지각색의 면포 견본만을 가져다 놓고 다른 곳에 큰 창고를 가지고 있는 것처럼 보이게 했다. 나의 큰 창고란 다름 아닌 일본과 중국 무역상들이 가지고 있는 면포 창고였다. 전국 각처의 조선인 도매상, 소매상들이 매일 나에게 몰려들었다. 그도 그럴 것이 외국어를 잘 하지 못하는 그들에게 나를 상대로 면포를 주문하는 것이 훨씬 손쉽고 믿음직했던 모양이다.

　광운의 사업 전략은 주효하여 사업을 시작한 지 얼마 안 된 19세 때 이미 가게도 넓히고 상당한 수입도 올리면서 인천에서 제법 알아주는 청년 사업가로 성장하게 되었다. 「회고록」에는 그 과정이 구체적으로 기술되어 있다.

　면포점을 시작한 지 몇 개월도 안되어 벌써 나는 인천에서 가장 나이 어린 상인으로 알려지게 되었다. (…) 자본이 적은 나로서는 신용만을 가지고 일본, 중국 무역상으로부터 면포를 받아 전국 도소매상들에게 넘겨주었는데 (…) 금전의 유통을 원활하고 신속하게 (…) 맞추기가 여간 어려운 일이 아니었다. 우선 도소매상으로부터 주문이 들어오면 그것을 정리하여 물건 종류별로 분류하고, 다음에 무역상으로부터 그 물건을 외상으로 구입하는 것이 순서로 (…) 양측에 신용을 지켜주어야 했다. 어느 한쪽에다도 자본이 적은 내색을 보인 일이 없다. 무역상들에게는 (…)

자본이 많으면서도 먼저 물건을 가지고 가서 대금을 후불하는 노련한 (…) 상술을 갖고 있는 것처럼,(…) 도소매상들에게는 많은 재고량이 있는 거대한 창고를 (…) 가지고 있는 사람처럼 (…) 생각하게 하였다. 양측에 시간 약속을 하고 그것을 지키는 데 온갖 힘을 기울였다. 노력한 보람이 있어 나날이 사업은 번창해가고 자본도 점점 늘어나게 되어 (…) 면포상이라면 우선 나를 꼽을 정도로 널리 알려지고 신용 있고 건실한 청년 사업가라는 평판도 받게 되었다.

광운학원의 「설립자훈(設立者訓)」으로 전해오는 근면 성실, 검소 절약, 탐구 실천의 정신은 사실상 광운이 구 일본 조계 지역에서 잡화상 점원, 법률사무소 업무 보조, 면포 도산매 사업가로서 5년간 실제 경험을 통해 체득한 생활철학에서 그 원형을 찾을 수 있다. 도이키시치상점의 점원 시절에는 무슨 일이든 시키기 전에 스스로 찾아서 하는 근면하고 성실한 업무 태도로 그 혹독한 주인 영감의 마음을 돌렸던 광운이다. 자기 사업을 위한 자본을 마련하고자 온갖 수모와 고통을 감내해야 했던 잡화점 점원과 법률사무소 업무 보조 시절은 "남에게 뒤지지 않으려면 무엇이든 남보다 많이 생각하고 많이 활동해야 하며 그러기 위해서는 무엇보다 부지런해야 한다"는 각오를 실천하는 나날이었다. 또한 무역상과 도소매상 양측의 신뢰를 얻어 면포 도산매 사업을 성공시킬 수 있었던 것도 "신용을 지킬 줄 아는 것이 사회생활을 하는 데 가장 큰 무기이며 그 이상의 자본은 없다"는 확고한 신념 때문이었다.

광운은 사업 규모가 확장되면서 1918년 4월부터는 인천공립상업학교에 병설된 간이상업학교에 입학하여 상업부기, 상사요항 등 체계적인 사업 경영을 위한 실무 지식을 보강하기로 했다. 낮에는 일하고 밤에는 공부하는 '주경야독'의 생활이 시작되었다. 가게에서나 학교에서나 온종일 어떻게 하면 사업을 더욱 확장하고 더 많은 수익을 얻을 수 있을지 생각했다. 학교에서 배운 경영 관련 지식을 나름대로 응용하여 직원을 고용해 분야별로 배치하고 신속·정확한 의사 결정과 경영 합리화를 추구했다. 이렇게 면포 도산매 사업을 시작한 지 채 2년이 지나기 전에 자본, 신용, 직원의 3박자를 갖춘 광운은 이전처럼 주문이 많이 들어와도 당황하지 않고 대처할 수 있게 되었고 사업 기반도 안정화되는 듯이 보였다.

신마치(新町) 상점의 지적에 있었던 내동(內洞) 85번지의 인천공립상업학교는 1911년 10월 20일 '실업학교규칙'(조선총독부령 제113호)의 제정과 더불어 관립인천실업학교에서 개편된 것이었다. 이때 실업학교의 대부분을 차지하던 농업계 실업학교의 수업 연한은 모두 3년에서 2년으로 축소되었지만, 인천공립상업학교는 3년 체제를 유지했다. 광운은 당시 면포 도산매 사업이 번창하여 도저히 주간에 학교를 다닐 수 있는 처지가 아니었기 때문에, 인천공립상업학교에 병설되어 야간으로 운영되는 1년제 인천공립 간이상업학교(1916년 10월 18일 조선총독부 고시 271호에 의해 설립)에 입학했다. 이 학교는 입학 자격에 특별한 학력 제한을 두지 않았고 졸업해도 공식적인 학력으로 인정을 받지 못했다. 이마저 3·1운동이 발발하여 인천공립상업학교와 간이상업학교 학생들이 대거 만세 운동에 참여함에 따라 졸업식도 없이 휴교 조치가 내려져 흐지부지 끝나고 만다(『仁高百年史』, 1995). 인천공립상업학교와 병설 간이상업학교의 학적부는 물론 졸업대장도 전해오지 않으며, 현존하는 졸업생 명부도 인우보증 등으로 알음알음 만들어진 것으로 외지인들은 누락되어 있는 등 신뢰할 만한 공식 기록이 아니다.

한편 청년 사업가로서 명성이 자자해지면서 광운의 주변에는 각양각색의 사람들이 모여들고 다양한 교유 관계가 형성되었다. 사업상의 신뢰를 바탕으로 형성된 일본, 중국 등 해외 무역상과 국내 면포 도소매상들과의 교유를 중심으로, 여기에 금융기관이나 행정기관 관계자도 가세했다. 그들은 대부분 광운보다 곱절 이상 나이가 많은 중년이었지만, 단기간에 커다란 사업체를 일구어낸 경이로운 젊은 사업가와의 만남을 중시하고 사업 경영 전략이나 향후의 계획에 대해서도 지대한 관심을 보였다. 광운도 선배 사업가들과의 교유를 통해 오랜 세월에 걸쳐 축적된 그들의 경륜과 경영 수완을 터득하고, 국내외 정치 경제 정세 및 무역 동향을 파악하며 향후의 사업 방향과 전략에 관련된 정보를 입수하는 기회로 활용했다.

특히 광운의 인생과 사업에 많은 영향을 미친 사람으로 일본인 잡화점 주인 도이 키시치의 사위인 다케나카 지로(竹中治郎)를 빠뜨릴 수 없다. 잡화점을 그만둔 뒤에도 광운은 "옛 주인"과 신뢰 관계를 유지했다. 다케나카도 10년 이상의 나이 차이나 출신을 떠나 성실한 식민지 청년 광운의 사업 전반에 걸쳐 조언과 협력을 아끼지 않는 인생 선배 역할을 했다. 그는 주식에 조예가 깊어 앞으로 자본주의가 발전하면 널리 사회적 자금을 모으는 주식시장이 크게 각광을 받게 될 것이라고 예언하고, 광운에게 주식에 관심을 갖도록 했다. 아울러 인천에 들어와 있는 미두거래소(米豆取引所)에서는 오사카 주식거래소처럼 청산거래(淸算取引, 현재의 선물거래에 해당)라는 투기적 수법이 횡행하고 있으므로 섣불리 말려들어서는 안 된다는 당부도 잊지 않았다. 그의 장인은 연로하여 곧 잡화점을 접고 고향 오사카로 돌아가 증권 관련 사업을 펼칠 계획을 세우고 있어, 머지않아 인천을 떠날 예정이었다. 훗날 광운은 와세다대학 정치경제학부 예과 재학 시절 일본 관헌의 감시를 피해 도쿄에서 오사카로 피신했을 때 그를 찾아가 몸을 위탁하고 사업 구상의 도움을 받기도 한다.

미두거래소에서 날려버린 꿈

그 밖에 "광운의 주위에는 미곡중매상, 잡화상, 약종상 등과 같은 간판을 내걸거나 일정한 직업 없이 토지만을 가지고 거기서 나오는 지세로 떵떵거리고 살며 양반 행세를 하는 사람들도 많이 모여들었다." 그들은 "하나같이 자기들이 하고 있는 일에 자부심을 가지고 있지 않고 심지어 공업이나 상업을 천시하면서 이론적으로 그럴싸하게 돈을 버는 방법을 늘어놓는 유한계급 부류였다." 그들의 공통된 화제는 누가 미두거래소에서 일확천금을 벌었다거나, 반복창(潘福昌)이라는 조선 젊은이가 일본인 미두상 아라키 스케타로(荒木助太郎)가 운영하는 인천 최대 미곡 중매점의 2인자 '바다치(場立)'(미두거래소에 파견된 중매점의 시장 대리인)가 되었다는 허황된 이야기뿐이었다. 광운은 일찍이 도이키시치상점 점원 시절, 가게 건너편에 자리한 인천 미두거래소에 모여드는 한탕주의에 병든 인간 군상을 목도한 적이 있었다. 처음에는 단시일 내에 많은 돈을 벌 수 있다는 것을 믿지 않았고, 미두 거래에 대해서도 특별한 흥미를 느끼지 않았다. 그러나 1918년에 들어 일본 국내의 경기 과열과 쌀값 폭등으로 오사카 도지마(堂島) 쌀 시장에 동조화(同調化)되어 있던 인천의 미두 시장도 후끈 달아오르면서, 광운의 주위에도 미두 거래를 통해 큰돈을 번 사람이 늘어났다. 결국 광운도 여기에 손을 대기 시작했고, 점점 그 수렁에 빠져들었다.

인천 미두거래소는 객주조합(客主組合), 신상회사(紳商會社), 근업소(勤業

〈그림 3-1〉 인천 미두거래소 전경

所)와 같은 조선인 미곡상 동업조합이나 중개업자를 무력화하고 조선의 미곡 시장을 장악할 목적으로 1896년 5월 5일 일본 영사관이 독단적으로 설립한 기관이다. 오사카 도지마의 기미시장(期米市場, 시세 변동을 이용하여 미곡 현물 없이 약속으로만 사고파는 선물시장)에서 파산한 일본 상인들로 하여금 인천의 미곡 시장을 장악하게 하여 투기 거래에 익숙지 못한 조선인들을 시장에 유인하여 토착 자본을 흡수하려는 의도가 그 배경에 있었다. 당시 일제의 토지조사사업을 통한 토지 수탈과 인천 미두거래소를 통한 미곡 수탈을 빗대어 "땅문서는 동척(東洋拓殖會社)으로 들어가고 현금은 인천에 떨어진다"는 말이 유행했을 정도였다(『『인천미두취인소 연혁』 해제』, 『譯註仁川米豆取引所沿革』, 인천광역시 역사자료관).

일본에서는 조선과 달리 전통적으로 벼의 겉껍질만 벗겨낸 현미 상태로 미곡이 유통되었기 때문에, 가토정미소(加藤精米所)를 위시한 40여 개의 크고 작은 정미소가 인천에 들어섰다. 광운은 「회고록」에서 "미두(거래소)는 일제의 한반도 침략을 뒷받침하는 (…) 경제적 착취 기관이었다. 처음부터 그러한 성격을 띠지 않았고 그 결과로서 나타난 것을 우리가 알아차렸을 때 일본인들의 간계가 나타난 것이다"라며 미곡 집산의 합리화, 가격과 품질의 표준화 등과 같은 그럴싸한 미사여구에 감추어진 침략과 착취의 본질을 꿰뚫어 보고 있었다.

미두거래소는 초기에는 쌀, 대두(大豆), 석유, 명태, 방적사, 금사(錦絲), 목면의 7가지 상품을 거래하다가 1904년부터는 운영상의 문제로 거래 품목을 쌀과 대두로 한정했다. 대두는 본래 온대·아열대 식물로 중국 동북 지방(만주)에서 일본에 들여온 것은 지질(脂質) 성분이 많아 대부분 기름을 짜서 식용이나 연료로 사용하고 그 찌꺼기는 가축의 사료로 사용한 반면, 조선의 것은 단백질 성분이 풍부하고 지질 성분이 적어 두부를 만드는 등 식용으로 매우 중요한 역할을 했다. 거래의 원리는 투자자가 쌀값이 언제 얼마나 오를 것인지 예상해 구매를 약속하고 약속 금액의 10%만 증거금(證據金)으로 납입한 뒤에 정해진 기한에 거래소가 인정한 미곡 중매점을 통해 현물을 주고받거나(0.5%) 되팔거나 다시 사들여 판매 가격과 매입 가격의 차액을 결재하는(99.5%) 이른바 '청산거래(clearing contract future transaction)' 방식의 선물거래였다. 여기에 전액을 투자하지 않고 적은 증거금으로 10배의 차익 또는 차손을 실현할 수 있는 지렛대 효과(leverage effect)가 발생하여, 인천 미두거래소는 투기꾼들로 인산인해를 이루었다. 이들은 미두 투자가 증거금에 따른 지렛대 효과만큼 미곡 시세가 올라가면 몇 배의 수익을 가져다주지만, 반대로 시세가 하락하면 몇 배의 손실을 가져다주는 '고수익 고위험(high-risk, high-return)'의 함정을 품고 있다는 사실을 알 턱이 없었다.

당시 영국 런던, 벨기에 안트베르펜, 일본 오사카와 같은 세계 경제 중심지에나 있을 법한 근대 자본주의의 선진 거래 방식을 미곡 수급과 가격 형성에 영향을 미치는 다양한 변수에 대한 분석 능력 없이 대부분 터무니없는 점괘와 운수에 기대어 투자를 했던 식민지 조선의 인천에 도입했다는 것 자체가 하나의 커다란 음모일 수밖에 없었다. 일단 적은 금액으로 투자할 수 있게 하여 많은 이들을 미두거래소에 끌어들이고, 미곡 시장을 장악한 아라키 스케타로와 같은 일본인 미두 투기꾼들이 시세를 조작하여 지렛대 효과를 이용해 조선의 토착 자본을 몇 배로 수탈해가는 수법이었다.

광운의 「회고록」도 일본인 미곡 중매점의 횡포를 다음과 같이 지적하고 있다. "당시 인천에는 충청, 호남 지방으로부터 대지주들이 곡물을 팔기 위해 모여들었는데" "대부분 일본인인 (…) 곡물 중매업자들이 여러 가지 농간을 많이 부렸다. 우선 그들로부터 몇 천만 석의 미곡류를 5% 정도의 계약금을 걸고 사서 시세를 제멋대로 조작하여 그 차액을 빼앗아 먹었다. 처음 얼마간은 많은 이익을 내게 하는 미끼를 던져주고 나중에 가격을 폭락시켜 이를 착취하는 수법이다. (…) 돈이 모자라 땅문서를 잡히거나 왜일수(倭日收)를 쓰는 사람도 있었고 또한 대지주의 젊은 아들을 꾀어내 미인계를 써가면서까지 미두 시장에 빠지게 하여 가산을 탕진하게 만들기도 했다." 이처럼 조선인 지주, 중소기업인, 일확천금을 꿈꾸고 인천항에 미곡을 싣고 온 사람들은 대부분 가산을 털리거나 매매 차익을 노리고 투자했다가 패가망신하는 예가 허다했다(『인천미두취인소 연혁』해제).

광운은 면포 사업의 성공으로 큰 돈을 만지면서 어떻게 하면 지금까지 모아놓은 자본을 가장 큰 이율로 굴릴 수 있을지 고심하다가 1918년

7~8월부터 미두 거래에 손을 대고 말았다. 「회고록」은 "자본은 그것이 어느 정도 착실히 축적되면 그 증식률은 굉장히 크게 된다는 사실을 알게 되었다. (…) 비록 남들의 눈에는 거액의 돈을 모은 것 같이 보였을지 몰라도 나 자신은 이에 만족감을 느낄 수가 없었다. (…) 확실히 사람의 욕망은 그 한계를 그어놓을 수 없을 만큼 무한한 것 같았다"라고 그때의 소회를 남기고 있다.

당시 인천 미두거래소와 연동하고 있던 오사카 도지마 미곡거래소에서는 현미 1섬(10말=180ℓ)의 가격이 30엔(당시 일반 회사원의 월수입은 18~25엔)까지 치솟는 이상 증상이 나타나고 있었다. 광운은 1918년 11월 말까지 몇 번의 투자로 큰 수익을 냈다. 이렇게 쉽게 돈을 벌 수 있는데 그동안 고생한 것이 바보스럽게 느껴졌다. 그러나 1919년 2월 말 무렵부터 쌀값은 돌연 하락세로 돌아섰고, 3·1운동으로 폭락세를 보였다. 그 두세 달 전에 투자한 것은 모두 커다란 손실로 돌아왔고, 이를 만회하기 위해 더 큰 투자에 나섰다가 결국 번 돈을 거의 다 잃어버리는 처지가 되었다. 당시 "인천 바다는 미두로 전답을 날린 자들의 한숨으로 파인 것이요 인천 바닷물은 그들이 흘린 눈물이 고인 것이다"라는 말이 유행할 만큼, 인천 미두거래소는 수많은 조선인들의 재산과 인생을 집어삼킨 위험천만한 곳이었다. 천도교단이 발간한 월간잡지 『개벽』은 「인천아 너는 어떤 도시」라는 제목의 기사에서 인천 미두거래소를 "피를 빨아 먹는 마굴(魔窟)이요 독소"(『開闢』 제56호. 1925)라고 표현하면서 경각심을 불러일으키기도 했다.

광운은 스스로 평가하기로 "나는 본래 내가 지니고 있는 고집과 나의 식대로의 사고를 우선시하여" "남의 이야기를 종합하여 자기 나름의 평가를 내리면서 스스로 앞날의 사업 계획을 짜고 추진하는" 신중하고 주체적인 사람이었다. "아무리 사업에 성공하고 경험이 많은 사람들의 제안과 예상도 참고 자료로서의 가치는 있을지언정 (…) 반드시 그들과 같은 전철과 전망을 쫓아야 한다고는 생각하지 않았다. (…) 사물은 있는 그대로 있을 수 있지만 그것을 둘러싼 환경은 시간이 흐름에 따라 변하여 (…) 그들의 어제가 반드시 나의 어제와는 일치하지 않을 것이고 나의 내일은 반드시 그들의 내일과 똑같을 수 없다"고 믿었기 때문이다. 따라서 미두거래소에서 날려버린 꿈도 일단 자신의 경험 부족과 경솔함의 탓으로 돌리고 누구도 원망하지 않기로 했다. 비싼 수업료를 내고 좋은 경험을 했다고 자위하고 앞으로 같은 실패를 반복하지 않도록 마음을 다잡는 기회로 삼기로 했다. 그러나 청년 사업가의 좌절은 한 개인의 실패에 그치지 않고 일제의 조선 지배와 경제 수탈이라는 구조적인 틀 속에서 식민지 청년이 주체의식을 가지고 할 수 있는 일은 별로 없다는 것을 뼈저리게 자각케 하는 계기가 되었다.

제4장
방랑의 시작과 끝

요원의 불꽃으로 타오른 3·1운동

일제는 한반도 병탄 이후 8년 6개월 동안 "총칼을 내세워 한민족의 눈과 귀와 입을 틀어막고 민족 문화의 말살, 철저한 경제적 수탈을 통해 인간으로서의 최소한의 존엄성마저 짓밟아 어둠 속에서 노예로 살 것을 강요했다." "헌병경찰제를 주축으로 일제의 언론·집회·결사의 자유를 박탈하고 (…) 자기들의 기관지인 『경성일보(京城日報)』로 정보를 통제했다. 일제의 지배 체제에 불평불만을 말하는 사람들은 불순분자, 불령선인(不逞鮮人)이라고 하여 모조리 잡아 가두었다."(『회고록』)

마침내 1919년 3월 1일 이러한 폭압적인 무단통치에 항거하여 민족 독립을 요구하는 만세 운동이 삼천리 방방곡곡에서 발생했다. 여기에 그치지 않고 일제의 침략과 수탈에 내몰려 조선인들이 남부여대하여 이주한 만주, 연해주, 미주 등의 해외로도 요원의 불꽃처럼 번져 나갔다. 모든 계층을 망라한 동시다발적인 항일운동에 놀란 일제는 군대 및 헌병경찰을 동원하여 비폭력 시위대와 민간 시설에 대한 총격, 살육, 고문, 방화 등

무자비한 탄압을 자행한 끝에 겨우 이를 진압할 수 있었다. 3·1운동 발생 후 2개월 동안 조선인의 인적 피해는 피살자 7,500명, 체포자 4만 6,000명, 부상자 1만 6,000여 명에 달했으며, 교회 47곳, 학교 2곳, 민가 715호의 민간 시설이 불타거나 부서지는 물적 손실을 입었다.

광운은 사업체를 경영하고 있었던 만큼 직접 참가하지 않고 관찰자의 입장에 서 있었지만, 그에게도 3·1운동은 커다란 충격과 좌절을 안겨 주고 인생의 진로를 바꾸는 계기로 작용했다. 그동안 자신이 쌓아 올린 재산과 사회적 평판은 거의 대부분 잃어버렸으며, 격동의 시대와 드잡이를 하며 얻었던 확신과 신념도 산산이 부서져, 결국 조국을 등지고 정처 없는 방랑 생활에 들어가게 되었다. 자신은 누구인지, 지금 어디에 서 있고 어디로 가야 하는지 끝없이 스스로에게 되묻는 긴 여정이었다.

앞서 이야기한 대로, 광운은 1919년 2월 말까지 쌀값 급등에 힘입어 면포상을 통해 축적한 자금을 미두 거래에 투자하여 크게 증식할 수 있었다. 쌀값 급등이 "수급 상황과 관계없는 일본인 미곡 중매상들의 인위적인 시세 조작"에 의한 것임은 당시에는 꿈에도 상상하지 못했다. 그는 100~200석 단위로 거래하는 이른바 '마바라(マバラ, 잔챙이 미두꾼)'에 지나지 않았지만, 어디까지나 다른 조선인들처럼 점괘나 운수에 의존하지 않고 천 석, 만 석 단위로 거래하는 '오스지(大手筋, 큰손 미두꾼)'의 매매 동향을 분석하여 따라하는 등 나름대로 청년 사업가로서 수완을 발휘했다.

그러나 1919년 2월 말부터 폭등하던 쌀값이 폭락 장세로 돌아서면서 일본인 '큰손 미두꾼'의 수법을 따라하던 투자 행태는 오히려 커다란 패착이 되었다. 미두거래소를 주름잡던 아라키 스케타로 같은 미곡 중매상은 폭락 장세에도 '쌀값 반등'의 신화에 사로잡혀 투기적인 매수를 계속하여 재고량이 10만 석을 넘어섰다. 결국 그는 청산 대금을 결제하지 못한 채 부도수표를 내어 미두거래소의 사내 유보금 67만 원을 훨씬 능가하는 187만 원의 손실을 끼치고 일본으로 도주하고 말았다. 투기꾼의 아수라 장이 된 미두거래소는 쌀값 폭락에다 치명적인 금융 사고까지 겹쳐 3·1운 동 기간 동안 일시 폐장으로 내몰리고, 6월 영업정지 석 달 만에 다시 문을 열었을 때 모든 상황은 끝나 있었다. 광운은 몇 차례의 투자 손실을 일시 에 만회하기 위해 3·1운동을 전후하여 공격적인 미두 매수에 나섰다가 결 국 그동안 악착같이 벌었던 돈을 거의 대부분 허망하게 날리고 말았다.

3·1운동이 광운에게 또 하나의 충격으로 다가온 것은, 자신의 후배와 동기가 길거리로 뛰쳐 나와 인천에서 항일 독립운동의 도화선에 불을 당 기고 여기에 고무된 지역 주민이 대거 가세하는 형태로 전개되었다는 사 실이었다. 4년 몇 개월 전에 군국주의 교육에 염증을 느끼고 인천공립보 통학교를 도중에 그만두었을 때 남아 있는 학생들에게 측은지심마저 느 꼈지만, 떠난 학생이나 떠나지 못한 학생이나 고통스럽기는 매한가지였 음을 그제야 깨닫게 되었다. 일제의 침략과 수탈에 장기간 집중적으로 노 출된 지역사회의 특성상, 기독교 계통 학교를 억압하고 민족 사학을 통폐 합하는 형태로 성장한 인천공립보통학교 내부에는 민족적 모순과 갈등 이 더욱 응축된 형태로 유입·심화되고 있었다. 그것이 마침내 1919년 3월 6일 경성의 3·1운동과 연동하여 광운의 5, 6회 후배들을 중심으로 동맹휴 학과 만세 운동이라는 식민지 권력에 분연히 맞서는 행동으로 표출되었 던 것이다.

14~15세 어린 학생들이 불씨를 당긴 항일 시위는 인천공립상업학교 와 병설 간이상업학교 학생들의 가세, 그리고 체포된 주동자의 학부모와

지역 주민들의 격렬한 항의에 촉발되어 인천 전역으로 확산되었다. 일본인 거주 비율이 높아 항일 독립운동이 확산될 가능성이 낮을 것으로 보였지만 실제로는 동맹 휴교, 동맹휴업, 상가 철시 등과 같은 다양한 수단이 동원되면서 3월부터 8월까지 군중 시위를 이어갔다.

청년 학생들과 기독교 신자들이 주축이 되어 집집마다 독립선언서와 전단을 뿌리고 지역 주민의 참여를 독려하여 수백 명이 참여한 서공원(西公園, 현재의 만국공원) 시위로 발전했다. 광운의 상점이 있던 터진개시장 주변에도 상가 철시를 주장하는 전단이 뿌려지기 시작하여, 3월 말부터 4월 초에는 모든 상가가 문을 닫고 만세 운동에 무언의 동조를 했다. 부두 노동자들의 가세를 두려워한 헌병경찰은 서둘러 학교와 교회를 봉쇄하고 무력 진압과 주동자 체포에 나서서 어린 학생들이 옥고를 치러야 했다. 광운의 인천공립보통학교 6회 후배인 김명진(金明辰)은 만세운동과 동맹휴학을 주도한 혐의로 1심에서 징역 2년, 복심에서 징역 1월 6개월을 선고받고 고등법원에 상고했으나 기각되어 실제로 1년 6개월간 징역을 살았다. 그는 1919년 7월 21일 조선총독부 고등법원 상고문에서 "나의 행위는 조선 민족으로서 정의인도(正義人道)에 바탕한 의사 발동이지 범죄가 아니다"라고 결기에 찬 항변을 했지만, 무도한 침략자들은 아무도 귀를 기울이지 않았다. 항일운동의 격화로 휴교 조치가 내려짐에 따라 광운의 인천공립 간이상업학교 학창 생활은 졸업식은 물론 졸업장도 없이 끝나고 말았다.

광운은 1919년 여름 내내 항일 독립운동의 시위와 함성이 계속되는 가운데 미곡거래소의 기일에 맞춰 손실을 감수하며 전매를 시도하거나 이리저리 자금을 융통하여 납부 금액의 청산에 매달렸다. 여기에 전국의 면포 도소매상에서 들어온 주문을 마지막으로 처리하고 무역업자에게 지불해야 할 외상 금액을 모두 정산했다. 결국 가게를 포함하여 면포 도산매 사업을 모두 정리하고 나자 수중에는 처음 면포상을 시작했을 때의 자본금 정도만 남았다. 광운은 지금까지 살아온 20년의 세월을 돌이켜보며 어디서부터 무엇이 잘못되었는지, 앞으로 어떻게 살아야 하는지 생각하는 깊은 회한과 성찰의 시간 속으로 빠져들었다.

광운은 그때 자신의 삶을 되돌아보고 "내가 지니고 있는 고집과 (…) 의식대로의 사고를 우선하고" 다른 사람이 "경험하고 예상한 것은 (…) 하나의 참고 자료로서의 가치는 있을지언정 (…) 그들의 전철과 전망을 좇아야 한다고는 생각하지 않는" 주체적인 것이었음을 강조했다. 따라서 그의 인생에서 "처음으로 큰 실망과 (…) 실패의 고통을 맛보게" 해준 미두거래소의 투자 손실과 이를 메우기 위한 면포상 폐업에 대해서도 "나 자신이 경험이 부족하고 경솔한 일을 하였다는 자책"과 "누구도 원망하지는 않았다"는 태도로 임했다(『회고록』). 그러나 이미 일본인 법률사무소에서 일할 때 일제강점의 "제도와 법률은 겉으로는 평등의 원리가 작용하고 있는 것처럼 보였지만 (…) 조선인들을 수탈하기에 알맞게 만들어져 있었고 (…) 특히 일본인과 조선인 사이에 소송관계가 발생할 때에는 언제나 그들에게 유리하게 해석되며 (…) 우리가 그들이 정하여놓은 법 앞에서 평등을 주장하여보았자 그것은 한낱 잠꼬대에 지나지 않았다"는 것을 뼈저리게 경험했다. 미곡거래소도 마찬가지로 겉으로는 미곡 집산의 합리화, 가격과 품질의 표준화 등 그럴싸한 미사여구를 내세웠지만 "그 결과로서 (…) 경제적 착취 기관으로서 일본인들의 간계"가 숨어 있었던 것으로 파악했다. 처음부터 적은 금액으로 투자할 수 있게 하여 많은 조선인들을 끌어들이고 일본인 투기꾼들이 시세를 조작하여 조선의 토착 자본을 몇 배로 수탈할 수 있도록 법률과 제도가 설계되어 있었던 것이다.

방랑의 시작

광운은 아무리 타고난 근면 성실, 검소 절약, 탐구 실천의 정신을 발휘하여 노력한다고 해도 식민 체제 아래 피지배 민족으로서는 어쩔 수 없는 한계가 있음을 절감했다. 그렇다고 민족과 역사를 등지고 일제의 수고하욕(受袴下辱)을 견디며 '신일본인(新日本人)'이 되어 재물과 지위를 탐해본들 무슨 의미가 있겠냐는 생각도 들었다. 3·1운동은 광운에게 일제 식민 체제의 폭력성과 기만성을 고발하고 부정하는 처절한 저항의 몸부림으로 각인되었다. 결국 "국내에서 다시 사업을 벌이는 것은 큰 기대를 걸 수 없다고 내다보고 경험을 더 쌓고 견문을 더 넓히고 새로운 문물을 더 배우기 위해 외국으로 떠날 것을 결심했다." 가슴에 맺힌 한과 꿈을 안고 남부여 대하여 국경을 넘는 많은 조선인들처럼 조국 땅에서 자기가 할 수 있는 일은 없다고 판단하고 만주로 탈출하여 후일을 도모하기로 했던 것이다(『회고록』).

이렇게 1919년 9월 들어 조국을 떠나기로 결심하고 혼자 준비를 해 나갔지만, 부모와 혼인의 연을 맺기로 한 신도인(信島人) 유씨(柳氏) 등 가족에게 이 사실을 알리고 이해를 구하는 일이 남아 있었다.

먼저 『비망록―학원편』에는 다음과 같이 조혼한 첫 번째 부인과의 절연(絶緣)에 관한 기록이 남아 있다. "단기 4246년 3월(당 14세)에 경기도 부천군 북도면(北島面) 신도인 유씨와 결혼, 단기 4252년(조선 독립운동 발생 기미년) 조선 독립운동으로 인하여 도만(到滿)과 동시에 유씨와 이혼"이 그것이다. 1913년 14세 때 강화만 내 영종도(永宗島) 북쪽에 떠 있는 신시모(信矢茅) 삼형제 섬의 하나인 신도 출신 유씨와 결혼했다가 1919년 20세 때 만주로 떠나기 전에 이혼했다는 기록이다. 신부의 나이는 결혼 당시 9~10세, 이혼 당시 15~16세 정도로 미성년자였을 것으로 보인다. 이는 명백히 1894년 갑오개혁에서 남자 만 20세, 여자 만 16세 이상, 1907년 8월 조칙(詔勅)에서 남자 만 17세, 여자 만 15세 이상이 되어야 성혼할 수 있다는 조혼 금지 조항을 위반한 것이었다.

조혼 풍습은 근대적인 법제 정비에도 불구하고 보통교육 제도가 보급되고 산업화로 가장(家長)의 경제적 자립이 확립될 때까지 민간에 뿌리 깊게 남아 있었다. 부모들끼리 자녀의 혼례를 약속하고 여자아이가 9~10세가량 되었을 때 수양딸이나 민며느리로 남자아이의 집에 가서 농사나 가사를 거들다가 15~16세가량 되어 혼기가 차면 일단 자기 집으로 되돌아간 뒤에 다시 시집을 갔다. 일반적으로 넉넉하지 않은 집안에서 어린 딸을 남의 집에 수양딸이나 민며느리로 보내면 입을 덜 수 있고, 시집 보낼 때 혼수 걱정도 피할 수 있는 이점이 있어, 부득이한 경우 이 방법을 선택하기도 했다. 광운의 경우도 비슷한 사례였지만, 돌아올 기약이 없는 먼 길을 떠나는 만큼 연로한 아버지와 병약한 어머니를 모시며 자신을 기다리게 하는 것이 인간된 도리가 아니라고 생각하고 신도(信島)의 본가로 돌려보내기로 했던 것이다. 『비망록』을 제외하고 제적등본 등 호적 관련 서류에 유씨와의 결혼이나 이혼에 관한 내용이 일체 기록되어 있지 않은 것은 물론 자녀에 관한 정보도 없는 것은 이러한 사실을 뒷받침하고 있다.

부모에게는 도만(到滿)의 결심을 차마 알리지 못하고 차일피일 미루다가 사업상 드나들던 인천부 청사 직원의 도움으로 조선총독부 발행 상용 여권을 발급받고 떠날 채비를 모두 마치고 나서야 비로소 이야기했다. 광운은 "독자로 태어나서 위아래로 혈육을 나눈 형제가 없고" "어렸을 적부터 부모님의 귀여움을 받고 자라 (…) 유달리 자만심과 우월감이 강하고 (…) 누구의 도움 없이 혼자 힘으로 어려움을 헤쳐 나가는 강인함"을 지니게 되었음을 술회한 바 있다. 그렇게 부모의 지극한 내리사랑을 받고 자란 아들이었기에, 갑작스러운 도만 이야기에 광운의 부모는 펄쩍 뛰면서 반대했지만 며칠 동안 설득을 계속했다.

그는 먼저 "3·1운동 이후 (…) 국내에서 큰 사업을 경영하는 조선인에 대한 일제의 통제와 간섭 의도가 (…) 눈에 띌 정도로 높아지고 있고" "자신이 경영해온 면포 사업은 이미 시기적으로 늦은 감이 있지만 (…) 국내에서 다시 사업을 벌이는 것에 큰 기대를 걸 수 없다"고 조선의 국내 정세를 설명했다. 나아가 "뜻있는 조선인들은 농사꾼이든 사업가든 독립투사든 종교인이든 대거 국경을 넘어 만주 등지로 이주하여 후일을 도모하고 있다." 따라서 자신도 해외로 나가 "아무리 큰 경제적 사회적 정치적인 변동이 온다고 하더라도 일상생활에 필수적인 위치에 있기 때문에 별로 큰 손실이 없는" 곡물 사업을 해보고 싶다는 포부를 밝혔다.

결국 광운의 아버지도 반대를 거두고 만주행을 허락하며 그동안 이야기하지 않았던 친지 몇 사람의 거소를 알려주고 소개장을 써주었다. 특히 광운보다 20세 가까이 손위의 사촌 매부뻘 되는 김동만(金東萬)이라는 사람이 만주 창춘(長春)에서 큰 곡물 무역상을 경영하고 있으니 꼭 찾아가서 앞날을 상의하면 많은 도움을 줄 것이라며 주소와 부탁 편지를 써주었다. 어머니도 외아들의 장도에 대놓고 반대하지는 않았지만 "장자이자 단하나인 내 광운이가 늘 외국 가서 있었기에 보고파 병이 들어 장구히 고생하다가 해소 천식병으로" 광운이 방랑을 끝내고 돌아온 지 2년 후인 1925년(을축년) 윤사월 17일 55세의 나이로 불귀의 길을 떠나고 말았다.

인천에서 신의주까지 1,300리 길

광운은 일단 중국 창춘으로 가서 사촌 매부 김동만을 만나 자문을 구한 다음 새로운 길을 모색하기로 했다. 1919년 11월 29일 새벽에 인천 축현역을 출발하여 1시간 20분 만에 경인선의 시발·종착역 구실을 하던 서대문역(지금의 서울 중구 순화동 1번지 및 이화외고 자리)이 폐지되어 사실상 그역할을 대신하고 있던 남대문정거장(1923년 1월 1일 경성역京城驛으로 개칭)에서 내렸다.

논 가운데 외롭게 서 있는 10평 남짓 목조 가건물이었던 남대문정거장에는 2개월 전 65세의 독립운동가 강우규(姜宇奎, 1855~1920) 의사가 사이토 마코토(齋藤實, 1858~1936) 신임 총독에게 영국제 수류탄을 던졌던 사건의 아비규환의 흔적들이 여기저기 남아 있었고, 헌병경찰의 경비도 삼엄했다. 당시 한반도를 종단하는 경부선과 경의선은 일본군의 주둔과 출동을 위해 조성된 용산역을 통해 연결되어 있었다. 봉래정의 남대문정거장은 여기에 맹장꼬리처럼 붙어 청계천 이남과 남산 일대에 모여 살던 일본인 거주 지역과 조선신사의 건립이 예정되어 있던 남산 한양공원으로 이어졌다. 5년 뒤 방랑을 끝내고 돌아와 여기에 인접한 봉래정 1가 127번지에 광운상회를 개업하리라고는 그때에는 꿈에도 생각하지 못했다.

1917년 7월 31일부터 조선총독부 직영 조선 철도를 남만주철도주식회사(南滿洲鐵道株式會社, 만철)가 위탁경영하게 되면서 경성에서 만주 창춘까지 직통 장거리 열차도 운행되었다. 광운은 일단 신의주까지 가서 창춘행 열차로 갈아타기로 하고, 신의주행 급행 열차가 출발하는 용산역으로 발걸음을 재촉하여 대부분의 여객들이 이용하는 3등석 객차에 몸을 실었다. 당시 조선의 열차 시각은 국권 상실에 따라 철길도 잃고 시간도 잃은 피지배 민족의 애환을 그대로 담고 있었다. 일본인의 일상에 맞추어 도쿄역(東京駅)을 출발하여 시모노세키역(下関駅)에 도착하고, 철도 연락선인 관부연락선(關釜連絡船)을 타고 해협을 건너 부산항에 도착하면, 거기서 일본 국내 철도의 연장선으로 자리매김된 경부선·경의선을 이용하여 만주로 들어가는 단순한 통과역이었기 때문에 조선인의 생활과는 많이 괴리되어 있었다(鮮交会 編, 『朝鮮交通史本編』, 1986).

오전 8시 50분에 용산역을 출발한 1호 급행 열차는 효창, 공덕, 서강, 가좌, 수색, 능곡, 일산 등 익숙한 이름의 정거장을 지나 기적을 울리며 1시간 정도 북서로 달려 개성역에 도착했다. 거기서 다시 열차는 4시간 반 정도 이름도 생소한 정거장을 수없이 지나 북서로 달려 평양역에 이르고, 10분간 정차한 뒤 같은 방향으로 6시간 남짓 계속 달려 저녁 8시 40분에 종착점인 신의주역에 도착했다. 500km 가까이 되는 철길을 무려 11시간 50분에 걸쳐 북서로 북서로 달려 국경의 도시에 도착한 것이다(日本鉄道旅行地図帳編集部編, 『満州朝鮮復刻時刻表』, 新潮社, 2009). 얼마 되지 않는 승객들도 대부분 평양에서 내려서, 신의주에 도착했을 때 객차 안에는 제복을 입은 군인이나 헌병경찰, 국경 무역 종사자나 만주 도항자로 보이는 민간인 몇몇만 남아 있을 뿐이었다. 경성(1920년 현재 25만 명), 부산(동 7만 4천 명)에 이어 세 번째로 인구가 많았던 평양(동 7만 2천 명) 구간을 제외하면 도무지 여객 수입만으로는 채산이 맞지 않았을 경의선이 유지된 이유가 바로 대륙 침략을 위한 것임을 한눈에 알 수 있었다. 경의선은 러일전쟁 와중에 해상 병참선 확보와 군수물자 수송을 위한 군사철도로 서둘러 건설되었고, 한반도 강점 후에는 이를 병참기지로 하여 중국 동삼성(東三省, 만주 지방) 침략을 위한 교두보로 활용되고 있었던 것이다.

신의주는 '새로운 의주'라는 뜻으로, 그렇다면 별도로 의주가 있었다는 이야기가 된다. 신의주는 본래 한반도의 북서쪽 관문이었던 의주(義州)의 남서 19km 지점에 있는 얕은 강여울의 모래사장에 지나지 않았지만, 1905년 경의선 완공과 함께 종착역이 되고 1911년 압록강 철교의 건설로 강 맞은편 중국의 안둥(安東, 1965년 단둥丹東으로 변경)과 연결되면서 장족의 발전을 이루었다. 광운이 통과한 1919년 말 현재 신의주 인구는 1만 4천 명(경성 25만 명, 인천 3천 6백 명)에 달한 반면, 의주는 9천 명에 지나지 않았다 (『朝鮮總督府統計年報』). 일제의 한반도 병탄과 대륙 침략을 위한 철도 건설의 결과, 종래 도시로서 거의 발달하지 않았던 곳이 철도 경유지가 되면서 인구가 급증하여 대도시로 변모하고, 여기서 벗어난 전통적인 도시는 인구가 줄어들어 쇠퇴하는 엄청난 경제적 사회적 변동이 일어나고 있던 시기였다.

광운은 「회고록」에서 신의주의 기억을 다음과 같이 떠올리고 있다. "시가지는 정연하고 다른 조선 도시에서 보이는 뒤떨어진 모습은 존재하지 않고 새로운 건물이 눈에 띈다." "신의주역은 그 규모가 컸고" 오가는 사람들의 "인종과 피부는 비슷하지만 중국 특유의 옷차림을 한 사람이 많이 보여 국경의 도시에 왔다는 실감을 느끼게 해주었다." "여기저기 일본인 관헌들이 무뚝뚝하고 날카로운 감시의 시선을 보내고 있는 모습들이 눈에 띄었다. 반면 중국인들의 표정 속에서는 밝은 빛을 읽을 수가 없고 어딘지 모르게 침울하고 굳어져 있는 낯빛이었다. 그것은 바로 조선인들의 모습과 같았다. 다른 나라의 침략을 받는 피압박 민족의 표정은 어디에서나 공통되는 서글픔을 간직하는지도 모르겠다."

신의주역 앞 여관에서 추운 몸을 녹이고 잠시 눈을 붙인 다음, 1919년 11월 30일 이른 아침에 출국을 위한 수속을 마치고 오전 11시에 신의주역에서 안동, 선양(瀋陽)/펑톈(奉天)을 거쳐 창춘까지 가는 열차를 갈아탔다. 새벽 4시 무렵부터 시작된 탑승 수속을 마치고 일본 관헌으로부터 철저한 검문과 몸수색을 받았다. 신의주와 안동은 압록강 철교 건설 이후 경제 관계가 점점 밀접해져 커다란 하천을 사이에 둔 거의 같은 도시라는 느낌을 주었지만, 엄연히 국경이 존재하는 다른 국가의 도시였으므로 오고갈 때 세관에서 출입국 수속과 검문검색을 받아야 했다. 부산에서 출발하여 창춘까지 바로 가는 직통열차가 없었던 것은 아니지만, 장거리를 달릴 수 있는 화차의 투입이 늦어져 일반적으로 신의주역에서 갈아탔으며 그때 출입국 수속 및 검문검색을 받았다. 조선-만주 직통열차의 경우도 신의주역에서 여객의 입회 아래 검사를 시행했다.

일본 관헌들은 일본어에 능통한 약관의 조선인 청년이 조선총독부 발행 상용 여권을 소지하고 있는 것 자체가 의심스러웠던지 어디를 가는지, 목적이 무엇인지, 누구를 만날 예정인지, 언제 돌아올 것인지, 혹시 편지나 문서 같은 것을 가지고 있지 않은지 꼬치꼬치 캐묻고 소지품을 샅샅이 뒤졌다. 광운은 인천에서 면포와 미두 거래를 하던 몇몇 일본인 무역상의 이름을 대면서, 만주에서 콩과 좁쌀을 들여와 각각 일본과 조선에 팔고 반대로 조선에서 쌀을 가져가서 만주에 판매하는 곡물 무역을 하러 간다고 했다. 사실 당시 조선은 일제가 미두거래소를 통해 조선의 미곡과 대두를 수탈해감에 따라 부족한 식량을 메우기 위해 신의주 세관을 통해 만주의 좁쌀을 대량 들여오고 있었고 신의주역에는 만주 좁쌀 포대가 산더미처럼 쌓여 있었다. 나름 구체적인 사업 구상에 납득이 되었는지, 젊은 나이에 대단한 일을 시작했으니 꼭 성공하기를 기원한다고 악수를 청하며 몸수색은 끝났다.

국경의 도시 신의주

광운은 "무슨 편지나 문서 같은 것은 가지고 있지 않느냐"며 몸수색을 시작했을 때 심장이 멎는 듯한 긴장감을 느꼈지만 짐짓 태연한 표정을 지으며 잘 버텨냈다. 인천은 만주 침략의 전초기지 역할도 수행하고 있었기 때문에, 일본군을 상대로 장사하는 무역상 중에는 신의주 등지에 다녀온 사람들이 많았다. 광운은 이들로부터 국경을 건널 때 일본 관헌의 엄격한 검문검색에 대해 들어 숙지하고 있었다. 따라서 사촌 매부 김동만에게 보내는 편지와 같이 트집을 잡으면 조금이라도 문제가 될 소지가 있는 것은 두터운 솜옷 저고리 속에 넣어 꿰매버리는 용의주도함을 발휘했다. 당시 그는 사촌 매부 김동만이 만주에서 곡물 무역을 하고 있는 줄만 알았지, 일본군의 '요시찰인(要視察人)'이라는 사실은 전혀 모르고 있었다. "만일 그때 편지가 발각되었더라면 아마 끌려가서 고문까지 당하고 (…) 만주행이 좌절되었을지도 모른다."(『회고록』)

일제는 경술국치에 이어 3·1운동 이후 뜻있는 조선인들이 대거 압록강과 두만강을 건너 남만주, 간도, 연해주, 상하이 등지로 탈출하고, 거기서 체제를 정비하여 본토 탈환을 위한 대대적인 반격에 나설 것을 두려워하고 있었다. 특히 조선왕조의 왕족이나 고관대작을 지낸 사람이 국외로 탈출하여 저항운동의 구심점이 되거나, 젊은이가 국경을 넘어 본토 탈환의 행동대원이 되는 것을 막으려고 혈안이 되어 있었다. 사실 광운의 만주행을 전후한 시기에는 일제 당국이 생각할 수 있는 최악의 사건이 계속 발생하여 국경 수비를 맡은 조선헌병대가 신경을 곤두세우고 있는 상황이었다.

먼저, 1919년 10월 10일 조선왕조의 농상공부대신, 중추원 의장, 법무대신을 지낸 김가진(金嘉鎭, 1846~1922)이 74세의 노구를 이끌고 상하이로 망명하는 사건이 발생했다. 그는 며느리 정정화(鄭靖和, 1900~1991)가 지어온 누더기 옷으로 변장하고 아들 김의한(金毅漢, 1900~1964)을 데리고 몰래 일산역에서 경의선을 타고 신의주까지 가서 압록강 철교를 건너 중국의 안둥에서 배를 타고 탈출했던 것이다. 상하이에서 활동하던 독립운동가들은 김가진의 망명을 크게 반겼다. 김가진은 3·1운동 이후 설립된 가장 큰 규모의 항일 지하조직인 '조선민족대동단'(이하 대동단)의 총재와 상하이 임시정부 고문으로 추대되어 군자금 모집, 각종 신문, 선전문, 포고문, 진정서 작성과 배포 등 선전 활동을 통해 독립운동을 지원했다. 이듬해 1월 김가진의 며느리이자 김의한의 동갑내기 아내로 나중에 "5척 단신의 독립투사", "임정의 어머니", "조선의 잔다르크"(김구)라는 별명을 얻게 되는 정정화도 상하이로 망명했다. 대동단과 상하이 임시정부의 자금 조달과 연락 업무를 맡아 6차례나 단신으로 국내에 잠입하는 등, 26년 동안 한결같이 임시정부 요인들을 뒷바라지했다(정정화, 『녹두꽃』, 1987; 김자동, 『상하이일기』, 두꺼비, 2012).

김가진은 상하이 망명길에 경의선 일산역에서 신의주역으로 향하는 3등석 객차 안에서 결연한 마음을 시로 남겼다.

나라는 깨지고 임금은 망하고 사직도 기울었는데 / 부끄러움을 안고 죽음을 견디며 지금껏 살았구나. / 늙은 몸이지만 아직 하늘을 뚫을 뜻이 남아 / 단숨에 높이 날아 만 리 길을 떠나가네. / 민국(民國)의 존망 앞에 어찌 이 한 몸 돌보랴 / 천라지망(天羅地網) 경계망을 귀신 같이 벗어났네. / 누가 알아보랴 삼등열차 안의 이 나그네가 / 누더기 걸친 옛적의 대신(大臣)인 것을.

다음으로 1919년 11월 10일 의친왕 이강(李堈, 1877~1955)이 상하이 망명을 시도하다가 중국 안동에서 일본 경찰에 체포되어 강제송환되는 충격적인 사건이 발생했다. 의친왕은 고종의 다섯째 아들이자 순종의 배다른 아우로, 왕위 계승 서열이 순종 다음이었던 만큼 이 사건은 일제 당국을 발칵 뒤집어놓기에 충분했다. 사실 일제는 "조선 황제는 (…) 통치권을 (…) 일본국 황제에게 양여한다"(한일병합조약 제1조)라는 표현을 사용하여 조선 "이왕가(李王家)" 집단을 일본 천황의 하위 위계로 종속시켜 예우를 보장하는 형태로 조선의 국권 강탈과 식민지 지배를 정당화해왔다. 3·1운동 이후 상하이 임시정부가 만들어졌을 때도 일본 정부 내에서 조선 왕가에 대해 어떤 태도를 취할 것인가가 의제로 제기되었지만 "이왕가" 집단을 우대하는 것으로 사태를 수습하기로 한 경위가 있었다.

그런데 조선의 왕족이 거의 모두 일본제국이 제공한 "합당한 예우"에 안주하고 있는 가운데 의친왕이 유일하게 "독립된 조선의 평민이 될지언정 (…) 일본의 황족이 되는 것은 원치 않는다"라며 망명을 시도한 것이다. 그는 먼저 망명길에 오른 김가진의 권유를 받아들여 11월 10일 오전 11시 턱에 수염을 붙이고 허름한 옷으로 변장한 채 수색역에서 평양행 열차에 올랐다. 거기서 중국 안둥역까지 가는 기차를 갈아탄 뒤에 임시정부의 교통국 역할을 하던 무역회사 이륭양행(怡隆洋行)의 안내로 해로로 탈출할 예정이었다. 그러나 11월 11일 오전 11시경 안둥역을 빠져나오던 중 그의 얼굴을 알아본 평안북도 경찰부 소속 요네야마(米山) 경무에게 붙들려 경성으로 압송되면서 의친왕의 탈출극은 막을 내렸다. 당시 조선총독부 경무부장을 지낸 지바 료(千葉了, 1884~1963)는 만일 의친왕이 망명에 성공하여 상하이 임시정부의 상징적인 존재가 되었다면 "불령 조선인들은 기필코 전하를 받들어 독립운동에 더욱 기세를 올려 (…) 조선 통치상 커다란 동요를 가져왔을 것이며 세계 여론에도 큰 영향을 미쳤을 것"이라고 분석했다(千葉了, 『朝鮮独立運動秘話帝国』, 地方行政学会, 1925).

이렇듯 김가진처럼 연로한 인물이나 의친왕과 같은 지체 높은 왕족은 위험을 무릅쓰고 철도를 이용하여 중국 상하이나 동삼성(東三省)으로 탈출을 시도할 수밖에 없었다. 그러나 대부분의 독립운동가와 그 가족들은 철도나 선박을 이용해 국경 지대에 접근하여 육로로 압록강과 두만강을 건너 남만주, 서간도, 북간도, 연해주로 들어가는 힘들지만 안전한 행로를 선택했다. 광운의 사촌 매부 김동삼(金東三)·김동만 형제 가족도, 이원일(李源一) 가족도, 이상룡(李相龍) 가족도 고향에서 항일 의병 운동을 하다가 국권 상실 이후 애국 청년들을 이끌고 육로를 통해 서간도로 이주했다. 1911년 1월 27일 이상룡이 압록강을 건너면서 읊은 시에 이들의 이동 경로를 암시하는 내용이 있다.

삭풍은 칼보다 날카로워 나의 살을 에이는데, 살은 까이어도 오히려 참을 수 있고 창자는 끊어져도 슬프지 않다. / (…) / 집을 나선 지도 한 달이 못 되어 압록강 물을 건넜으니 누가 나의 길을 더디게 할까보냐.

압록강을 건너고도 조선인 망명촌 신한촌(新韓村)까지는 500여 리 길
이어서 며칠 동안이나 마차를 타고 가야 했다(李海東, 『滿洲生活七十七年』, 明志
出版社, 1990). 광운에게 장거리 열차를 타고 일본 관헌의 검문검색을 통과
하여 창춘에서 곡물 무역업을 한다는 사촌 매부를 만나러 가는 길은 호기
심 반 불안 반의 가슴 벅찬 여행이었다. 최소한 사촌 매부를 만나기 전까
지, 그는 그곳이 잃어버린 조국을 되찾기 위해 산 넘고 물 건너 새로운 둥
지를 튼 독립투사들의 전쟁터임을 까마득히 모르고 있었다.

신의주에서 창춘까지 1,400리 길

1919년 11월 30일 오전 11시에 신의주역을 출발한 열차는 천천히 압
록강 철교를 건너 안둥역으로 행했다. 철교 양측에는 각각 너비 25m 정도
의 보도가 설치되어 인력거나 도보로 사람이 통행하고 있었고, 철교 양 끝
단에는 간이 세관이 설치되어 지나다니는 사람들을 일일이 검사했다. 특
이한 점은, 신의주로부터 4분의 1 지점의 교각 상층부에 사각형의 운전실
을 설치하여 너비 90m 정도 되는 상판을 열십자로 열고 닫아 선박이 통행
할 수 있게 했다는 것이었다. 도처에 "철교 및 그 부근은 일본군 헌병대의
허가 없이 사진 촬영 및 묘사(描寫)가 금지되어 있으니 주의할 것"이라는
경고문이 나붙어 있었고 국경 수비의 임무를 맡은 헌병들이 곳곳에서 날
카로운 감시의 눈초리를 보내고 있었다.

열차는 10분 후 중국 안둥역에 도착하여 50분간 정차한 뒤 만주 시간
오전 11시(만주 표준시는 조선보다 1시간 늦어 조선 시간으로는 12시 정오. 이하 만

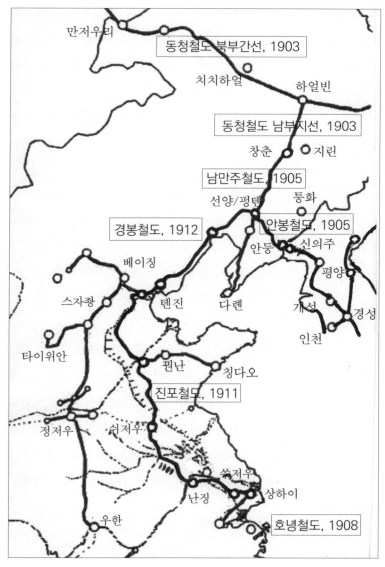

<그림 4-1> 1919년 말 동북아 철도망

- 만저우리
- 동청철도 북부간선, 1903
- 치치하얼
- 하얼빈
- 동청철도 남부지선, 1903
- 창춘
- 지린
- 남만주철도, 1905
- 선양/평톈
- 퉁화
- 경봉철도, 1912
- 안봉철도, 1905
- 안둥
- 신의주
- 베이징
- 평양
- 스자좡
- 톈진
- 다롄
- 개성
- 경성
- 타이위안
- 인천
- 쿼난
- 칭다오
- 진포철도, 1911
- 정저우
- 쉬저우
- 쑤저우
- 난징
- 상하이
- 우한
- 호녕철도, 1908

주 시간을 기준으로 함)에 안둥과 쑤자툰(蘇家屯)역(구 선양남瀋陽南역)을 연결하는 전장 258km의 안봉철도(安奉鐵道) 구간을 북서로 달리기 시작했다. 산은 물론 언덕 하나 없이 땅과 하늘의 경계선만 이어졌고, 저녁 무렵 지평선을 넘어가는 석양은 그렇게 붉을 수가 없었다. 광운은 영화의 한 장면처럼 차창을 스쳐 지나가던 광활한 만주 벌판의 풍경에 대해 다음과 같은 감상을 「회고록」에 남겼다.

> 정말 만주 벌판은 상상했던 대로 넓었다. 똑같은 자연의 풍치였지만 한국의 그것은 아담하고 조밀한 맛을 풍겼다면 만주의 지형은 중국인 특유의 끈질긴 성격과 인내심을 방불케 하는 것이었다. 한 번 주장한 것은 끝까지 밀고 나가는 고집과 폭넓은 사고력 등이 그들이 몸담고 있는 자연환경에서 크게 입은 바가 있다는 말이 비로소 수긍이 갔다.

열차는 안둥을 출발한 지 8시간 반 정도 지나 청나라 발상지인 선양 남쪽의 쑤자툰역에 진입하여 잠시 정차했다. 거기서 다시 오른쪽으로 방향을 틀어 구 동청철도(東淸鐵道) 남부지선(南部支線) 구간에 진입하여 밤새도록 동북 방향으로 320km 정도 달린 끝에 다음 날 아침 창춘역에 도착했다. 1919년 11월 29일 새벽 인천을 출발하여 꼭 나흘째가 되는 12월 2일 아침 7시에 2,500여 리나 되는 길을 내달려 창춘의 차가운 공기를 마시게 되었던 것이다.

동북아 지역의 철도는 제국주의 열강에게 전쟁 수행과 이권 수탈의 수단이었고, 약소국에게는 근대화의 접촉 창구였기에 20세기에 들어 서둘러 부설·정비되었다. 광운이 창춘으로 이동할 때 이용한 철도는 1908년 각각 철로 궤도의 너비가 다른 안봉철도와 구 동청철도 남부지선 창춘-다롄(大連) 구간을 국제 표준궤간으로 통일하여 민간 여객용으로 개축한 것이었다. 안봉철도는 본래 일본 육군이 러일전쟁 중에 군수물자 수송을 위해 부설한 궤간 762mm의 경편철도(輕便鐵道)였다. 그리고 러일전쟁의 승리로 러시아제국으로부터 양도받은 동청철도 남부지선 창춘-다롄 구간은 궤간 1,524mm의 광궤철도였다. 이를 국책회사 남만주철도주식회사(만철滿鐵)가 궤간 1,435mm의 국제 표준철도로 통일하고 압록강 철교를 건설하여 경의선·경부선과 연결함으로써 1912년 무렵부터 경성에서 상하이, 베이징, 유럽으로 연결되는 교통망이 형성되었던 것이다.

험난한 사촌 매부와의 만남

남만주철도(南滿州鐵道)의 북단 종착점인 창춘역에 내린 순간, 생전 처음 와보는 곳이어서 불안감과 공포감이 엄습했지만 광운은 마음을 단단히 먹고 개찰구를 나왔다. 우선 길을 묻기 위해 역 구내의 안내소를 찾았다. 인천에서 면포상을 할 때 중국인 무역상과 거래한 적이 있었기 때문에 짧은 중국어 몇 마디는 구사했지만 회화가 가능한 정도는 아니었기 때문에, 안내소에 일본어로 적은 주소를 보여주며 사촌 매부가 사는 곳으로 가는 길을 물어보았다. 담당 직원은 일본어가 유창했으나 억양에 중국어 특유의 느낌이 묻어 있어 단번에 중국인임을 알 수 있었다. 그는 광운의 세련된 일본어를 듣고 고향이 일본이냐고 묻더니 조선인이라고 하자 깜짝 놀라는 표정을 지었다.

러일전쟁 이후 러시아가 동청철도 남부지선 창춘-다롄 구간을 일본에 양도함에 따라, 창춘을 경계로 그 위쪽의 철도 및 부속지는 러시아 관할, 그 아래쪽은 일본의 영향 아래 들어가게 되었다. 남만주철도주식회사는 1907년 러시아의 동청철도 부속지의 콴청쯔(寬城子)역과 창춘 시가지 사이에 창춘역을 건설하고 그 남쪽 토지를 매수하여 남만주철도 부속지를 조성했다. 그리고 철로 궤도의 너비를 국제 표준으로 변경하여 광궤인 러시아 동철철도와 직접 연결되지 못하게 되자 콴청쯔역과 창춘역의 양측 철로를 연장하여 환승이 가능하도록 했다.

이들 철도 부속지에서는 '철도의 건설이나 운행에 필요한 부지 관리권한'이 인정되고 있었다. 그러나 일제는 다른 제국주의 열강의 수법을 답습하여 이를 철저하게 확대해석했다. 즉, "철도 경비를 위한 군대의 주둔권이나 경찰권, 사법권, 징세권, 우편국이나 전화국 운영 등의 통신권, 인프라 정비나 위생, 교육, 사업 인가 등의 행정권 등 절대적이고 배타적인 권한을 갖는 조계 이상의 공간"으로 만들었던 것이다.

철도를 보호한다는 명분으로 일본군 헌병대와 경찰서가 들어서고, 전체 주민의 절반 이상을 차지하는 일본인의 생활과 치안을 위해 영사관, 우편국 등 행정 시설과 각종 학교, 병원, 도서관, 종교 시설, 클럽, 은행, 숙박 시설, 각종 상공업 시설이 설치되었다. 이처럼 창춘은 이미 광운이 나고 자란 인천처럼 일본어가 일상적으로 사용되는 사실상의 '작은 일본'으로 반(半)식민지화되어 있었던 것이다. 일제가 1932년 중화민국에서 중국 동북 3성과 내몽고 지방을 분리하여 괴뢰국가 만주국을 건립하고 신징(新京)으로 이름을 바꾸어 그 수도로 삼은 곳도 바로 이곳이었다.

창춘역 안내소 직원은 광운이 건넨 사촌 매부의 주소를 보며 다른 직원과 꽤 오랫동안 중국어로 심각하게 이야기를 나누었다. 한참 있다가 돌아선 안내소 직원은 사촌 매부 김동만이 있는 봉천성(奉天省) 유하현(柳河

縣) 삼원보(三源堡) 추가가(鄒家街)로 가려면 안둥과 쓰핑(四平)에서 출발할
수도 있지만, 길이 멀고 도로 사정이 나쁘니 창춘으로 오길 잘했다고 하면
서, 여기서 마차를 타고 남쪽으로 닷새 정도 더 내려가야 한다고 했다. 도
중에 마적 떼를 만나 소지품을 털리고 목숨까지 잃을 수 있으니 지역 사정
에 밝고 일본어도 할 줄 아는 마부를 소개해주겠다며 달리 선택의 여지가
없는 협박성 제안을 했다.

당시 중국 동삼성에서 '철도'라고 하면 동청철도 북부간선 만저우리
(滿洲里)-쑤이펀허(綏芬河) 구간, 동청철도 남부지선 하얼빈(哈爾濱)-창춘 콴
청쯔(寬城子)역 구간, 남만주철도 다롄-창춘 구간, 안봉철도 안둥-선양 쑤
자툰역 구간밖에 없었다. 간선철도의 주요 역들과 현청 소재지를 배후의
지역사회와 접속시켜 사람과 물건을 운반하는 역할은 마차가 맡고 있었
다. 1910~1920년대에 만주 특산품으로 급성장한 대두와 좁쌀을 철도를
통해 일본과 조선으로 수출할 수 있었던 것도 '대차(大車)'라는 화물 수송
용 마차가 없었다면 불가능했을 것이다.

광운은 두 마리 노새가 이끄는 승객용 마차인 '교차(驕車)'를 타고 '봉천
성 유하현 삼원보 추가가'(현재의 길림성 유하현)를 향해 며칠 동안 달리고
또 달렸다. 영하 20도를 넘나드는 추위였지만, 몇 겹의 속옷에 두툼하게
솜을 누빈 저고리와 바지를 입고 장갑과 모자를 쓰니 견딜 만했다. 12월의
엄동설한에 지나는 길은 곳곳이 얼어 있고 눈으로 덮여 있었지만, 힘 좋은
노새는 아무렇지 않게 장거리를 달렸다. 광운은 마차야말로 만주에 사는
중국인들이 발견한 위대한 생활의 예지라는 생각이 들었다. 우당 이회영
(李會榮) 선생의 부인 이은숙 여사도 '요녕성(遼寧省) 환인현(桓仁縣) 횡도천
(橫道川)'으로 이동할 때 타고 갔던 마차에 대해 "험준한 준령이 아니면 강

판 얼음이 바위 같이 깔린 데를 마차가 어찌나 기차처럼 빠른지, 그 중에 채찍을 치면 더욱 화살 같이 간다"는 감상을 남긴 바 있었다(李恩淑, 『西間島 始終記』, 정음사, 1975). 백두산에서 벌목한 박달나무, 당느릅나무, 졸참나무 등 재질이 견고한 낙엽 광엽수로 마차의 뼈대를 만들고 몽골고원에서 들여온 준마와 노새로 마차를 끌었으니, 천혜의 생태 환경이 이를 가능하게 했던 셈이다.

만주의 호랑이 김동삼·김동만 형제

광운은 인천을 떠난 지 열흘 정도 지난 12월 7~8일 무렵에 '유하현 삼원보 추가가' 마을에 도착하여 사촌 매부 김동만을 만났다. 삼원보 인근에는 고향에서 항일 의병 운동을 하다가 경술국치 이후 이주해 온 독립운동가들이 국권 회복을 위한 무장투쟁의 거점으로 삼기 위해 건설한 새로운 조선인 마을이 많았다. 지명에 소규모 요새라는 의미의 '보(堡)'자가 붙어 있는 데서 알 수 있듯이, 백두산으로부터 산줄기들이 뻗어 내려 해발 400~1,000m의 구릉과 산이 점재하고 낙엽 광엽수의 원시림이 울창한 고지대였다. 유하현은 지형상 서남 방면이 높고 동북 방면이 낮아, 서남부 650m의 청령(靑嶺)에서 발원한 삼통하(三統河)가 화평 저수지를 거쳐 삼원보를 오른쪽으로 끼고 동북 방면으로 길게 관통하여 쑹화강(松花江)으로 흘러 들어가는 형세였다(『柳河縣志』, 吉林文史出版社, 1991).

1911년 초 남만주 독립운동의 원로격인 석주 이상룡 형제를 위시하여 김동삼·김동만 형제, 이원일, 김대락(金大洛) 등의 독립투사와 가족들이 이주해 오면서 인근에 20여 호의 마을이 형성되었다. 같은 시기에 남쪽 500여 리 떨어진 환인현 횡도천에 온 집안 식구를 거느리고 망명하여 머물고 있던 우당 이회영 선생의 가족들이 동지들과 함께 이주하여 삼원보 추가가 마을에 자리를 잡았다(李恩淑,『西間島始終記』). 이상룡과 이회영, 김동삼은 서로 의기투합하여 대고산(大孤山)이 내려다보는 마을의 한 허름한 옥수수 창고에 '신흥강습소'를 열었다. 이곳이 바로 수많은 독립투사를 길러낸 신흥무관학교의 전신이다.

이듬해 1912년 3월에는 우당의 둘째 형 영석(潁石) 이석영(李石榮, 1855~1934)의 자금 지원으로 추가가에서 80km 정도 떨어진 합니하(哈泥河) 교사로 이전했고, 3·1운동 이후 독립운동에 뛰어드는 젊은이들이 늘어나자 1919년 5월 다시 동쪽으로 40km 정도 떨어진 유하현 대두자(大肚子)로 학교를 옮겨 '신흥무관학교'라고 이름했다. 평안북도 만포(滿浦) 주변에서 자연국경인 압록강을 건너 통화(通化)를 경유하면 삼원보 추가가까지는 200리 정도의 거리였으므로, 이곳은 국내외 독립운동의 연결고리가 되어 그 뒤에도 독립투사와 그 가족들의 유입이 이어졌다. 특히 3·1운동 이후 그러한 흐름은 더욱 빈번해져 광운이 이곳을 찾아왔을 무렵에는 조선인 이주자가 길림성 서부 서간도(西間島) 주민의 80%를 차지할 정도가 되었다.

사촌 매부 김동만은 광운을 매우 반갑게 맞아주었다. 마지막으로 본 것이 화도 자택의 쌍우물서당에서 한학을 공부하던 시절이었는데 몰라보게 어엿한 청년으로 성장했다고 대견해 하며 부모와 친지의 안부와 근황을 하나하나 물었다. 조국의 사정에 대해서도 이것저것 물어보고, 특히 3·1운동 이후의 국내 정세를 궁금해 했다.

광운은 창춘에서 유하현까지 닷새가량 마차를 타고 오면서, 벼농사의 흔적이 전혀 보이지 않는 동토의 땅 만주 벌판에서 매부는 도대체 무슨 곡물을 재배하여 곡물 무역을 한다는 것인지 줄곧 의아하게 여기고 있었는데,삼원보 추가가에 도착해 김동만을 만나고 보니 비로소 짐작 가는 바가 있었다. 그는 일본 관헌들의 감시의 눈초리를 피하기 위해 겉으로 곡물 무역상 행세를 하고 있었던 것이다.

김동만은 촌수로는 사촌 매부였지만 나이는 광운보다 19살이나 많아, 사실상 조카와 삼촌 같은 세대차가 있었다. 역사의 격동기를 불꽃처럼 살다간 그의 40년 삶은 두 살 터울 친형인 일송(一松) 김동삼(金東三)과 떼려야 뗄 수 없다. 김동삼은 전통적인 유림 집안 출신이었으나 을사늑약 이후 근대적인 사조를 받아들여 향리에서 가장 선구적인 중등교육기관인 협동학교를 설립하여 민족 계몽운동을 전개했다. 일제강점으로 계몽운동이 좌절되자 이번에는 무력 투쟁으로 노선을 전환하여 1911년 초에 신민회 동지들과 함께 독립 전쟁의 기지를 건설하기 위해 서간도 유하현 삼원보 추가가로 망명했다. 이후 김동삼은 '남만주 벌판의 호랑이'라는 별명답게 동삼성으로 이주한 항일운동 세력을 규합하여 통일전선을 구축하고, 이들을 체계적으로 훈련시키는 군사기지 건설에 주력하면서 항일 무력 투쟁을 주도했다. 대신에 김동만은 삼원보 추가가에 머무르면서 식솔들과 조선인 이주자들의 생활을 뒷바라지하고 이들 자제의 교육을 위해 설립된 삼광학교(三光學校)의 교장에 취임하여 민족 교육에 힘을 쏟았다. 3·1운동 이후에는 무장 독립군의 국내 진입을 위해 설립된 상하이 임시정부 서간도지구 군사 기관인 서로군정서(西路軍政署)에 참여하여 본격적인 항일 무력 투쟁의 길로 들어섰다.

광운은 사촌 매부에게 자신이 인천에서 겪었던 면포상 사업 성공과 미두 거래 실패 등의 경험을 자세히 설명하고, 세계의 무역업자들이 모여드는 상하이로 가서 곡물 무역 사업을 벌여 재기하고 싶다는 속내를 털어놓았다. 김동만은 삼원보로 이주한 조선인들이 심각한 식량난 때문에 좁쌀, 강냉이, 두태, 산나물 등으로 하루하루 연명하고 있으니, 상하이로 가서 곡물 장사를 하면 당장 이곳 조선인들도 많은 도움을 받을 수 있을 것 같다고 수긍했다. 그러나 인천과 마찬가지로 조계지인 상하이에서의 국제무역이라는 것도 따지고 보면 제국주의 열강의 중국 침략과 경제적 수탈이라는 성격을 벗어나지 못하고 있고, 곧 만주를 포함한 중국 전역이 조선인과 일본인, 나아가 중국인과 일본인의 엄청난 전쟁터가 될 터이니 사업의 성공도 보장받을 수 없을 것이라고 경계했다.

이어 그는 "젊었을 때는 사업을 하는 것도 좋지만 무엇보다도 신학문을 배워 미래를 대비하는 것이 더 중요한 일이다"라고 충고했다. 자신의 일곱 살 아들 김경묵(金敬黙)을 쳐다보며, 나는 "기꺼이 조국의 광복을 위해 만주 벌판에서 뼈를 묻을 각오이지만 왜적이 망한 뒤 무너진 나라를 다시 세우는 것은 젊은이의 몫"이므로, "다른 어떤 일보다도 우선 선진 문명의 지식"을 갖추는 것이 "앞으로 일제의 사슬에서 벗어나 자주독립의 기틀을 마련하는 일"이라고 역설했다. 이를 위해서는 적진 깊숙이 들어가 그들의 실력과 경쟁력의 원천을 파악하는 것이 필요하다며 일본 유학을 권했다. 또 그는 "와세다대학을 졸업하고 재일본조선기독교청년회 2대 총무(1917~1923)를 맡고 있던 백남훈(白南薰) 앞으로 소개장을 써주며, 그를 찾아가 상의하면 잘 지도해줄 것이다, 며칠 후 업무 협의차 상하이 임시정부에 가는 동지가 있으니 결심이 서면 그를 따라가라"고 했다(『회고록』).

인천에 있을 때는 광운도 규슈제국대학(九州帝国大学) 유학을 꿈꾸는 등, 일본 유학을 전혀 생각하지 않았던 건 아니었다. 그러나 이는 만주로 건너올 때 가슴에 품었던 사업 계획과 다른 길이었으므로 광운은 며칠이고 곰곰이 생각했다. 눈을 감으면 고국의 산천과 낯익은 사람들의 얼굴이 주마등처럼 지나가고, 특히 몸 건강하게 잘 지내고 꼭 성공하라고 당부하던 부모의 얼굴이 떠올랐다. 그러는 사이 자신도 모르게 일본 유학이 스스로 선택할 수 있는 가장 올바른 길이라는 쪽으로 서서히 마음이 움직였다. 결국 광운은 열흘 정도 머물렀던 삼원보 추가가를 떠나 일본으로 향하기로 결심했다.

창춘에서 상하이까지 5,800리 길

1919년 12월 19일 무렵, 광운은 사촌 매부 김동만과 작별 인사를 나누고 일본으로 가는 배를 타기 위해 길을 떠났다. 창춘까지는 마차를 타고 가서 기차를 이용해 상하이로 갈 계획이었다. 창춘으로 돌아가는 길은 살을 에는 듯한 만주 벌판의 찬바람에 몸도 마음도 얼어붙어 덜컹거리는 마차에 이리저리 흔들렸다. "왜적과 싸우다 만주 벌판에서 죽는 것도 독립투쟁이지만 왜적이 망한 뒤에 무너진 나라를 다시 일으켜 세우는 것도 독립투쟁이다. 어쩌면 더 어렵고 중요한 일일지 모른다"던 사촌 매부의 말이 귓전을 맴돌았다. 시절이 하 수상하여 사촌 매부를 비롯해 삼원보 추가가 사람들과 재회를 기약하지 못하고 헤어졌지만, 그것이 이승에서의 처음이자 마지막 만남이 될 줄 그때는 알 수 없었다.

일제는 러일전쟁의 승리로 산하이관(山海關) 동쪽 관동주(關東洲)의 조차권과 동청철도 남부지선 다롄-창춘 구간(나중에 남만주철도로 이름 변경)을 러시아로부터 물려받아 식민지 통치기관인 관동도독부(關東都督府)를 설치하여 만주 침략을 본격화했다. 다롄·뤼순 등을 중심으로 하는 라오둥 반도(遼東半島) 남단 지역뿐만 아니라 만주 지역을 동북으로 관통하는 남만주철도의 시설 및 부속지 곳곳에 군대(관동군)와 영사관을 배치하여 행정권을 관할하고, 치외법권을 확대해석하여 관할 지역 바깥의 만주 각지에서도 경찰권을 행사했다. 그러나 1912년 청조 멸망 이후 장쭤린(張作霖) 군벌 정권이 '만주의 패자'로 부상하자, 일본 세력은 도시부 및 남만주철도 연변 지역에 국한되어 있어 서간도와 동간도의 농촌 지역이나 산간벽지에는 직접 미치지 못하게 되었다. 조선인들은 바로 그곳으로 진출하여 민족 교육과 독립군 양성의 기지를 건설하여 만주에 진출한 일본 세력과 투쟁하면서 국내 진격을 준비했다. 창춘에 진출한 일본 영사관과 헌병대는 남만주 지역으로 이주한 조선인들의 항일운동 동향을 수집하여 장쭤린 군벌 정권에 '불령선인'의 단속을 요구하거나 직접 밀정이나 암살단을 잠입시켜 '요시찰인(要視察人)'의 목숨을 노리기도 했다.

3·1운동 이후 조선의 독립투사들이 대거 남만주 지역으로 결집하여 항일 무력 투쟁의 열기가 달아오르면서, 식민지 조선의 안정적 지배와 만주 지역의 권익 확대를 노리는 일제와의 충돌을 피할 수 없게 되었다. 만주 전역을 누비고 다니던 형 김동삼을 대신해 삼원보에 머무르면서 조선인 이주자의 생활을 뒷바라지하고 민족 교육에 힘을 쏟던 광운의 사촌 매부 김동만도 그 무렵 상하이 임시정부 서간도지구 군사 기관인 서로군정서(西路軍政署)에 참여하여 본격적인 항일 무력 투쟁의 길로 들어섰다. 광운이 삼원보 추가가로 찾아갔을 때 그는 이미 군사작전 중에 있었기 때문에, 영문도 모르고 전쟁터로 찾아온 고국의 친척이 참담한 상황에 말려들지는 않을까 노심초사했다.

이런 우려는 이듬해 참혹한 현실로 나타났다. 직접적인 계기는 1920년 6월 일본 정규군이 독립군 연합 부대에게 잇단 참패를 당한 북간도 삼둔자(三屯子) 전투와 봉오동(鳳梧洞) 전투였다. 이에 대한 보복으로 그해 9월 일제는 훈춘(琿春)의 마적단 습격 사건을 조작하여 조선 주둔 일본군 제19사단과 시베리아에서 귀환 중이던 제14사단으로 하여금 11월 말까지 동간도에서 서간도의 이른바 '불령선인'에 대한 "철저하고 가혹한 토벌 작전"을 전개하도록 하여 "남만주 지역 독립운동의 화근을 일소"하려고 했다. 광운의 사촌 매부 김동만도 1920년 9월 25일 저녁 삼원보 추가가에 들이닥친 일본군 토벌대에 붙잡혀 만리구(萬里溝)로 넘어가는 왕굴령(王屈嶺) 고개 밑에 끌려가서 총살당하는 비극적인 종말을 맞았다. 광운이 삼원보 추가가를 떠난 지 꼭 7개월 만의 일이었다. 김동만의 아들 김경묵은 아버지의 마지막 모습을 다음과 같이 전한다.

그때 여덟 살이었던 나는 어머니를 따라 아버지 시체를 찾으러 갔다. (…) 아버지는 끌려간 12명 중에 맨 마지막으로 총살당했다고 들었는데 조선 옷고름을 뜯어 눈을 싸매었고 목은 일본 군도로 내리쳤으나 채 떨어지지 않았으므로 시체만은 그냥 알아볼 수 있었다. (…) 그 당시 무섭고 참혹한 정경은 지금도 나의 머릿속에 또렷이 남아 있어 영원히 잊을 수 없다(李海東, 『滿洲生活七十七年』, 明志出版社).

상하이로 가는 길은 철도의 궤간 차이, 연결 철교의 미비, 열차의 편수 제한 등으로 몇 번이고 열차를 갈아타야 하는 멀고도 힘든 여정이었다. 창춘역에서 남만주철도를 타고 왔던 길을 되돌아가 펑톈/선양역에서 경봉철도(京奉鐵道)로 갈아탔다. 경봉철도 상행선은 펑톈 역에서 진저우(錦州), 산하이관, 톈진(天津)을 거쳐 베이징(北京)까지 가는 전장 847km의 철길이었다. 청불전쟁 이후 철도의 군사적 가치를 알게 된 이홍장(李鴻章)이 1880년 탕산(唐山) 탄광의 석탄 운송을 위해 부설했던 당서(唐胥)철도(河北省 唐山-胥各莊 間 9.2km)를 펑톈까지 연장하려고 했다. 그러나 청일전쟁 후 자금난에 빠져 영국으로부터 230만 파운드의 차관을 들여와 1903년에 펑톈 서쪽 60km 지점의 신민툰(新民屯)까지 연결하고 러일전쟁 후에 다시 일본으로부터 펑톈-신민툰의 군사 경편철도를 매수하여 이를 광궤로 바꾸어 1912년에 모든 구간을 개통한 것이었다.

이어 경봉철도 상행선의 톈진역에서 진포(津浦)철도로 갈아타고 지난(齊南), 쉬저우(徐州)를 거쳐 난징(南京)의 창장(長江) 포구까지 전장 1,010km의 철길을 남으로 달렸다. 진포철도는 1898년에 철도 이권을 둘러싸고 영국과 독일의 대립이 격화되는 가운데 이듬해 분할 투자의 합의가 이루어져 양국의 철도 차관을 받아 착공하기로 했다. 그러나 1900년 6월 21일 외세 배척 운동인 의화단(義和團) 사건이 일어나고 열강 8개국이 베이징을 점령하면서 계약의 실행이 지연되다가 1908년에 이르러 500만 파운드의 차관이 성립되어 1912년에 모든 구간을 개통했다. 마지막으로 창장(長江)을 연결하는 철교가 건설되지 않아 진포철도의 난징 포구역에서 강 건너편 남쪽 기슭 호녕(滬寧)철도의 난징역(녕寧)까지 걸어가 열차를 갈아타고, 전장 (鎭江), 창저우(常洲), 우시(無錫), 쑤저우(蘇洲)를 거쳐 전장 312km를 달려 상하이(호滬)에 도착했다. 호녕철도는 영국이 청조(淸朝)에 철도 부설권을 강압적으로 요구하고 차관을 제공하여 1908년에 개통된 것이다. 창장철교가 건설되어 진포철도와 호녕철도를 연결하게 된 것은 1968년 이후의 일이었다. 이처럼 광운은 1919년 11월 말에 인천 축현역을 출발하여 용산역, 신의주역, 안둥역, 창춘역, 삼원보 추가가, 창춘역, 선양역, 톈진역, 난징역을 거쳐 만 리(9,808km)에 가까운 대장정 끝에 12월 말에 상하이에 도착했다.

상하이의 데자뷔

상하이는 황푸(黃浦)강 서측 와이탄(外灘, the Bund) 지구를 중심으로 서양식 고층 건물, 외국 은행, 고급 호텔, 백화점, 카페, 공원, 댄스홀, 영화관 등 근대적인 건물이 즐비한 번화한 대도시였다. 백화점의 쇼윈도에는 세계 각지에서 들어온 최신 유행 상품이 진열되어 있고, 거리에는 '유궤전차(有軌電車)'라 불리는 노면전차가 소음을 내며 달리는가 하면, 가로등 불빛이 지나가는 길을 비추는 그야말로 '동양의 파리'와 비견될 만한 곳이었다. 상공업 및 동아시아와 구미의 대외 교역이 번창하여 일찍이 본 적 없었던 거대한 상선이 황푸강 하안에 가득 찬 모습은 장관이었고, 국제적인 무역항의 분위기를 물씬 풍겼다(『회고록』). 황푸강은 문자 그대로 누런 흙탕물이 흐르는 강으로, 하류에서 합류하는 양쯔강(揚子江, 창장長江의 하구 부분)에 비해 작게 보이지만 아무리 큰 선박이라도 자유롭게 다닐 수 있을 만큼의 강폭과 수심을 지니고 있어 상하이를 천혜의 국제무역항으로 발전할 수 있게 했다.

상하이의 풍경은 신해혁명(辛亥革命) 이후 군벌의 할거로 내전이 발생하여 무고한 백성에 대한 병사들의 약탈과 폭행이 횡행했던 도시 바깥 세상과 너무나 대조적이었다. 상하이는 영국, 미국, 프랑스 등 서구 열강의 조계지로 인도인과 베트남인으로 구성된 자체 경찰에 의해 치안이 유지되고 있었기 때문에, 내란에 말려들어 혈혈단신 도망쳐 오거나 내란에 말려들기 전에 발 빠르게 가산을 정리하여 이주하는 형태로 중국 각지에서 많은 사람들이 몰려들었다. 인구는 20세기 초에 100만 명 규모였으나 광운이 방문했던 1919년 말에는 200만 명에 달했고, 그 후에도 계속 늘어나 1920년대 말에는 300만 명이 되었다(鄭祖安, 『上海百年城』, 上海: 學林出版社, 1999). 유입 인구의 증가에 따라 대중문화의 수요도 증가하여 상하이는 일대 대중문화의 생산과 소비의 붐을 맞이하게 되었다. 인천에서 나고 자란 광운에게 상하이의 모습은 모종의 데자뷔로 다가왔다.

광운은 상하이 북역(上海北驛, 1916년 상하이역上海驛에서 상하이 북역으로 이름 변경)에 도착하자마자 바로 일본으로 가는 배표를 구하기 위해 일본 우선회사(日本郵船會社) 항만 시설이 있는 북양자로(北揚子路, North Yangtze Road) 홍구부두(虹口碼頭, Mail Wharf)로 향했다. 상하이의 중심부인 영국 조계(English Settlement)에 가깝고, 배후의 일본인 거주 지역인 홍구지구에 상륙하기도 매우 편리한 위치였다. 그러나 서쪽으로는 미국 영사관, 일본 영사관과 동쪽으로는 넓은 수역을 차지하고 있는 영미계 항만 시설(Shanghai & Hongkew Wharf, CMSN Co. Lower Wharf)에 끼여 황푸강에 노출된 부두 폭도 좁고 깊이도 얕은 매우 곤궁한 모습이었다. 이를 타개하기 위해 1914년 영미계 항만 시설의 동쪽 수역을 매수하여 매립공사를 하고 회산부두(匯山碼頭, Wayside Wharf)를 건설했다. 당시 상하이에서 일본으로 가는 기선은 고베(神戶)-상하이선을 본선으로 하여 2척의 배가 주 1회씩 정기적으로 운행되었고, 요코하마(橫浜)-상하이선을 부속선으로 하여 매월 1회 또는 2회 자유 정기 노선으로 운행되었다(『日本郵船株式会社百年史』). 변경되는 경우도 종종 있었지만 간사이 방면은 홍구부두에서 출발하고 1923년에 개통하는 상하이 항로처럼 나가사키행 기선은 회산부두에서 출항했다. 「회고록」에 "1919년 12월 29일 출발 예정인 고베까지 가는 배표를 구했다"고 기록되어 있는 것으로 보아, 광운이 탄 배는 매주 월요일 오전 9시에 출발하는 고베행 정기선이

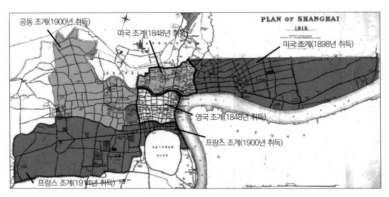

공동 조계(1900년 취득)
미국 조계(1848년 취득)
미국 조계(1898년 취득)
영국 조계(1848년 취득)
프랑스 조계(1900년 취득)
프랑스 조계(1914년 취득)

PLAN OF SHANGHAI
1919

〈그림 4-2〉 상하이 조계(1919년 말)

었던 것 같다.

　광운은 배표를 구한 다음 일단 홍구부두 가까이에 있는 만세관(萬歲館)이라는 숙소에 여장을 풀고 이틀 남짓 남은 시간 동안 거리를 거닐며 상하이를 느껴보기로 했다. 먼저 전장 12㎞에 달하는 황푸강 서측 와이탄을 따라 고층 빌딩과 거대 상선을 바라보며 밑으로 내려오다가, 오른쪽으로 상하이의 최고 번화가인 영국 조계 남경로(南京路)로 들어섰다. 너비 6m 정도되는 도로는 화강암으로 포장되어 있었고, 길 양옆에는 줄지어 서 있는 가스등 아래 각양각색의 상관이나 점포가 빽빽하게 들어서 있었다. 그곳은 중국을 착취하고 중국인을 멸시하는 외세의 대명사인 영국인들이 일시적으로 장사를 위해 모여들었다가 떠나는 장소에 지나지 않았다.

　다음 날에는 상하이 임시정부와의 업무 협의차 삼원보 추가가에서부터 동행했던 길동무와 작별 인사도 나눌 겸 약속 장소인 프랑스 조계지의 메인스트리트 하비로(霞飛路, 지금의 회해중로淮海中路)로 발길을 옮겼다. 프랑스 조계는 와이탄 남쪽 절반쯤 되는 지대에서 서쪽 교외로 전개되는 지역으로, 고층 빌딩과 상업 시설이 즐비한 영국 조계와 달리 가로수길이 이어지는 조용하고 아름다운 고급 주택가였다. 얼마 전까지 하비로 321호(지금의 회해중로 651호)에 상하이 임시정부의 청사가 있었으나 일제가 프랑스 조계 당국을 압박하여 건물을 폐쇄하여 다른 곳으로 옮겨갔다고 했다.

무엇보다 광운의 마음을 사로잡은 곳은 숙소인 만세관 북쪽으로 연결되는 홍구 지역이었다. 본래는 미국 조계였지만 포르투갈인, 러시아인, 일본인 등 비교적 가난한 외국인들이 들어와 중국인들과 뒤섞여 사는 마을로 변하여 인천의 구 조계 지역을 연상시키는 분위기가 있었다. 특히 이곳은 일본 주류 사회에서 소외된 재즈 음악가(풍기문란의 이유로 연주 금지), 무용가, 동성애자, 미혼모 등 일본인들이 1만 7천 명 가까이 모여 살아 '리틀 재팬'이라 불리기도 했다.

상하이의 마지막 밤은 남경서로(南京西路)와 태홍로(泰興路)의 네거리에 있는 대형 오락 시설인 장원(張園)의 극장가에 가서 신극(新劇)을 구경하는 것으로 보냈다. 신극이란 신해혁명에서 5·4운동 시기에 걸쳐 상하이를 중심으로 최전성기를 맞이한 대사 및 사상 전달에 중점을 둔 근대적 연극으로, 가무 중심의 고전극에 대비하여 일컬어지는 말이었다. 번역극이나 창작극을 중심으로 봉건 도덕이나 사회적 빈부격차를 풍자하거나 제국주의 침략에 저항하는 비극적인 중국인 영웅을 다루는 신파색이 농후한 '문명희(文明戱)'였다. 광운은 「회고록」에 "연극의 대사가 중국어로 되어 있어서 무슨 뜻인지는 명확하지 않았으나 그 당시의 사회상에 대한 불만을 비꼬아 엮어가는 풍자극이었음을 배우들의 몸짓과 청중들의 반응으로 알 수가 있었다"는 감상을 남겼다. 마치 연극 그 자체가 만국 공통어라도 되는 양 의미 전달에 중점을 둔 신극을 보면서 배우들의 바디 랭귀지와 청중의 호응을 통해 내용을 잡아내는 예리한 통찰력을 보여준 것이다.

신극을 보고 밤늦게 장원의 극장을 나왔을 때, 연중 눈이 거의 내리지 않는다는 상하이 거리에는 앞을 분간할 수 없을 정도로 거세게 눈이 내리고 있었다. 극장 앞에는 인력거가 줄지어 서서 손님을 기다리고 있었고, 차부(車夫)들이 앞을 다투어 뛰어와서 자기 수레를 타라고 손을 이끌었다. 광운에게는 흰 수염이 덥수룩한 늙수그레한 인력거꾼이 달려와서 잘 알아듣지 못하는 중국어로 말을 걸었다. 광운은 아버지 또래의 차부가 이끄는 수레를 타고 눈이 펑펑 내리는 남경로를 달리면서 깊은 명상에 잠겼다.

내일이면 나는 일본을 향해 떠난다. 또 다른 세계가 내 앞에 전개된다. 무슨 뚜렷한 보장과 기약이 없는 나그네와 같은 처지에서 나는 뼈 속까지 스며드는 고독에서 벗어날 수 없었다. 그러나 끝까지 노력하고 싸워 이기는 것이다. 결코 마음을 약하게 먹어서는 안 된다고 몇 번이고 다짐했다.

인력거가 만세관 앞에 도착하자 나이든 차부는 포장을 걷으면서 광운이 내리는 것을 부축하려고 했다. 갑자기 고국에 계신 아버지 모습이 겹치면서 송구스러운 생각이 들어 혼자 내릴 수 있으니 괜찮다고 했다. 황포차(黃包車)라 불렸던 인력거는 본래 일본에서 사용되던 것을 부유한 외국인이 들여와 상하이 골목을 구석구석 잘 아는 중국인에게 빌려주어 영업하게 한 것이었다. 주로 내란 난민 등으로 상하이에 흘러들어온 가난한 중국인들이 2인 1조로 외국인 사업자로부터 하루에 1달러씩 주고 빌려 12시간 교대로 운영하는 것이 일반적이었다. 외국인 사업자는 상당한 이익을 올린 반면 중국인 차부들은 종일 수레를 끌고 시내를 돌아다녀도 임대료도 건지지 못하는 경우가 허다했다. 이미 세계 주요 도시에 보급되고 있던 택시의 도입도 상하이에서는 외국인 사업자의 반대로 상당히 늦어져 1926년이 되어서야 비로소 시작된다.

광운은 남루한 누비옷을 입은 차부가 몹시 추워 보여 자기가 입고 있던 가죽털조끼를 얼른 벗어 건네주었다. 그러나 그는 갑작스러운 광운의 행동을 의아한 표정으로 빤히 쳐다보고는 손을 내저으며 도로 입으라고 몸짓했다. 광운이 '나는 내일 따뜻한 일본으로 가니 두터운 조끼가 필요 없다'고 손짓 몸짓을 동원하여 설명하니 그때서야 알아들었는지 황송한 표정으로 정중하게 허리를 굽히며 어설픈 일본어로 몇 번이고 고맙다는 말을 되풀이했다. 한사코 인력거 운임을 받지 않겠다고 했지만, 광운은 호주머니에서 1량(兩, 현재의 1만 원 정도)짜리 지폐를 꺼내 그의 손에 쥐어주고 조끼도 입혀주었다. 비록 나이 차이도 많이 나고 말도 통하지 않는 사이였지만 숙소 현관까지 바래다주고 잘 가라고 정중하게 고개 숙여 인사하는 연로한 중국인 차부와의 찰나와 같은 인연은 광운의 머릿속에 각인되어 오랫동안 지워지지 않았다.

제5장
일본에서 보낸 한 철

짜이찌엔 상하이, 곤니치와 도쿄

1919년 12월 29일 월요일 아침 9시 광운이 몸을 실은 일본 고베(神戸)행 2,563톤급 지쿠고마루(筑後丸)호가 홍구부두를 출발했다. 황푸강의 탁류를 따라 천천히 내려가면서 끊임없는 인마(人馬)의 행렬, 드문드문 서 있는 버드나무 숲 사이로 전개된 푸둥(浦洞)평야, 부두 시설과 공장 등이 들어선 양수포(揚樹浦) 지구, 바쁘게 오르내리는 목조함선 정크선 등, 중국 특유의 풍경을 하나라도 놓칠세라 분주히 눈에 담았다.

이윽고 기선이 우쑹항(吳淞) 하구에서 선수를 우측으로 돌려 양쯔강에 진입하여 탁한 물줄기를 따라 다시 40리 정도 내려가니, 탁 트인 바다가 나타났다. 황해와 동중국해를 가르는 경계선을 따라 거의 직선 코스로 항해하여 다음 날 정오 무렵에 일본의 모지항(門司港)에 도착하여 몇 시간 정박한 뒤 다시 한나절 남짓 일본 열도의 내해인 세토나이카이(瀬戸内海)를 지나 고베항에 도착했다. 거기서 1시간 정도 열차를 타고 오사카역으로 이동하여 도심에서 약간 벗어난 구죠신도(九条新道)의 여관에 투숙했을 무렵에는 1919년도 6시간 정도밖에 남지 않았다. 광운은 어수선하고 분주한 세밑에 수중의 돈도 다 떨어져 무전 투숙이라도 할 요량으로 이리저리 낯선 이국의 거리를 헤매는 자신의 모습에 불현듯 서글픈 생각이 들었다.

오사카 여관에서 새해를 맞이하고 사흘을 지낸 다음 1920년 1월 4일 도쿄행 기차에 몸을 실었다. '오카미상(女将さん)'으로 불리는 여관 여주인에게 유학생으로 도쿄로 가는 길인데 수중에 현금이 다 떨어졌다고 사정을 설명하고 다음에 와서 꼭 갚겠노라 약속한 뒤 짐을 맡겨두고 나왔다. 인천에서 경험한 일본인들은 조선인들을 무슨 하등동물처럼 다루는 경우가 대부분이었는데, 오사카 여관 여주인이 보여준 인간적인 배려와 따뜻한 동정심에 광운은 감동보다 오히려 혼란을 느꼈다. 갑자기 삼원보 추가가에서 사촌 매부 김동만이 일본 유학을 권할 때 했던 말이 떠올랐다. "일본인 개인 한 사람 한 사람은 매우 선량할 수 있지만 조직이나 집단의 일원이 되면 흉포한 악마로 변한다. 지금 상황에서 조선인은 장사를 하든 신학문을 하든 독립운동을 하든 어쩌면 개개인이 살아 있는 일본 국내에서 하는 것이 만주나 조선에서보다 훨씬 안전하고 효과적일지 모른다." 그때는 의미를 알 수 없었는데 이제는 무슨 뜻인지 알 것 같았다.

도쿄행 기차표를 사기 위해 수중에 남은 마지막 자산인 금딱지 회중시계를 처분하고자 여러 곳의 시계포를 돌아다닌 끝에, 광운은 결국 100엔을 받고 시계를 팔았다. 당시 스시 정식이 15전, 영화관 입장료가 30전, 백미 10㎏이 2엔, 오사카-도쿄 간 3등 열차 운임이 4.58엔, 3식 포함 하숙비가 15엔, 대졸 초임이 50엔 정도였으므로, 현재 시세로 환산하면 약 500만원 전후의 큰돈이었다. 12시간의 여행 끝에 번화한 도쿄역에 내려 인력거를 타고 북쪽으로 2㎞ 정도 달려 도쿄부(東京府) 간다구(神田區) 니시오가와

쵸(西小川町) 2가 5번지에 위치한 재일본조선기독교청년회(YMCA)에 도착했다. 130평의 부지에 총건평 74평의 목조건물에 흙으로 벽을 만든 2층집으로, 일본에 도착하여 아직 하숙을 구하지 못한 유학생 13~14명을 겨우 수용할 수 있는 조그만 양옥 건물이었다.

재일본조선기독교청년회는 비정치적·비민족적 노선을 표방한 외국 선교사들의 주도로 1903년 한성에 설립된 황성기독교청년회(皇城基督教靑年會)에 이어 1906년 도쿄에 탄생한 두 번째의 조선기독교청년회였다. 언더우드 등 초기 선교사들은 일제 침략자 세력에 영합하여 황성기독교청년회 내부의 민족 독립 활동을 세속적인 운동으로 견제하면서 한반도에 민족과 사회 부재의 복음주의적 경건 신앙을 심으려고 했다(『尹致昊日記 V』). 이토 히로부미도 이러한 선교사들의 공헌에 대해 "도덕적이고 영적인 차원, 다시 말해 보다 높은 가치에 대한 애착과 헌신에서 비롯한 봉사"라고 찬양한 다음 "지상적인 것은 일본이 관할하고 천상적인 것은 선교사가 관할하되 그 경계선을 엄격히 지켜야 한다"고 못을 박았다(閔庚培, 『韓國民族 敎會形成史論』, 연세대출판부; G. T. Ladd, *In Korea with Marquis Ito*, New York: Charles Scribners).

그러나 을사늑약 이후 급증한 조선인 회원들을 중심으로 황성기독교청년회 지도부와 조직이 개편되면서 이 단체는 기독교적 구국 운동 단체로 발전하게 되었다. 그 연장선상에서 1906년 11월 5일 조선인 유학생이 주축이 되어 도쿄 간다미토시로쵸(神田美土代町)에 있던 일본YMCA의 2층 방 하나를 빌려 재일본조선기독교청년회를 발족시켰다. 에하라 소로쿠(江原素六, 1842~1922)와 같은 국수주의자들은 일본 YMCA를 장악하여 일본 제국주의의 조선 침략을 방조하고 조선기독교청년회를 흡수하려는 야욕을 노골화했다. 이에 반발한 재일본조선기독교청년회는 1907년 8월에 일본 YMCA의 곁방살이를 '탈출(Exodus)'하여 니시오가와쵸에 세를 들었다가, 1914년 9월에 인접한 장소에 2층 목조 양옥 건물을 건립하여 이주했다. 2층은 조선인 유학생들이 하숙집을 구할 때까지 며칠간 머무를 수 있는 침실로 꾸미고, 아래층에는 사무실, 응접실, 식당, 큰 마루 등을 갖추었다. 명실공히 기독교 신앙을 매개로 도쿄의 조선인 유학생들을 결집시키는 "우리 회관"이 되어 항일 독립운동체로 탈바꿈하는 전기를 마련하게 되었던 것이다(柳東植,『在日本韓國基督教青年會史 1906~1990』, 在日本韓國基督教青年會, 1990).

짧았던 와세다대학 유학 생활

광운이 재일본조선기독교청년회 회관에 들어선 것은 마침 새해 들어 처음 맞이한 일요일 저녁이어서, 많은 유학생들과 한꺼번에 인사를 나눌 수 있었다. 광운도 오랜만에 조선 사람들을 만나 반가웠지만, 거기 모인 남녀 유학생들이 더 반갑게 환영해주어 놀랐다. 무슨 모임이 끝난 뒤의 친목 행사인지 응접실과 식당 칸막이를 뜯어내고 큰 마루로 향한 문짝까지 접어 제쳐 최대한 넓은 공간을 확보하고 있었으며, 거기에 거의 빈틈없이 유학생들이 삼삼오오 모여 앉아 혹은 유쾌하게 혹은 심각한 표정으로 이야기를 나누고 있었다. 화제는 대체로 도쿄 유학생이 주도한 2·8독립선언과 조선에서 일어난 3·1운동에 관한 것이었다. 그들은 이를 어떻게 계승하여 조국 광복을 이룩할 것인가를 놓고 열띤 사상 토의를 벌이고 있었다(「회고록」).

다들 한복이나 양복, 또는 중국옷을 입고 영어, 조선어, 중국어로 이야기하는 것을 보고 광운은 조금 의아했지만 나중에 그 이유를 알게 되었다.

본래 조선기독교청년회는 단독으로 국제YMCA연맹에 가입한 것이 아니었다. 중국·조선·홍콩YMCA연합(General Committee of YMCAs of China, Korea and Hong Kong)의 일원으로 가입하여 제국주의 열강의 침략을 받는 동병상련의 처지에서 이들과 강력한 연대를 구축하고 있었던 것이다. 그런데 일본의 조선 병탄을 "하느님의 뜻"이라고 지지했던 국수주의적인 일본 YMCA 지도자들과 그들의 사주를 받은 국제 YMCA 관계자들이 조선기독교청년회를 여기에서 떼어내 일본 YMCA에 예속시키고 말았다. 그러나 조선 학생들은 개별 회원의 활동 차원에서는 일본인과의 동석을 기피하고 중국과 홍콩의 젊은이들과 협력과 연대를 이어갔다.

조선인 유학생들에게 재일본조선기독교청년회는 낯선 외국에서 하숙집을 구하고 대학 정보를 얻고 부족한 일본어 능력을 보충하고 아르바이트를 소개받는 곳이었다. 본격적인 유학 생활이 시작되면 외롭고 적적할 때마다 이곳에 모여 친교를 나누고, 무슨 일이든 함께 상의했다. 말하자면 망국의 청년들에게 허용된 도쿄 한복판의 유일한 공간이었고, 폐쇄된 영사관을 대신하여 사실상 이들을 보호하고 뒷바라지하는 역할을 수행했던 셈이다.

광운은 재일본조선기독교청년회의 2대 총무(1917. 9~1923. 1)인 백남훈(白南薰, 1885~1867)을 만나 사촌 매부 김동만의 편지를 전하고 자신의 유학 계획을 설명했다. 백남훈은 편지를 다 읽고 매부의 안부와 근황을 묻고 나서 잠시 상념에 잠긴 뒤 다음과 같이 말을 이었다. "김동만 동지는 참으로 대단하신 분이야. 지체 높은 유학자 집안에서 태어났지만 일제의 침략이 노골화되자 향리에서 학교를 세워 애국계몽의 신교육을 펼치시고 경술국치를 당하자 가산을 정리하고 남만주로 솔가 이주하여 총칼을 들고 일

<그림 5-1>
백남훈과 재일본조선기독교청년회 임원진
오른쪽은 백남훈의 증명사진이고, 아래쪽 사진의 앞줄 왼쪽에서 두 번째가 백남훈 총무이다.

제와 싸우고 계신다. 이곳 도쿄도 만만치 않지만 요시노 사쿠조(吉野作造), 우키타 가즈타미(浮田和民), 오야마 이쿠오(大山郁夫), 야나기 무네요시(柳宗悅)와 같은 양심적인 일본인 민본주의자가 방패막이가 되어줄 때도 있어 저 무도한 일본군을 상대해야 하는 만주 벌판보다 백 배 천 배 안전하지. 언젠가 우리가 일제의 사슬에서 벗어나겠지만 그분에게 진 빚을 잊어서는 안 될 것이야."

광운은 재일본조선기독교청년회 총무로서 도쿄 유학생 2·8 독립선언을 주도하고 국내로 전파하여 사실상 3·1운동의 도화선에 불을 붙인 장본인이 사촌 매부 김동만에 대해 깊은 동지 의식과 존경심, 그리고 부채의식을 가지고 있는 것에 깊은 감명을 받았다. 그의 말대로 2·8 독립선언 이후 일본 정부 내에서는 도쿄에 있는 조선기독교청년회가 각종 음모의 후방 기지이고, 그 중심인물은 상하이 임시정부와 연락을 주고받고 있으니 이를 폐쇄하고 백남훈 총무를 제거해야 한다는 목소리가 높았다. 이에 대해 도쿄제국대학 요시노 사쿠조(1878~1933) 교수는 다음과 같이 재일본조선기독교청년회와 백남훈을 변호했다.

재일본기독교청년회가 독립운동의 진원지라는 것은 틀림없는 사실이나 (…) 지금까지 조선 통치를 애매하게 했다는 증거일 뿐 (…) 음모의 진원지라는 것과는 전혀 별개의 것이다. 만약 청년회가 없다면 저들은 다른 비밀 장소를 필히 물색해 그곳에서 오히려 더 위험한 계획을 할 것이므로 (…) 청년회 존재 자체가 안전판인데 이를 박멸한다던가 폐쇄한다는 것은 실로 천박하고 어리석은 의견이다. 또한 청년회를 폐쇄하지 못하면 지도자를 바꾸라는 의견도 있는데 (…) 이 또한 천박하고 어리석은

생각이다. 지금 청년회 총무로 있는 백남훈 씨는 우리의 친구로서 진실
되고 온후한 신사이다. (…) 청년회가 조선인 청년 학생들에게 울분을 풀
어주는 안전판이라고 한다면 백군과 같은 온후한 인격자가 총무의 지
위에 있다는 것 또한 역시 안전판인 것이다(『吉野作造選集 9. 朝鮮論付中国論
3』, 岩波書店, 1995).

백남훈은 1920년부터 와세다대학이 구제 전문학교에서 구제 대학으
로 바뀜에 따라 조선인이 입학하기가 더 까다로워졌다면서, 며칠 뒤 인천
공립상업학교에서 일본대학(日本大学) 문리학부 2학년에 편입한 것으로
되어 있는 졸업 증명서를 만들어 왔다. 당시 일본대학은 이름과는 달리 전
문학교령(専門学校令)에 의한 구제 전문학교로, 소학교를 졸업하고 진학하
는 4~5년제 구제 중학교나 실업학교와 동등한 수준의 교육기관이었다.
와세다대학과 같은 시기에 대학령(大学令)에 의해 구제 대학으로 바뀌지
만, 이전의 전문학교 교육과정도 전문부(専門部)라는 부속 교육기관으로
남아 주로 대학 재정에 기여하는 역할을 했다. 광운이 상황을 이해하지 못
하고 의아한 표정을 짓자, 백남훈은 자신도 일본어가 전혀 안되는 상태에
서 메이지학원(明治学院) 중학부 2학년에 편입하는 형태로 수학 연도를 확
보하고 와세다대학 정치경제학부 예과(豫科) 1년과 본과인 대학부 3년을
거쳐 1917년 7월에 졸업했다고 했다.
　일제가 조선인 우민화 정책의 일환으로 조선의 학교교육 체계를 단
계별로 분리하여 상급 학교와 연결되지 않게 설계해두었기 때문에 일본
에 유학하려면 여러 모로 융통성을 발휘할 필요가 있었다. 일본 측도 이런
사정을 알고 있었기 때문에, 수학연도만 얼추 맞으면 담당 교수가 직접 지

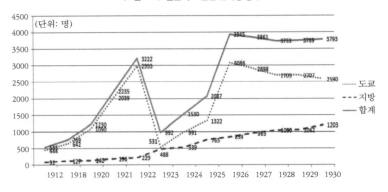

〈그림 5-2〉 일본의 조선인 유학생 총수

원자를 면담하여 수학 능력을 확인한 다음 당락을 결정했다(白南薫, 『나의 一生』, 1968). 광운은 백남훈의 와세다대학 정치경제학부 선배이자 재일본 조선기독교청년회 활동의 지지자였던 오야마 이쿠오(1880~1955) 교수의 소개를 받아 면접시험을 치를 수 있었다. 오야마는 와세다대학 소장파 교수들의 리더로서 학장 선출을 둘러싼 학내 소동을 계기로 모교 개혁 운동을 주도했지만, 뜻을 이루지 못하고 사직했다가 복직을 앞둔 상태였기 때문에 자신이 직접 면접에 임하지는 못하고 다른 교수를 소개해주었다.

조선인 유학생의 가장 큰 문제는 일본어 구사 능력이었는데 광운은 일본어에 능통하고 한문 실력도 출중하여 문제될 것이 없었으며, 사업체를 경영한 경험이 있어 경제 경영 일반에 관한 지식 면에서도 좋은 평가를 얻을 수 있었다. 그러나 와세다대학 정치경제학부 예과의 원서 마감은 8월 30일, 입학시험은 9월 1일이며 입학은 10월 1일부터였기 때문에 일단 청강생으로 적을 두고 가을에 정식으로 예과 과정에 입학하기로 했다. 광

운이 와세다대학 정치경제학부에 지원했을 때 일본의 조선인 유학생 총
수는 1,230명으로 그 가운데 1,090명이 도쿄에 있는 학교에 재적하고 있었
고 와세다대학 모든 과정에는 87명의 조선인이 다니고 있었다. 참고로 백
남훈은 1923년 1월 재일본조선기독교청년회 총무를 그만두고 광운보다
먼저 조국으로 돌아와 진주에 있던 일신(一新)고등보통학교 교장 등을 역
임했다. 그리고 1939년에는 종로구 경운동에 있던 협성실업학교(協成實業
學校) 교장에 취임하여 같은 경성의 하늘 아래서 광운과 함께 민족 공학 교
육의 씨를 뿌리고 싹을 키우는 동지의 길을 걷게 되지만, 무슨 이유인지
두 사람이 서로 연락하고 교유한 흔적은 보이지 않는다.

항일 독립운동

광운은 청강생을 거쳐 1920년 10월 1일에 정식으로 와세다대학 정치
경제학부 예과생이 되었으나 그의 유학 생활은 그리 순탄하지 않았다. 다
른 조선인 유학생들과 마찬가지로 일본인 동기들이 '신일본인(新日本人)'
이라 부르며 다가와도 "결코 우리가 원하는 바가 아니었다"고 받아치고
어울리는 일은 거의 없었다. 대학 수업이나 하숙집에서 먹고 자는 시간을
빼면 대체로 청년회 회관에서 다른 조선인 유학생과 교유하며 적적함을
달래거나 청년회가 주최하는 각종 행사에 참여하여 강연을 듣고 사상 토
론의 삼매경에 빠지는 것이 일상사였다. 그것은 기독교 신자이건 아니건
마찬가지였으며, 오히려 재일본조선기독교청년회 활동에 관여하다가
자연스럽게 기독교 신자가 되는 경우도 많았다. 청년회 회관은 그야말로
도쿄 유학생들이 "우리 회관"이라 부를 정도로 가장 아끼고 사랑하는 보
금자리가 되었다. 이곳에서 언제 다시 2·8독립선언과 같은 항일 독립운

동이 발생한다 해도 하등 이상할 것이 없었다.

2·8독립선언과 3·1운동 이후 일본 관헌의 무차별적인 탄압으로 재일본조선기독교청년회의 활동은 거의 휴무 상태에 빠졌지만, 광운이 도쿄에 입성하는 시기를 전후하여 다시 정상적인 활동이 시작되었다. 일본 정부는 당초 "각종 음모의 후방 기지 역할을 하는 재일본조선기독교청년회를 박멸하고" "상하이 임시정부와 내통하는 중심인물들을 처단하는 강경책으로" 문제를 해결하려 했다. 그러나 이는 조선 유학생들을 더욱 과격한 길로 내몰아 걷잡을 수 없는 사태를 유발할 수 있다는 판단하에 청년회를 조선 유학생들의 울분을 풀어주는 안전판으로 존속시키는 대신에 일상적인 활동에 대한 감시와 탄압을 강화했다. 광운은 꿈에 그리던 도쿄 유학의 꿈을 이루었지만, 때가 때인 만큼 일본 관헌의 집요한 감시와 박해의 눈을 피해 처음부터 숨어 다녀야 하는 처지에 내몰렸다(『회고록』).

일상화된 도쿄 유학생들의 크고 작은 항일 독립운동은 주로 "직접적인 의사 전달과 강한 호소력을 갖는" 청년회 주최 강연회 참석과 거기서 이루어진 토론 및 행동 계획을 중심으로 이루어졌다. 동시에 시간과 공간의 제약을 받는 강연회의 한계를 극복하기 위해 기관지 『현대(現代)』의 발행과 배포를 통해 시간적 공간적 범위를 넘어 널리 청년회의 주장을 전파하는 활동도 이루어졌다. 강연회는 청년회 종교부와 교육부가 기획하거나 기도회와 초청 강연의 형태로 이루어졌고, 기독교 정신에 입각해 청년들의 민족적 사명을 깨우치는 내용이 주류였다. 광운은 청년회 회관 2층의 기숙사에 머무르고 있던 1월 7일에 청년회 종교부 주최 강연회에 참석한 것을 시작으로 2월 3일 청년회 교육부 주최 강연회, 2월 29일 YMCA·YWCA 공동 주최 만국학생기도회 특별 강연회, 3월 14일 종교부 주최 강연회, 4월 24일 뉴욕 YMCA 국제위원회 부총무 브로크만(Fletcher Sims Brockman) 초청 강연회, 10월 23일 교육부 주최 강연회 등 한 달에 1~2회 열리는 대부분의 행사에 참여하고 행동을 같이했다.

이 가운데 가장 인상적이었던 것은 2월 3일 청년회 교육부 주최 강연회 당시 고지영(高志英) 연사의 〈시대사조와 조선 청년〉이라는 강연과 4월 24일 뉴욕 YMCA 국제위원회 부총무 브로크만 초청 강연이었다. 와세다 대학 재학생으로 조선 유학생 학우회 평의원이던 고지영은 "제1차 세계 대전의 영향을 받은 사상계는 여러 면에서 변화를 초래했는데, 우리 조선 민족은 이러한 대세에 순응할 수 있는 것인지에 대해 우려하지 않을 수 없다.(…) 영구한 평화를 지켜 나가려고 한다면 먼저 혁명을 일으켜야 한다. 조선의 지세, 기후, 물산 등으로 보건대 우리는 세계 각국에 비해 하등 뒤질 것이 없을 뿐만 아니라 오히려 우월한 것이다. 따라서 우리는 결코 자포자기할 것이 아니라 더욱 노력하여 세계를 위해 일해야 할 것이다"라고 역설했다.

4월 24일 초청 강연회의 연사로 나선 뉴욕 YMCA 국제위원회 부총무 F. S. 브로크만은 황성기독교청년회의 창설에 관여하고 회관 건축비 모금운동까지 벌였던 세계적인 YMCA 지도자였다. 그는 1905년에 내한하여 14년간 조선에 머물면서 황성기독교청년회 협동 간사, 학생 YMCA 조직화, YMCA연합회의 설립 및 총무 역임 등 초창기 조선 YMCA의 창설과 정착에 큰 족적을 남긴 F. M. 브로크만(Frank M. Brockman)의 친형이기도 했다. 그는 강연에서 "파리강화회의에 갔을 때 받은 강한 인상은 각국의 국민들이 새로운 시대를(…) 환영하는 광경이었다", "나는(…) 많은 사람들이 빈곤 속에 허덕이고 있기 때문에 적어도 정치적 자유를 얻는 동시에 경제적 자유를 얻어야 한다고 생각한다", 그리고 "정치적 혹은 경제적으로 노예가 아닐 뿐만 아니라 인격적 곧 자아의 노예가 되어서는 안 되므로" "인격적 자유라는 제3의 자유를 요구하게 된다"고 말했다. 그리고 감리교회 창설자 "요한 웨슬레(John Wesley)는 이 세상에 아무것도 두려워하지 않고 오로지 하느님만 두려워하는 사람 100명만 있으면 온 세상을 이기고 지배할 수 있다고 했다. 여기에 앉으신 여러분의 수는 100명의 여러 배가 넘으니 (…) 세상을 위하여 위대한 사업을 하시는 제군이 되기를 바랍니다"라고 마무리했다(柳東植, 『在日本韓國基督教靑年會史 1906~1990』, 在日本韓國基督教靑年會, 1990).

재일본조선기독교청년회의 강연회는 단순한 강연회로만 끝나는 것이 아니라 치열한 사상 토의와 실천 행동으로 이어지는 경우가 허다했기 때문에, 일본 경찰은 조선 유학생에 대한 감시와 탄압 체제를 강화하여 개별 유학생의 일거수일투족을 주시하고 있었다. 그래도 청년회의 강연회는 종교 행사의 일환으로 이루어졌기 때문에, 그 배후에 있는 구미 기독교 세력을 의식하여 노골적인 탄압을 자제하지 않을 수 없었다. 그러나 청년회의 기관지는 "1920년 1월 26일 『현대』로 이름을 바꾸고 나서 종교적 색채를 벗어나 과격한 배일 기사를 게재하기 시작하여 (…) 치안을 해한다는 이유로 발매와 배포의 금지처분"(內務省警保局保安課, 『朝鮮人槪況 (第三)』, 大正九年)을 내리는 등 탄압을 강화했다.

광운이 와세다대학 정치경제학부 예과에 진학하여 8개월 정도 지난 1921년 5월 어느 날, 히비야공원(日比谷公園)에서 열린 강연회에 참석하고 일본 제국주의의 야욕을 비판하는 사상 토론을 벌인 뒤 여느 때처럼 친구들과 어울려 오후에 청년회 회관으로 돌아오니 큰 사달이 나 있었다. 1층 식당에서 일하는 일본인 영감이 "학생들, 빨리 피하시오 형사들이 오전에 찾아와서 이곳을 출입하는 조선인 유학생 명단을 조사해 가고 몇 사람을 치안위반 혐의로 체포해 갔소. 혹시 아직 붙들리지 않은 학생을 또 체포하러 올지 모르니 일단 몸을 피하는 것이 좋을 듯하오. 지금 하숙집 앞에도 형사들이 잠복하고 있을지 모르니 거기로 가는 것도 위험하오"라고 하면서 도망갈 것을 재촉했다.

순간 올 것이 왔다는 생각이 들어 책이며 짐을 챙길 겨를도 없이 다들 각자도생의 길을 찾아 흩어지고 말았다. 조선 청년으로서, 그리고 기독교 신자는 아니지만 양심에 비추어 당연한 것을 말했을 뿐 아무런 잘못을 저지른 것이 없는데 일본 경찰에 붙들려 가서 고초를 당하기는 죽기보다 싫었다. "조국의 미래를 위해 내 자신의 희생을 아끼지 않고 노력해보겠다는 신념은 오히려 그때 내 마음에 더욱 크게 작용하였다"(『회고록』)는 심경이었다. 그러나 넓은 이국의 땅에 도망갈 곳도 숨을 곳도 없었다. 문득 당시 5,600만 일본인 가운데 유일하게 광운의 모든 것을 이해하고 따뜻하게 감싸줄 것 같은 한 사람이 떠올랐다. 인천 잡화점 점원 시절의 옛 주인이자 사업의 조언자요 인생의 선배였던 다케나카 지로(竹中治郎)가 그 사람이었다. 광운은 그가 있는 오사카로 가기 위해 무작정 도쿄역을 향해 뛰었다. 이렇게 광운의 유학 생활은 와세다대학 정치경제학부 예과 수료 및 본과 대학부 입학을 불과 몇 개월 앞두고 허망하게 끝나고 말았다.

오사카 기타하마의 경험

그때 광운의 수중에 남은 돈은 70전이 전부였다. 오사카까지 가는 국철(國鐵) 3등석 운임은 6엔 13전으로, 2년 전 도쿄로 올 때보다 1엔 55전이나 올랐다. 일단 도쿄역 역장실로 찾아가 신분을 밝히고 오사카까지 가는 열차의 승차를 허용해달라고 부탁했지만, 역장은 자신의 재량 밖의 일이라며 거절했다. 혹시 모르니 가진 돈만큼의 승차권을 사서 기차를 탄 후에 해당 열차의 차장(車掌)에게 사정해보는 것은 어떻겠냐는 방법을 제시했다. 달리 선택의 여지가 없었으므로 '최저 운임' 5전을 내고 최소 구간의 열차표를 사서 타고 가다가 차장이 차내를 돌아다니며 승차권을 검사할 때 딱한 사정을 이야기해보기로 했다. 다행이라고나 할까, 그날따라 차장의 승차표 검사가 없었고 12시간 가까이 달려 오사카역에 도착했을 때는 1구간의 최저 운임으로 거기까지 온 것이 뻔뻔스럽게 느껴져 개찰구로 나가지 못하고 다른 승객들이 다 내릴 때까지 기다렸다가 수화물 취급소의 좁은 문을 통해 도망치듯 오사카역을 빠져나왔다. 처음 상하이에서 기선을 타고 일본에 도착했던 1920년 새해에 사흘간 묵고 여관비도 외상으로 달아두고 짐까지 맡겨두고 왔던 오사카 구죠신도(九条新道)의 여관을 다시 찾아가 여장을 풀었다. 여관의 '오카미상'은 광운을 알아보고 그동안 어떻게 지냈냐고 반갑게 물으며 소중히 보관해둔 짐을 돌려주었다. 광운을 "집요하게 감시하고 추적하는 아귀 같은 일본 형사"와 "마음속에서 우러난 인간적인 배려와 따뜻한 동정심을 보여준 오카미상"의 어느 쪽이 일본의 진짜 모습인지 혼란스러웠다.

다음 날 다케나카 지로의 소재를 수소문하기 위해 지역 주민들에게 '기타하마'로 통하는 오사카 쥬오구(中央区) 기타하마(北浜) 1번지의 오사카 주식거래소(大阪株式取引所, 1943년 전국 11개 주식거래소를 통합한 일본 증권거래소 출범에 따라 그 지소로 바뀜)를 찾아갔다. 광운은 오사카 주식거래소를 방문했을 때의 인상을 "일본의 경제 중심지인 오사카의 금융가에 걸맞은 위풍당당한 일등 건물"이었다고 회고했다. 다케나카는 인천에서 오사카로 건너와 자신의 전문 분야인 증권시장, 특히 장외 현물시장(場外現物市場)에서 증권 매매 및 교환 사업을 벌여 상당한 재력과 명성을 쌓은 사업가였기 때문에, 그를 찾는 데 그렇게 많은 시간이 걸리지는 않았다. 그는 광운을 보고 반색하며 "어떻게 이곳까지 왔는가? 지금 어느 곳에 유숙하고 있는가? 지금까지 어디서 무얼 했는가?" 등등 질문을 이어갔다. 광운은 인천 미두거래소에서 모든 자산을 잃은 일이며, 와세다대학 정치경제학부 청강생 및 예과에 유학하여 도쿄에서 겪었던 일이며, 흉금을 터놓고 죄다 이야기했다. 나아가 그동안 방랑자로 동북아 지역을 떠돌면서 교육이 미래를 담보하는 가장 중요한 투자라는 것을 깨닫게 되었고, 그 재원을 마련하기 위해 새로운 사업에 도전해보고 싶다는 포부까지 밝혔다.

가만히 듣고 있던 다케나카는 자기가 알고 있는 광운은 학문보다 사업 수완이 훨씬 뛰어난 것 같다며, 자기를 도와 기타하마에서 일해보는 것은 어떠냐고 제안했다. 앞으로는 주식회사가 '자본주의의 꽃'으로 활짝 필 것이므로 새로운 사업을 벌이기 위해서는 무엇보다 증권시장을 제대로 이해하는 것이 중요하다고 했다.

그는 개항장 인천에서 잡화상 도이키시치상점을 경영했던 장인 밑에서 혹독한 경영 수업을 받은 사업가였다. 또한 광운이 잡화상 점원으로 있을 때나 점원을 그만두고 면포상 사업을 벌일 때도 조언과 격려를 아끼지 않은 사업의 스승이요 인생의 선배였다. 누구보다 광운의 능력과 장점을 잘 알고 있었고, 쫓기는 몸으로 달리 선택의 여지가 없었기 때문에 그의 제안을 허투루 들을 수 없었다. 비록 인천 미두거래소에서 면포상으로 벌어들인 재산을 거의 다 날려버리면서 비싼 수업료를 지불하기는 했지만, 선물거래의 대상이 미곡에서 주식으로 바뀌었을 뿐 사업적인 원리는 같다고 생각했던 만큼, 어느 정도 자신감을 가지고 주식 매매 및 교환 사업의 견습생을 시작할 수 있었다.

20세기 들어 일본에서는 혈족 또는 동족이 출자한 지주회사(持株會社)가 중핵이 되어 다양한 산업 분야의 자회사(子會社)를 지배하는 형태로 과점적이고 다각적인 사업을 경영하는 새로운 기업 집단이 등장했다. 당시 매스컴에서는 냉소적인 뉘앙스를 담아 이를 '재벌(財閥)'이라고 불렀다. 고노이케(鴻池), 스미토모(住友), 미츠이(三井)와 같이 봉건시대의 상업자본이 산업자본으로 바뀐 경우도 있었고, 미츠비시(三菱), 시부사와(澁澤), 야스다(安田), 아사노(浅野), 오쿠라(大倉), 후루카와(古河), 가와사키(川崎), 후지타(藤田) 등과 같이 메이지유신 이후 정상(政商)으로 정권의 뒷배로 성장한 경우도 있었다. 이들 대규모 기업 집단은 주식회사의 형태로 막대한 설비투자와 운전자금을 자체적으로 은행을 설립하여 조달하기도 했으나 그 비율은 얼마 되지 않았고, 70% 정도의 자금을 주식과 사채를 통해 증권시장에서 조달했다. 아시아태평양전쟁 이전 일본 기업은 경영 재원을 주식이나 사채 발행을 통해 자본시장에서 조달하는 직접금융에 의존하고 있었다. 이는 패전 후 오랫동안 주거래은행으로부터 융자를 받는 타인자본 경영의 간접금융과는 다른 방식이었다. 당시 오사카에는 도쿄와 더불어 전국 거래의 90% 이상이 집중되어 일본의 증권 산업을 이끌고 있었고, 지금보다 그 기능이 훨씬 더 활성화되어 산업과 기업에 자금을 공급하는 역할을 담당하고 있었다(塩川藤吉 編, 『大株五十年史』, 大阪株式取引所, 1928).

증권시장은 자본을 주식, 사채와 같은 균일한 소단위 증권으로 분할하여 발행하는 1차 시장(primary market)과 그것을 투자자들에게 다양한 방법으로 매각하여 거액의 자본을 조달하는 2차 시장(secondary market)으로 이루어져 있다. 개별 주식회사는 시장에서 매각되는 발행주식을 사들일 필요 없이 조달한 자금을 자기 자본으로 장기에 걸쳐 사용할 수 있고, 출자자는 자신이 보유한 주식을 시장에서 매각하여 언제든 투자 자금을 회수할 수 있었기 때문에, 널리 사회 일반으로부터 자금을 끌어모아 대규모 자본 집중을 가능하게 했다. 주가는 회사의 영업 상태나 경기 변동 등에 따라 매일 변동하고, 구입 시점과 매각 시점의 시세 차익이 발생하기 때문에, 일반 개인 투자자는 일상적으로 회사의 경영 활동보다 주식의 시세 차익에서 이익을 얻는 것이 주된 관심이었다.

당시 1차 시장인 오사카 주식거래소는 그 전신인 도지마 미곡거래소(堂島米会所)의 청산거래(清算取引, 지금의 선물거래) 방식을 답습하여 주로 대규모 기업 집단의 주식을 대상으로 사실상 공인된 투기시장으로 기능하고 있었다. 앞에서 인천 미두거래소가 도지마 미곡거래소와 연동되어 미두 청산거래로 투기 광풍에 휩쓸리고 광운도 여기에서 벗어날 수 없었음을 언급한 바 있다. 데자뷔라고나 할까, 그는 바로 청산거래의 본산인 오사카 주식거래소에서—거래 품목은 쌀에서 주식으로 바뀌었지만—다시 같은 방식의 투기를 목격한 것이다. 대신에 산업혁명을 맞아 우후죽순처럼 등장한 신흥 기업이나 새로운 산업체는 대부분 주식이나 사채를 발행하여 이를 주식거래소 바깥의 민간인 현물상의 매매 거래에 맡겨 필요한 자본을 조달했다. 투자 자금의 조달은 주로 주식의 이동을 수반하는 현물거래 방식으로 비공식적이고 때로는 투기의 아수라장이 된 증권거래소로부터 위법으로 지탄받았던 장외시장이 맡았다. 말하자면 당시 일본의 자본시장은 "투기장"인 1차 시장의 가격 형성 및 리스크 헷지의 기능과 "투자장"인 2차 시장의 유통 기능이 수레의 양 바퀴처럼 맞물려 돌아가면서 널리 사회적 자본을 동원하는 본연의 역할을 수행했던 것이다(野田正穂, 『日本証券市場成立史』, 有斐閣, 1980).

마츠시타 고노스케와의 만남

광운은 1921년 6월 무렵부터 1년 가까이 가타하마에서 다케나카 지로가 경영하는 장외 현물거래 사업체의 견습생을 거쳐 외무원으로 신흥 지역 기업에 경제 관련 정보를 제공해주고 주식이나 사채 등 증권의 매매와 교환을 처리하거나 대리하는 업무에 종사했다. 또한 「회고록」에는 개인적으로 오사카 주식거래소에서 거래되는 주식의 시세 차액을 노리고 유망한 주식을 사고파는 일에도 몰두했음을 시사하는 대목이 나온다. 다시 일확천금의 꿈을 꾸고 오사카 주식거래소에 몰려든 무리들 가운데 섰던 것으로 보인다.

광운의 하루 일과는 대부분 자신의 영업 구역에 있는 신흥 기업이나 새로운 산업체를 방문하여 개별 회사의 경영 사정과 자본 조달에 관한 정보를 수집하고 도움을 주는 것이었다. 광운은 수많은 기업을 방문했는데, 거기서 평생 서로 돕고 의지하는 사업의 협력가요 인생의 조언자이자 믿음의 친구 한 사람을 만나게 되었다.

그 주인공은 기타하마에서 3~4km 정도 떨어진 요도가와(淀川) 강변의 공업지대 일각(오사카 고노하나구此花区 오히라키쵸大開町 1가, 지금은 구명區名만 후쿠시마구福島区로 바뀜)에 종업원 20여 명을 데리고 자기 이름을 붙인 조그만 신흥 기업 마츠시타전기기구제작소(電気器具製作所)를 창업한 사람이었다. 그의 이름은 마츠시타 고노스케(松下幸之助), 1894년 11월 27일 일본 와카야마시(和歌山市)의 중심부로부터 동쪽으로 7~8km 떨어진 가이

소군(海草郡) 사와무라(佐和村) 아자센단노키(字千旦ノ木, 지금의 와카야마시和歌山市 네기禰宜 1208번지)에서 출생했으므로 나이는 광운보다 5살 위였다.

처음에 그는 75엔 20전의 보잘것없는 자본금으로 오사카 셋집의 주거 공간 옆에 3평짜리 작업장을 마련하여 부인과 처남, 두 사람의 동업자와 함께 자신이 개량 설계한 '어태치먼트 플러그'라는 쌍소켓을 제조 판매하는 사업을 시작했다. 그러나 도쿄의 경쟁 회사가 감당할 수 없을 정도로 가격을 내려 견제하는 통에, 시작하자마자 파산 직전까지 내몰렸고, 두 사람의 동업자도 그의 곁을 떠났다. 바로 그때 판촉을 위해 드나들던 도매상을 통해 가와키타전기(川北電気)라는 곳에서 전기 소켓이 아닌 선풍기 애반(碍盤, 선풍기를 지지하는 절연체 받침대 부품) 1,000개의 대량 주문이 들어와 기사회생할 수 있었고 이듬해에는 뒤에 광운의 영업 구역이 되는 곳으로 이전하게 되었다(松下幸之助, 『私の行き方 考え方—わが半生の記録』, PHP文庫, 1986). 1918년 3월 7일의 일이었다. 3년 뒤 광운이 마츠시타전기기구제작소를 처음 방문했을 무렵에는 선풍기 애반의 하청 생산으로 회사 경영도 어느 정도 안정된 상태였고, 다른 부문에서 얻은 수익으로 새로운 형태의 전기 기구 개발 및 제작에 몰두하고 있었다.

광운이 업무차 고노스케의 작업장에 드나들면서 두 사람은 외롭고 고달픈 삶과 처지가 비슷한 데다 꿈꾸는 미래도 서로 통하는 부분이 많음을 알게 되었다. 두 사람은 단순한 사무적인 관계를 넘어 점차 흉금을 터놓고 자신의 일을 상의하는 인간적인 관계로 발전했다. 광운은 별로 밝히고 싶지 않은 자신의 과거, 말하자면 보통학교 졸업을 몇 달 앞두고 어린 나이에 생활 전선에 뛰어들어 잡화상 점원, 법률사무소 사무 보조를 전전한 일이며, 거기서 번 돈을 밑천으로 면포상 사업을 시작해 큰 성공을 거두었으나 인천 미두거래소에서 전부 날린 일 등을 숨김없이 털어놓았다. 고노스케 역시 광운의 이야기에 응답이라도 하듯이 자신의 개인사를 고백했다.

그는 집안 소유의 논밭만 따라 걸어도 이웃마을에 다다를 정도의 부유한 명문가에서 8남매 가운데 막내로 태어났지만, 만 4세 때 집안이 풍비박산 나고 말았다고 했다. 농사일은 소작인에게 맡기고 마을 정치(村政) 등에 관여하던 아버지 마사쿠스(政楠)가 미곡 선물거래에 손을 댔다가 조상 대대로 내려온 토지는 물론 집까지 날리고 무일푼으로 고향을 등지게 되었던 것이다. 1904년 9월 고노스케는 가족의 부양을 위해 소학교 4학년을 중퇴하고 오사카로 가서 주변의 고급 요정에 나무틀로 된 화로를 공급하는 미야타(宮田) 화로점의 점원으로 들어갔다. 10살 소년에게 주어진 일은 아침 일찍 가게 청소부터 시작해서 아이를 보면서 화로를 닦는 가혹한 것이었다. 고급 화로의 경우 먼저 사포로 나무틀을 닦은 다음 자잘한 돌기가 나 있는 양치식물 속새로 마무리를 하는데, 하루 종일 걸려 하나를 완성하면 손이 까지고 부어올라 다음 날 아침에 걸레질할 때 물을 만지면 쓰라려 견딜 수 없었다.

그나마 3개월 만에 가게가 문을 닫자 다음에는 자전거 가게 점원으로 일자리를 옮겨 5년 가까이 청소, 진열 상품 손질, 자전거 수리, 손님의 잔심부름에 내몰렸다. 고되기는 그곳도 마찬가지였고 곤궁한 생활은 전혀 개선되지 않았다. 그 사이에 일곱이나 되는 형제들과 아버지는 차례로 유행성 독감과 결핵 등으로 쓰러져 연달아 사망했다. 특히 아버지 타계 이후 삶의 마지막 버팀목이었던 어머니마저 개가하여 그의 곁을 떠남으로써, 고노스케는 "집안에 감도는 죽음의 망령과 고독과 싸우는" 천애고아가

되고 말았다(岩瀨達哉,『血族の王—松下幸之助とナショナルの世紀』, 新潮文庫, 2017).
고노스케가 식민지에서 건너온 외로운 청년에게 마음의 문을 열고 살갑
게 대했던 것은 이러한 사정과도 깊은 관련이 있었던 것으로 보인다.

항상 함께 걷는 '동행이인'

지면 관계상 일일이 열거할 수 없지만, 두 사람은 그 밖에도 서로 공유
하고 공감하는 부분이 적지 않았다. 광운과 고노스케는 각각 야간으로 운
영되는 인천공립상업학교 병설 간이상업학교 1년 과정과 간사이(關西)상
공업학교 야간부 예과 1년 과정을 수료하는 등, 제대로 된 실업교육을 받
지 못했다. 그러나 '아마추어 발명가'라고 할 정도로 타고난 직관력과 집
중력을 발휘하여 생활 현장에서 영감을 얻어 기존 제품의 제작이나 조립
방식을 개량하거나 디자인을 개선하여 새로운 시장을 만들어내는 프로
세스 이노베이션(process innovation)을 추구하였다.

고노스케는 자전거 가게 점원으로 있던 15세 때 우연히 전철을 탔다
가 그 속도에 깜짝 놀라 앞으로 편리한 전차에 밀려 자전거의 수요는 줄어
들고 전기의 시대가 올 것이라고 판단하고 오사카전등회사(大阪電灯会社)
직공으로 자리를 옮긴다. 거기서 7년 가까이 근무한 다음 자신의 회사를
창업하여 기존의 제품을 개량한 쌍소켓, 포탄형 자전거 램프 등의 인기 상
품을 시장에 내놓았다.

광운도 프로세스 이노베이션을 추구한 사람으로 둘째 가라면 서러운
인물이었음을 증언하는 이들이 많다. 그는 15세 때 일본인 잡화점의 점원
으로 들어갔을 때 박래품 가운데 유달리 갓 달린 남포의 환한 불빛에 호
기심을 느끼고 10년 후 일본에서 돌아와 경성부 봉래정(蓬萊町)에 광운상

회를 개점하여 석유남포에서 전등으로 조명 기구의 세대교체라는 등화혁명(燈火革命)의 중심에 서게 되었다. 그는 이미 해외 방랑 중에 "앞으로 라디오 시대가 올 것이라고 미래를 내다보고 스스로 그 기초 이론인 무선통신기술을 배웠다." "무엇보다 그는 성실하고 손재주가 탁월"한 "특출한 머리를 가진 사람으로" "각종 수신기의 부품을 들여와 완제품으로 조립하여 판매하거나 다른 제작자들에게 부품을 공급하였으며 고장 난 수신기를 수리해주는 방송국의 지정 상담소 역할도 하였다." 광운은 일본전기학교를 나온 동갑내기 이운선과 함께 당대 조선의 무선통신 사업을 이끌어가는 쌍두마차였다(이장춘, 『춘하추동 방송단상』, 블로그북, 2013; 이장춘, 〈최초의 라디오 보급과 생산, 노창성, 이운선, 조광운(광운대학교 설립자)〉, http://blog.daum.net/jc21th/17781564, 2019년 4월 22일 검색).

그러나 뭐니 뭐니 해도 두 사람이 의기투합한 것은 '사람에게서 배우고 사람을 신뢰하고 사람을 기르는 것'에 대한 확신이었다. 이러한 인생관과 인간관은 유소년 및 청년 시기의 혹독한 가정환경과 생활 체험을 남의 탓으로 돌리거나 자신의 처지를 비관하는 방향으로 받아들이지 않고, 넘어야 할 시련에 정공법으로 대처해온 과정에서 형성된 것이었다. 그들이 만들어낸 제품이나 서비스는 비록 체계적으로 교육 받은 과학적인 지식에 입각한 혁신적인 것은 아니었지만, 일상의 사소한 발견이나 불편함을 반영한 신제품을 개발하거나 기존 제품 및 서비스의 개선·개량을 거듭하면서 성공적으로 시장을 확보할 수 있었다. 고노스케는 이를 인간 경영으로 발전시켜 세계 유수의 기업으로 키워 나갔고, 광운은 인간을 육성하고 인재를 양성하는 교육기관으로 키워 나감으로써 서로 다른 길을 걸었을 뿐이다.

참고로 고노스케가 세상을 떠난 지 11년이 지난 2000년 6월 마츠시타 전기산업주식회사(松下電器産業株式會社) 사장에 취임한 나카무라 쿠니오(中村邦夫)는 "파괴와 창조"를 슬로건으로 "성역 없는 구조 개혁"의 대역을 맡게 되었다. 삼성전자, LG전자 등 한국 기업의 약진에 '전자입국(電子立國)'의 대명사였던 일본 6대 전자 기업의 총수익이 삼성전자 1개사의 2분의 1밖에 되지 않는 상황에 내몰리고, 마츠시타전기산업주식회사도 영업 손실 2,000억 엔 이상을 기록하는 등 창사 이래 최대의 위기에 직면했기 때문이었다. 나카무라는 2008년 고노스케가 평생에 걸쳐 심혈을 기울여 정비해놓은 조직을 단칼에 날려버리고 회사 이름에서도 마츠시타라는 창업자의 이름을 내리고 간판을 파나소닉주식회사로 바꾸어 달았다. 세상 사람들은 그를 "경영의 신 마츠시타 고노스케와 결별하고" "그의 경영 이념을 파괴한 인물"로 평가했다. 그러나 그는 동맥경화를 앓고 있는 "무겁고 느린 조직"을 "가볍고 빠른 조직"으로 바꿔놓았을 뿐이며 "오히려 마츠시타 고노스케라는 창업자가 있었고 (…) 그의 경영 이념이 살아 숨쉬고 있었기 때문에 (…) 여기까지 올 수 있었다"고 항변했다. 매번 고독한 결단의 순간마다 "창업자였다면 어떻게 했을까"를 생각했으며, "동행이인(同行二人)", 즉 "순례자에게 항상 신이 함께 있는 것처럼" "혼자가 아니라 항상 창업자 고노스케와 함께 있었다"고 했다(北康利, 『同行二人—松下幸之助と歩む旅』, PHP研究所, 2008). 이윤 추구를 목적으로 하는 기업이 이러할진대, 인간 육성과 인재 양성의 이상주의적 가치를 내세운 광운학원의 경우, 과거에도 현재에도 그 최고 경영자와 산하 학원의 관리자들에게 설립자는 그들과 "항상 함께 걷는 동행이인"이었는지, "이인삼각(二人三脚)의 길을 걸어왔는지"되묻게 하는 대목이다.

신사이바시의 각오

오사카 기타하마에서 증권 관련 업무에 종사한 지 1년 정도 지난 1922년 4~5월 무렵부터 광운은 부쩍 고국의 연로한 아버지와 병약한 어머니를 걱정하게 되었다. 언제까지 타국을 전전할 수만도 없는 노릇이지만, 고국에 돌아간다고 해도 딱히 할 만한 일이 있는 것도 아니고 모아둔 돈도 얼마 되지 않아 난감했다. 그래서 일본 경제의 중심지인 오사카에서 고국에 돌아가 할 만한 유망한 사업이 무엇인지 찾아내고, 여비를 포함해 새로운 사업을 시작하기 위한 밑천이라도 마련해야겠다고 생각했다. 세상 물정을 몰랐던 인천 미두거래소 시절과 달리, 오사카 주식거래소를 드나들면서 나름대로 주가의 변동을 읽고 매입과 매각 시기를 결정하여 시세 차액을 남기는 방법을 터득했다고 생각했던 만큼, 이번에는 자신감을 가지고 장외시장의 주식 현물매매 자금을 유용하여 주식 투자에 나섰다.

앞서 언급한 대로 지금은 일본 증권거래소에서 개별 주식에 대한 선물거래가 법적으로 금지되어 있지만 당시는 오히려 그것이 주류였고 공인된 증권시장은 투기장으로 기능하고 있었다. 여기에 때는 바야흐로 제1차 세계대전에 의한 경기과열로 1920년 전후까지 주식·토지·상품(면사·면포·생사·미곡 등)의 투기 붐으로 일본 열도가 들썩이고 인플레이션이 만연하다가 급전직하 반동(反動) 공황의 수렁에 빠져든 시기이기도 했다. 주가가 절반 내지 3분의 1 수준으로 하락함에 따라 중소기업, 지방은행, 영세 은행, 개인 투자가들은 하나같이 큰 손실을 입고 경영 위기나 파산 상태에 빠졌다. 광운도 예외가 아니었다. 반면에 증권시장에 거액의 자금을 투자한 재벌계 은행이나 금융회사, 거대 기업 집단은 주가의 등락에 관계없이 작전 세력을 동원하여 시세를 통제하며 큰 이익을 남겼다. 재벌계 은행과 거대 기업 집단으로 경제력이 한층 더 집중되는 경제의 독과점 현상이 두드러졌다. 장외시장의 투자 자금을 주식거래소의 투기 자금으로 유용한 것은 다케나카의 본업에 커다란 손실을 끼쳤을 뿐만 아니라 자신에 대한 신뢰를 저버리는 결과를 초래했다. 신용을 가장 소중한 재산이라 생각해온 광운은 더 이상 다케나카에게 도움을 요청할 수 없다고 판단하고 그의 곁을 떠나기로 했다.

와세다대학 유학도 일본 형사에게 쫓겨 다니다 흐지부지되었는데, 오사카 기타하마의 증권회사 외무 사원도 투기 붐에 휘말려 믿고 따르던 사람에게 커다란 실망과 손해를 끼치고 그만두게 되면서 광운은 또다시 좌절과 방황의 긴 터널에 들어섰다. 학문의 의지도 꺾이고 사업의 기대도 좌절되어 자포자기 상태에 빠진 채 며칠이고 오사카 거리를 헤매고 다녔다. 잠시 잊고 살았던 피지배 민족의 비애와 가난이 가져다준 무리한 사업 시도에 대한 회한이 가슴에 사무쳤다. 「회고록」에는 그때의 참담한 심경이 "오사카 신사이바시(心斎橋)를 향하는 나의 발길은 별빛만이 초롱초롱했던 그때에 더욱 무거워졌다"는 시적인 표현으로 묘사되고 있다.

그러나 광운이 절망의 수렁에서 오사카 신사이바시의 밤거리를 헤매고 있을 때, 번화가의 일상적인 모습인 "질주하는 자동차"와 "가로등 불빛"은 유난히 새로운 의미로 다가왔다. "어두운 길거리를 환히 비추는 가로등의 불빛 아래 운전사는 모자를 쓰고 빨간 넥타이를 한 채 유유히 차를 몰고 있었으며 그 뒷좌석에는 예쁜 게이샤와 한 멋쟁이가 담소를 나누고 있었다." 광운은 거기서 앞으로 온 세상이 자동차로 뒤덮이는 "모터리제이션(motorization)의 시대"가 올 것을 내다보고, 자동차와 운전 기술을 배우는 것으로 다시 시작해보기로 했다. 아울러 "전기의 시대"를 맞이하여 고국에 돌아가 등화혁명(燈火革命)을 일으켜 온 나라를 환히 밝히는 사업을 해 보고 싶다는 생각도 들었다.

광운은 일단 자동차 운전을 배우기 위해 3개월 동안 낮에는 공장에서 일하고 밤에는 자는 시간까지 줄여가며 자동차 관련 서적을 탐독했다. 당시 일본은 자동차의 자체 생산 능력이 없어 부품을 수입하여 조립하는 형편이었고 운전사 직업의 인기가 굉장했기 때문에, 운전면허를 취득하면 경제적으로 안정된 생활을 누릴 수 있었다. 운전면허를 취득한 후 5개월 정도, 광운은 고국에 편지 보낼 시간조차 없을 정도로 바쁘게 일하고 저축하여 여비는 물론 상당한 사업 밑천도 마련할 수 있었다. 고국의 사정은 자세히 알 수 없었지만, 일단 운수 사업을 해볼 요량으로 자동차 부속품과 정비 도구를 틈틈이 구입해두었다. 앞으로 무슨 사업을 하든 다시는 허황된 꿈을 꾸지 않고 자신이 감당할 수 있는 범위에서 하나씩 차근차근 쌓아 올리겠다고 다짐했다.

제6장
조선무선강습소와 조선무선공학원
— 한국 근대대학의 기원 제3의 길

관부연락선 뱃전의 맹세

　1923년 2월 중순 광운은 만주, 상하이, 도쿄, 오사카 등 동북 아시아 지역을 전전한 3년여의 방랑 생활을 끝내고 귀로에 올랐다. 오사카역에서 기차를 타고 시모노세키(下関)까지 가서 한반도와 일본 열도의 철도 연락선인 게이후쿠마루(京福丸)에 몸을 실었다. 조선 병탄 당시 14만 8천 명이었던 관부(関釜)연락선의 이용객은 한반도 경영과 중국 동북 3성 침략의 본격화로 늘어나기 시작하여 1922년에 56만 명을 넘어섰고, 일본 철도성은 게이후쿠마루(1922. 5. 18 취항)를 시작으로 도쿠쥬(德壽)마루(1922. 11. 12 취항), 쇼케이(昌慶)마루(1923. 3. 12 취항) 등 조선 궁궐의 이름을 붙인 3,620톤급 신예 객선을 차례로 투입했다(日本国有鉄道広島鉄道管理局 編, 『関釜連絡船史』, 日本国有鉄道広島鉄道管理局, 1979). 삼각 파도가 치는 쓰시마해협-대한해협의 240km 험한 바닷길을 20노트로 8시간 정도 항해하여 저녁 무렵에 부산항에 도착했다. 광운은 관부연락선 뱃전에서 노부모가 있는 조국의 하늘을 올려다보며 다음과 같이 마음을 다잡았다.

낭만적인 열정과 실의의 수렁을 오고가며 일본에서 겪었던 갖가지 일들을 추억으로 남겨놓고 현해탄을 건너올 때 (…) 다시 희망에 부푼 가슴을 가질 수 있었다. 이는 아마도 나의 잔뼈가 굵어졌고 노부모님들이 계신 조국의 하늘을 뱃전에서 오래간만에 처다볼 때 그 무엇인가 내 가슴속에 뭉클거리는 기분을 빼앗아갈 수 없었기 때문이리라(「회고록」).

거기서 다시 경부선, 경인선을 연달아 갈아타고 12시간 정도 걸려 3년여 전에 도망치듯 떠났던 인천 축현역에 한층 단단해진 마음으로 돌아왔다. 고향 주변의 경관은 멀리 만석동과 신화수리 해안 일원에 못보던 공장이 한두 개 들어선 것을 제외하면 크게 변한 것 같지 않았고, 화도의 쌍우물마을 근처는 의구했다. 그러나 오랜만에 보는 아버지는 연세에 비해 많이 늙은 모습이었고 어머니는 해소병이 악화되어 초췌한 기색이라 마음이 아팠다.

광운은 며칠간 화도에 머물면서 틈나는 대로 경성(京城)으로 올라가 며칠이고 시내를 돌아다니며 어디에서 무슨 사업을 할지 구상했다. 일제는 조선 병탄 이후 "조선왕조의 왕도(王都)", 그리고 "대한제국의 황도(皇都)"였던 한성을 경기도 도청소재지 경성으로 격하하고 식민 도시로 개편하는 작업에 착수했다. 공식적으로 1910년대부터 1930년대 초에 걸쳐 조선 건국 이래 형성된 한양 도성의 공간 구조를 해체하고 식민지 지배의 효율성을 기하기 위해 경성 도심부의 간선도로망을 동서남북 격자형 내지 방사상으로 정비하는 전체 29개 노선의 경성시구 개수(京城市區改修) 사업이었다(염복규, 『서울의 기원 경성의 탄생』, 이데아, 2016). 광운은 경성의 현관인 경성역과 도심을 연결하는 남대문 구간을 거쳐 조선왕조의 상징적 중심이자 총독부 청사가 들어설 황토현(黃土峴)광장(지금의 광화문 네거리)에 이르는 태평통(太平通) 구간을 집중적으로 관찰했다. 그리고 남대문으로 돌아와 이번에는 일본 영사관, 일본인 거류민단, 상업회의소, 조선은행(1907년 11월 제일은행 경성지점, 1912년 1월 조선은행 사옥, 현 한국은행 화폐박물관), 경성우편국(현 서울중앙우체국) 등이 밀집한 경성의 경제 중심지 센긴마에(鮮銀前)광장으로 이어지는 남대문통 남쪽 구간을 지나 황금정통(黃金町通, 지금의 을지로입구에서 광희문에 이르는 길)으로 빠져나오면서 거리의 모습이나 주변의 상점을 눈여겨보았다. 이곳은 일제가 조선에 이식하려 했던 '문명'과 식민지 지배의 정당성을 대내외에 과시하기 위해 가장 심혈을 기울인 지역이었다.

그러나 광운의 눈이 머문 것은 가게, 주택 등의 건물과 성곽 같은 구조물을 헐어내고 폭을 넓히고 직선화한 광활한 도로 위를 오가는 사람, 인력거, 마차, 자동차의 모습들이었다. 만주, 상하이, 도쿄, 오사카를 주유하며 몸소 체험한 일이지만, 그것이 유구한 역사와 전통을 지닌 한 나라를 이민족이 강권으로 점령한 가운데 이루지는 문명화 내지 근대화라는 생각이 들어 몸서리가 났다. 그러나 중국 동삼성 삼원보 추가가에 갔을 때 사촌 매부 김동만이 광운에게 들려준 이야기를 상기하니 미래를 위해 새로운 길을 찾을 수 있을 것 같았다. "일제가 남만주에서 투쟁하는 우리 독립군을 완전히 제압하고 조선의 지배를 공고히 하고 나면 그 다음은 필히 만주를 통째로 집어삼키려 할 것이야. 이것은 중국의 이권에 눈독을 들이고 있는 미국, 영국 등 서구 열강과의 전면 대결로 발전하여 일제의 패망을 앞당기게 될 것"이라는 얘기였다.

경성 거리에도 물론 자동차가 다니고 있었지만, 오사카와 비교하면 그렇게 많지 않아, 자동차 사업이나 운수 사업은 조선에서 아직 시기상조라는 생각이 들었다. 특히 청계천을 경계로 북측의 "낙후된" 조선인 거주 지역 '북촌'과 남측의 "문명화된" 일본인 거주 지역 '남촌'이 분단되어 유기적으로 연결되지 않은 느낌이었다. 또한 광화문 앞에서 대안동(大安洞, 현 안국동)광장, 돈화문통, 총독부의원(대한의원을 일제강점 후 명칭 변경, 1926년 경성제국대학 설립과 함께 경성제국대학 의학부속병원으로 바뀜)을 거쳐 중앙시험소(현 동숭동 방송대 역사관)에 이르는 구간은 조선왕조의 핵심적인 상징 공간이었기 때문에 공사가 크게 지연되었다. 이처럼 경성은 도심부의 막힘없는 순환을 원천적으로 불가능하게 하는 여러 요인이 얽혀 있어 당장은 자동차 사업이나 운수 사업을 벌이기에 적합하지 않다고 판단했다.

광운상회의 개업

결국 광운은 1923년 3월에 경성부 봉래정(蓬萊町, 1946년 10월 1일 봉래동으로 명칭 변경) 1가 127번지에 오사카 시절부터 자동차 사업과 함께 유망한 업종으로 생각해왔던 전기사업, 특히 전기기구 등의 도소매, 조립, 수리를 전문으로 하는 유한회사 광운상회를 설립했다. 물론 나름대로 전기기구의 시장조사, 소비자의 구매력 평가, 상품별 판로 개척 가능성 등을 바탕으로 입지를 선택하고 스스로 리스크를 감당할 수 있는 범위 내에서 소규모로 시작한 것이었다. 봉래정은 1914년 4월 1일 경성부 구획 획정(경기도고시 제7호)에 따라 구 한성부 서부 구역인 순동(巡洞)·자암동(紫岩洞)·분동(盆洞)·연지동(蓮池洞)·남정동(藍井洞) 일부와 은행동(銀杏洞)·매월동(梅月洞)을 병합하여 1가로, 약전계(藥田契) 중동(中洞) 일부를 2가로 편제하여 탄생했다. 동명의 유래는 청일전쟁(淸日戰爭) 개시 전에 사지(死地)로 내몰렸던 남대문 밖 마을에 거주하던 일본인 거류민들이 일본군의 출병 및 만리창(萬里倉, 현재의 용산구 효창공원 서남 지역에 있었던 선혜청 별창고) 주둔으로 마치 지옥에서 살아남아 신선이 사는 봉래산(蓬萊山)으로 옮겨온 느낌이었다고 해서 주변에 있던 봉래교(蓬萊橋)라는 다리 이름에 착안하여 붙인 것이라고 한다(서울역사편찬원, 〈서울지명사전〉 http://history.seoul.go.kr; 이재권 외, 『제2판 동명연혁고 II(중구)』, 서울특별시사편찬위원회, 1992). 봉래정은 1880년 이후 한성에 들어온 일본인들이 모여 살던 남산 주변 일본인 집단 거주 지역의 하나였던 것이다.

광운이 봉래정에 광운상회를 연 것은 다양한 상황을 고려한 선견지명의 결정이었다. 먼저, 봉래정은 경성역(1923년 1월 1일 남대문정거장에서 경성역으로 명칭 변경) 바로 앞에 위치해 있고 사실상 경인선의 발착역 역할을 하고 있었기 때문에, 해수병을 앓고 있던 병약한 모친을 보러 가기에 최적의 장소였다. 경인철로를 통해 어머니와 고향 화도에 직접 연결되어 있는 심리적 안정 지대였던 것이다. 여기에 종래의 용산역을 대신하여 경성역을 중앙역으로 자리매김하여 1925년 9월 30일 준공을 목표로 기존의 목조 가건물을 헐어내고 벽돌, 철골, 화강석으로 이루어진 르네상스 양식에 비잔틴풍의 돔을 곁들인 신역사 공사가 한창 진행 중이었다. 이 공사가 끝나면 명실공히 경인선·경부선·경의선·경원선의 기점역이 경성역으로 통합되어 봉래정은 한반도는 물론 중국 동삼성 등 유라시아 대륙으로 이어지는 물류 및 인적 교류의 중심지로 거듭날 전망이었다. 실제로 광운상회의 업적은 일취월장하여 개업한 지 10년 만에 3개의 해외 지점을 포함해 10개의 지점을 거느리게 되는데, 봉래정을 중심으로 하는 동북아 물류망 형성과 직접적인 관련이 있는 것으로 보인다.

또한 봉래정은 1912년 4월에 준공된 남대문정거장-남대문 구간의 직선화 및 확장 공사에 이어 1914년 9월에 남대문에서 혼마치통(本町通, 1946년 1월 1일 충무로로 명칭 변경)의 교차 지점에 이르는 남대문통(南大門通, 1946년 1월 1일 남대문로로 명칭 변경) 남쪽 구간 공사가 센긴마에(鮮銀前, 조선은행앞)광장 조성으로 대략 마무리됨으로써 '남촌'의 랜드마크인 경성의 경제 중심지와 연결되었다. 나아가 1915년 8월 말에는 보존을 요구하는 조선인의 요구를 묵살하고 서대문까지 철거하면서 날림으로 경희궁앞-서대문-독립문으로 이어지는 서대문통 시구 개수(市區改修) 공사가 강행됨으로써 봉래정에서 조선인 거주 지역인 북촌으로 접근하기도 용이해졌다. 이처럼 광운상회를 설립할 당시 봉래정은 경성부의 조선인 거주 지역과 일본인 거주 지역으로 사통팔달의 큰길이 열려 양측을 아우르고 경성역을 통해 철길로 한반도는 물론 유라시아 대륙으로 연결되어 있는 사람·상품·정보의 허브였던 것이다.

당시 경성부 시가지는 일본인들이 모여 사는 이른바 '문명화된' 거주지 남촌과 조선인이 모여 사는 '전통적인' 거주지 북촌으로 이원화되어 제한된 범위에서만 상호 접촉이 이루어지고 있었다. 청계천 이남의 남촌 거리는 가로등과 도로포장 등의 시설이 확충되고 은행과 백화점 등이 들어서서 번화가의 모습을 보인 반면, 청계천 이북의 북촌 거리는 시구 개수가 크게 늦어지거나 대상에서 제외되어 전통적인 시가지의 모습을 그대로 유지하고 있는 곳이 많았다. 광운은 전기가 보급된 경성부 남촌과 북촌 일부 지역에 대해서는 전기 소켓 및 전구류, 전기 화로, 전기다리미 등 전기기구의 도소매 사업에 중점을 두었다. 전기가 보급되지 않은 북촌 지역이나 경성부 주변 300리 내에 위치한 마을·동리에 대해서는 일일이 찾아다니면서 석유남포의 도소매업을 벌이고 전화(電化) 사업에도 관여하여 시장을 확장하는 등 지역별로 차별화된 사업 전략을 구사했다.

조선에서 본격적인 전기사업의 시작은 일본의 국권 침탈을 막아볼 요량으로 조선 왕실이 미국인 전기 기술자(Henry Collbrand & Harry Rice Bostwick)와 공동출자(자본금 150원=조선 왕실 75원+미국전기기술자 75원)하여 한성전기회사(漢城電氣會社)를 설립한 1898년 1월 26일까지 거슬러 올라간다. 한성전기회사는 동대문전등발전소(東大門電燈發電所)의 설립을 계기로 전등, 전화, 전기, 전차 사업에 적극적으로 나섰으나 경영권을 장악한 미국인 전기 기술자가 자금 조달을 위해 미국 신탁회사에 회사를 매각하고 그것을 다시 시부사와 에이이치(渋沢栄一, 1840~1931)의 일한가스주식회사(日韓瓦斯株式會社)가 매입함으로써 사업권이 일본 재벌 기업의 수중에 떨어지고 말았다. 일한가스주식회사는 조선총독부의 특혜로 25년간 가스 독점 공급권을 얻는 동시에 전기사업도 겸영하다가 1915년 9월 11일 경성전기주식회사(京城電氣株式會社)로 회사 이름을 바꾸고 '1지역 1사업'이라는 총독부의 전력 사업 허가 정책 아래 한반도 전체에 송전 설비를 확충하고 전기 공급의 독점적인 지위를 구축하게 되었다.

그러나 조선의 전기사업은 수입 석탄에 의존하는 소규모 화력발전소를 중심으로 전개되고 있었고, 수요층도 주로 일본인 거주자, 관청, 일본 기업 등으로 제한되어 있어 전기 요금의 단가가 높은 수준이었다. 대륙 침략을 위해 중화학공업지대를 건설하려면 조선의 전기 요금을 대폭 낮추어야 한다는 논의가 무르익었던 1930년 현재, 전등 촉광수에서 일본인과 조선인의 수요는 각각 68.8%와 28.3%였고, 일본인과 조선인 총세대의 전등 보급률은 각각 65.9%와 3.7%였다. 결국 전력 회사가 설립된 곳은 구 조계지, 군주둔지 등 일본과의 인적 물적 교류가 왕성한 지역이나 일본인이 많이 모여 사는 경성 등 도시 지역이었다. 전기 공급은 전기가 이미 생활필수품이 되어 있는 일본인 거류민, 관청, 일본계 기업을 중심으로 이루어졌고, 조선인을 대상으로 한 것이 아니었다. 광운이 경성역 앞 봉래정에 광운상회를 연 것은 바로 그런 시대였다. 서서히 변화의 조짐이 보이기 시작한 것은 부전강(赴戰江) 유역변경식 수력발전소의 준공으로 조선에서 수력발전의 시대가 열리는 1930년대 이후의 일이었다.

광운은 "절용절식(節用節食)을 생활신조로 삼고" "박리다매(薄利多賣)의 상도덕을 실천했으며" "특유의 친화력을 발휘하여 지면(知面)을 넓히고 무엇보다 인간에 대한 믿음과 신용을 자본으로 삼아" 고객을 대했다. 얼마 지나지 않아 영업자금에 여유도 생겨 "약 30여 대의 손수레를 구입하여 매일같이 여러 지역으로 상품을 운반했지만 고객의 수요를 만족시키지 못할 정도로 사업이 날로 번창해갔다." 그때 광운은 또다시 무슨 일을 하든 "스스로 찾아서 하고" "부지런하고" "아껴 쓰는" 것을 생활화하면 누구든 성공할 수 있다는 확신을 갖게 되었다(『회고록』). 사업이 어느 정도 궤도에 올라서자 도쿄전기(東京電氣)와 마츠시타전기기구제작소 등 유명 전기회사의 신용을 얻어 MAZDA(GE의 고급 텅스텐 전구 브랜드의 라이센스), 내셔널, M화살마크(마츠시타전기기구제작소의 상표) 등 기업의 메인 상표가 새겨진 전기 제품을 판매하는 대리점 역할을 위임받게 되었다.

도쿄전기는 1899년에 '전기의 아버지' 또는 '일본의 에디슨'으로 불리던 공부대학교(工部大學校, 현 도쿄대학 공학부) 교수 출신 후지오카 이치스케(藤岡市助, 1857~1918)가 설립한 합자회사 하쿠네츠샤(白熱舍)가 이름을 바꾼 것으로, 1905년 미국의 GE와 제휴하여 큰 회사로 발전했다. 후지오카는 미국 산업 시찰 때 GE의 설립자 에디슨(Thomas Alva Edison, 1847~1931)을 만나 "아무리 전기가 풍부해도 전기기구를 수입해서는 나라가 망하니 먼저 전기기구의 제조부터 시작하라"는 지적을 받았다. 그는 곧 교수직을 그만두고 백열전구 제조회사 하쿠네츠샤를 설립했다. 중일전쟁의 전면화로 미국과 일본의 관계가 험악해지면서 일본 측은 미국의 GE와 대결할 종합 전기회사를 만들기로 하고 1939년 7월 1일 중전기회사 도요우라제작소(豊浦製作所)와 약전기회사 도쿄전기를 합병하여 도쿄도요우라전기주식회사(東京豊浦電機株式会社, 1984년에 현재의 주식회사 도시바東芝로 이름 변경)를 출범시켰다(東京芝浦電氣, 『東京電氣株式会社五十年史』, 1940. 同, 『芝浦製作所六十五年史』, ゆまに書房, 1997). 정확하게 말하면 광운상회에서는 도쿄전기가 미국 GE로부터 라이센스를 얻은 MAZDA 램프 백열전구를 판매했던 것이다.

광운상회에서 내셔널, M화살마크와 같은 상표가 붙은 마츠시타전기기구제작소의 전기기구를 판매한 것은 설립자 마츠시타 고노스케와의 약속에 따른 것이었다. 광운학원 주변에서 구전되어 오는 이야기에 따르면, 광운이 오사카를 떠나 귀로에 오르기 전에 고노스케는 송별회를 겸하여 오사카 북서쪽 40km 지점에 있는 롯코산(六甲山)의 아리마온천(有馬温泉) 황금욕탕으로 그를 안내했다고 한다. 아리마온천은 일본 열도 동측의 구사츠온천(草津温泉)과 비견되는 서측의 최고 온천으로, 한때 최고 권력자였던 도요토미 히데요시(豊臣秀吉)가 9차례나 방문했을 정도로 좋아했던 곳이었다. 온천수는 철분이 공기와 접촉하여 산화한 갈색을 띠고 있어 금천(金泉)이라고 했으며, 히데요시는 여기에 자신만의 황금 욕조와 차실을 만들어 영화의 극치를 누렸다. 고노스케는 '히데요시는 조선 민중에게는 불구대천의 원수이지만 자신이 광운에게 해줄 수 있는 것은 진귀한 온천

체험 정도밖에 없다'고 아쉬워하며 고국에 돌아가 사업을 일으키거나 교육사업에 나서면 어떤 형태로든 서로 도우면서 지내자고 약속했다.

대전에서 무단장까지

광운은 봉래정에 광운상회를 개업하고 나서 한창 일에 파묻혀 사는 2년 사이에 자신이 세상에서 가장 사랑하는 여성을 한 사람 맞이하고 한 사람 떠나보내는 기쁨과 슬픔을 연달아 겪었다. 1923년 7월 경성부 통의동(通義洞)에서 자신보다 8살 어린 전주 이씨 이명혁(李明赫)의 장녀 옥동(玉童, 1907년 9월 12일생)과 화촉을 밝혔다. 광운은 4대 독자로 대대로 손이 귀한 집안의 자손이었으나 '금계포란(金鷄抱卵)'의 지세 덕이라도 본 것인지 옥동 부인과의 사이에 무려 12명의 자녀를 두었다. "가지 많은 나무에 바람 잘 날 없다"는 말이 있지만, 광운은 안정된 가정환경 아래 늘어나는 자손만큼이나 사업도 번창했다.

그러나 1925년 6월 10일(윤 4월 19일)에 광운은 어머니를 여의는 아픔을 경험했다. 그녀는 1869년 6월 3일에 태어나 서른 살에 광운을 낳고 54년간 이 세상에 머물다가 홀연히 그의 곁을 떠났다. 광운의 어머니는 평범한 시골 여성이었지만, 조선인이라면 남녀노소를 불문하고 제 정신을 가지고 살기 힘들었던 구한말에서 일제강점에 걸친 역사의 격동기에 자신을 잃지 않고 살도록 붙잡아준 존재였다. 광운은 어머니의 타계에 대해 "장자이며 단 하나인 나 광운이가 늘 외국에 나가 있었기 때문에 보고 싶어 병이 되어 장구히 고생하시다 해소 천식병으로 별세하셨다"고 자신의 탓으로 돌리고 있다. 인천 주안 공동묘지(지금의 학익동 신동아아파트에서 신기촌, 주안 안국아파트 일대까지의 구릉지대)에 모셨다가 도시계획으로 인하여

1968년에 서울 동대문구 망우리의 부친 묘소에 합장했다(『비망록―광운학원편』).

광운상회의 사업은 일취월장 발전하여 1923년 3월 개업 이래 10년 만에 봉래정을 본점으로 하여 경성부의 종로(鐘路), 영등포(永登浦), 경기도의 인천(仁川), 남양(南陽), 황해도의 사리원(沙里院), 재령(載寧), 신천(信川), 강원도의 춘천에 지점이나 출장소를 설치하여 한반도 대전 이북 지역 전체를 사업 영역으로 확보했다. 나아가 중국 헤이룽장성(黑龍江省)의 무단장(牧丹江), 하얼빈(哈爾濱), 지린성(吉林省)의 창춘(長春, 1932년 신징新京으로 명칭 변경), 지린(吉林), 투먼(圖們), 랴오닝성의 펑톈(奉天), 다롄(大連) 등에 지점이나 출장소를 설치하여 중국 동북 3성 공업지대로 사업 영역을 확장했다(『비망록―광운학원편』, 「회고록」). 20세 때 좌절과 절망 속에서 "만주 벌판의 붉은 태양"을 바라보며 하루 종일 기차로 달렸던 중국 동북 3성에 광운상회의 지점과 출장소를 낸 것이다.

대전 이북 지역에서 북간도 무단장 이남 지역까지 사업 영역의 확장에 따라 본점의 체제도 정비할 필요가 있어 1933년 8월에는 봉래정 1가 83번지의 대지와 건물을 매입했다. 커다란 한옥집으로 원래 조선시대 지체 높은 양반의 저택이었는데 남대문 수문장의 소유가 되고 그것을 다시 광운상회에서 매입했던 것이다. 이곳은 이듬해 5월 20일 조선무선강습소(朝鮮無線講習所)가 문을 열면서 교사로 사용함으로써 광운학원의 발상지가 되었다.

광운상회의 본점 및 지점·출장소 운영이나 지점·출장소별 영업실적은 그 자체로 흥미로운 분석 대상일 뿐만 아니라 광운학원의 모체인 조선무선강습소와 조선무선공학원의 재정적 기반을 밝혀주는 중요한 자료

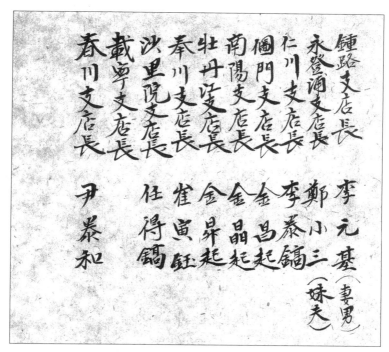

〈그림 6-1〉 광운상회의 지점 및 지점장 명단(조광운 친필)

라고 할 것이다. 광운은 사촌 매부 김동만이 이야기한 대로 일본이 만주를 장악하고 중국 본토로 침략하면 중국 동삼성과 조선 북부는 중일(中日) 전면전의 최전선이나 병참기지가 될 것임을 내다보고 있었다. 그렇게 되면 중국 동북 3성에서의 사업이 불가능해지는 것은 물론이요, 한반도에서의 사업도 심각한 어려움을 겪게 되고 결국 모든 것이 조선무선강습소와 조선무선공학원으로 귀일될 것이었다. 그러나 "1944년 1월 21일 오전 2시에 이웃집 김광준(金光準) 가옥으로부터 옮겨 붙은" 화마에 "약 300여 평의

학교 교사 및 점포, 주택 전부가 소실"(『비망록—광운학원편』)됨에 따라, 광운
상회의 영업 자료도 연기와 함께 사라지고 말았다. 지금 남아 있는 자료는
각 지점의 지점장 정보가 유일한데, 가장 규모가 컸던 경성부 종로 지점장
과 영등포 지점장에 각각 부인 이옥동의 남동생 이원기(李元基)와 누이동
생 복순(福順)의 남편 정소삼(鄭小三)의 이름이 올라가 있는 것이 흥미롭다.

무선통신의 시대

광운이 북간도 무단장 지역까지 사업 영역을 확대하여 석유남포, 백
열전구, 전기 소켓, 전기다리미, 전기 화로 등 전기 제품의 판매와 수리로
큰 수익을 올리고 있을 때, 전기 산업에 커다란 전환기가 찾아왔다. 1927
년 2월 16일에 2년 3개월간의 시험 방송 끝에 경성방송국(호출부호 JODK, 출
력 1kW, 주파수 690kHz)이 조선에서 최초로 방송 전파를 송출하여 본격적인
무선통신 시대가 열린 것이다. 무선통신은 당시 최첨단 기술이었지만, 오
사카 시절부터 많은 관심을 가지고 있었던 광운에게 그렇게 생소한 분야
는 아니었다. 도쿄방송국(호출부호 JOAK, 출력 220W, 주파수 800kHz, 현재의 NHK
도쿄라디오 제1방송)이 처음으로 방송 전파를 송출한 것은 조선보다 2년 정
도 앞선 1925년 3월 22일이었으므로, 광운이 오사카를 떠날 때까지 일본
에서는 라디오 방송이 시작되지 않았다. 그러나 제1차 세계대전 종결 이
후 통제가 풀리면서 개인이 취미로 무선기를 만들어 교신하는 아마추어
무선 붐이 일어났고 주변에는 라디오 수신기 제작과 관련된 정보를 제공
해주는 기술 계몽 잡지나 기술 안내서가 나돌고 있었다(福島雄一, 『にっぽん
無線通信史』, 朱鳥社, 2002). 광운은 세계 최초로 상업방송을 시작한 WH전기제
조사가 펜실베이니아 피츠버그에 있는 KDKA방송국에서 다음 날 아침 신

문이 배달되기도 전에 하딩(Warren Harding)의 대통령 당선 결과를 첫 방송으로 내보낸 것을 화제로 삼으며, 다가오는 라디오 시대에 관해 고노스케와 이야기 삼매경에 빠지기도 했다.

무선통신(Radio Communication 또는 Wireless Communication)이란 신호가 전달되는 경로로 전선 등을 사용하지 않고 장애물이 없는 자유공간(free space)을 신호가 오가는 경로로 사용하는 전기통신을 말한다. 여기에는 전파를 이용한 무선전신(無線電信, radiotelegraph, 신호의 송수신에 의한 전기통신), 전파를 이용한 무선전화(無線電話, radiotelephone, 송화기에서 음성을 전기신호를 바꾸어 무선을 통해 멀리 떨어진 장소에 있는 수신기로 보내 다시 음성으로 변환하여 상대방에게 전달하는 전기통신), 그리고 전파를 이용한 무선방송(無線放送, radiobroadcast, 음성이나 음향을 송신하는 라디오 방송과 영상과 여기에 부수된 음성과 음향을 송신하는 TV 방송이 있음. 무선전신과 무선전화는 송수신 쌍방이지만 무선방송은 송신 또는 수신의 어느 한쪽인 것이 특징임)이 있다. 일반적으로 무선통신 사업은 이탈리아 볼로냐 출신 전기 기술자 마르코니(Guglielmo Marconi, 1874~1937)가 런던에 무선통신 회사를 설립하고 도버해협 횡단, 대서양 횡단의 무선통신에 잇달아 성공한 1900년 전후에 시작된 것으로 알려져 있다.

그것은 그간 우연한 발견(Charles Augustin de Coulomb, Giuseppe Antonio Anastasio Volta)이나 전기 이론(Hans Christian Ørsted, Michael Faraday, James Clerk Maxwell)상 존재할 것으로 예측하고 있던 전자파(Electromagnetic Waves)의 실체를 실험을 통해 확인했기 때문에 가능한 일이었다. 1887년 헤르츠(Heinrich Rudolf Hertz, 1857~1894)는 유도코일(induction coil)로 불꽃 방전을 시켜 전자파를 발생시키면 거기서 떨어진 방에 있는 수신링(Receiver Ring) 방전구(Spark Balls)의 좁은 틈새에도 동시에 불꽃이 발생하여 전자파가 전달되는 것을 보여줌으로써 맥스웰의 전

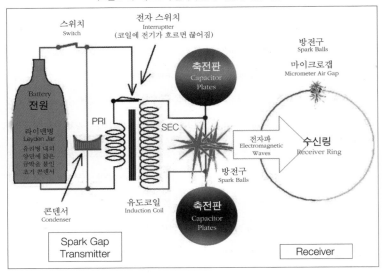

〈그림 6-2〉 헤르츠의 전자파 존재 확인의 기본 개념도

기와 자기에 관한 방정식을 실험적으로 증명했다. 여기서 전자파와 빛의 속도가 같고 빛이 곧 전자파임을 알게 되었다(伊東俊太郎·山田慶児·坂本賢三·村上陽一郎 編集, 『科学史技術史事典(縮刷版)』, 弘文堂, 1994). 전자파 가운데 파장이 가장 짧은(주파수가 높은) 대역(파장 10pm 이하, 주파수 30EHz 이상)이 방사선 치료에 사용되는 감마선(Gamma Ray)이고 가장 긴(주파수가 가장 낮은) 대역(파장 0.1mm~100km, 주파수 3kHz~3THz)이 무선통신에 사용되는 전파(초고주파, 고주파, 저주파, 극저주파)이며, 그 중간 대역이 자외선, 가시광선, 적외선과 같은 넓은 의미의 빛이다.

헤르츠의 전자파 확인 실험 이후 송신기(Transmitter)의 출력을 증가시키고 수신기(Receiver)의 감도를 높여 이를 무선통신에 활용하려는 시도가 다

방면에서 많은 이들에 의해 이루어졌다. 먼저 송신기에서는 라이덴병 (Leyden Jar)을 전지나 발전기로 바꾸어 전원을 증강하고 안테나와 동조회로의 성능을 개량하는 방향으로 그 첫걸음을 내딛었다. 반면에 수신기에서는 방전구(Spark Balls)의 공진(共振, resonance)을 키우기 위해 전압을 높이는 대신에 낮은 전압에서 작동하는 무선 신호 검출기가 발명되었다. 금속 분말의 전기 전도성을 이용한 코히러(coherer, 1894, Oliver Joseph Lodge), 상이한 금속의 접합면(수은과 철)에 있는 산화피막(酸化皮膜)의 비선형 저항을 이용한 자기복구형 코히러(1899, Jagadish Chandra Bose), 방연광(方鉛鑛, galena)의 전압과 전류의 비선형(非線形) 저항을 이용한 광석(crystal) 검출기(1901, Jagadish Chandra Bose), 실리콘 광석 검출기(1906, Greenleaf Whittier Pickard) 등이 그것이다. 1901년 마르코니는 대서양 횡단 무선통신에 성공하여 노벨 물리학상을 수상하지만, 실은 보스 (Jagadish Chandra Bose)의 자기 복구형 코히러 기술 등을 훔친 것임이 밝혀졌다. 어쨌든 이러한 많은 발명가와 과학자들의 노력에 의해 1906년 말에는 애호가들 사이에 무선 신호 검출기에 동조코일, 콘덴서, 저항기, 리시버, 안테나, 접지장치 등을 조립한 광석라디오(crystal radio)가 보급되었다. 페선던 (Reginald Aubrey Fessenden, 1866~1932)은 1906년 크리스마스 이브에서 그믐밤에 걸쳐 반복적으로 찬송가와 성서 낭독의 음향과 음성을 전파로 내보냈는데, 3일 전에 무선전신으로 미리 예고했기 때문에 세계 최초의 라디오 방송으로 평가되고 있다(Roland Wenzlhuemer, *Connecting the Nineteenth-Century World: The Telegraph And Globalization*, Cambridge University Press, 2015).

라디오의 대중화

제1차 세계대전 시기에 미국은 전쟁 수행을 위해 라디오 기술의 전략적 중요성을 높게 평가하여 관련 특허를 국방용으로 관리하고 민간인들의 무선 사용을 전면 금지했다. 그동안 무선통신 기술을 활용하여 군부 방위 시스템을 고도화하는 노력이 이루어져 대용량 고주파 발전기의 개발, 진공관의 발명과 개량 등으로 송신기와 수신기의 성능이 크게 향상되었다. 그것은 전쟁 종결과 함께 민간인의 무선 사용 금지가 해제되는 1918년 말 이후 '라디오의 대중화'를 앞당기는 중요한 계기가 되었다. 1920년 11월 2일 미국 상무성으로부터 상업용 라디오 방송국의 허가를 얻은 WH전기제조사 KDKA가 "매일 정해진 프로그램에 따라 일반 대중을 대상으로 지속적으로" 방송 전파를 내보낸 것이 그 시작이었다. 1925년 3월 22일 일본의 도쿄방송국이 그 뒤를 잇고 오사카방송국, 나고야방송국에 이어 식민지 조선에서도 2년 3개월간의 시험 방송 끝에 1927년 2월 16일 경성방송국이 전파 송출을 시작했다.

경성방송국 개국과 함께 광운은 일본전기학교를 나온 동갑내기 이운선과 함께 당대 조선의 '무선전화' 산업을 이끌어가는 시대의 총아로 부상했다. 당시 무선방송은 '무선전화'라고 불렸는데, 여기에 가로놓여 있는 난제는 취재 체제의 미비에 따른 뉴스 거리 부족을 해소하고, 라디오 수신기의 공급을 확대하여 경영압박을 해결하는 것이었다. "방송 시간은 아침 9시 30분에 그날 방송을 시작하여 오후 4시에 끝나고 (…) 다시 오후 6시에 저녁 방송을 시작하여 오후 9시에 그날 방송을 모두 종료"했다. "평일에도 통신에만 의존하던 관계로 뉴스 거리가 부족했고 (…) 더욱이 휴일에는 관청도 쉬게 되니 공지사항 등 방송 거리가 부족해서 남이 쉴 때는 방송도 쉬는 격이었다." 방송 구역은 조선 전역으로 되어 있었으나 그것은 형식적인 이야기에 지나지 않았다. 장안의 명물이 된 45m 쌍둥이 철탑

안테나에서 1kw 출력에 파장 435m(690kHz)로 전파를 송출하여 장애물이 거의 없었기 때문에 경기도 일원까지는 방송이 그런대로 들렸으나, 멀리 떨어진 산간벽지에서는 들리지 않는 실정이었다(유병은, 『초창기 방송 시대의 방송야사』, KBS문화사업단, 1998).

여기에 라디오 수신기의 보급이 늦어져 주로 청취료 수입에 의존하는 무선방송 사업은 처음부터 난항을 거듭했다. 2년 3개월에 걸친 시험 방송을 통해 분위기를 조성했으나 라디오 수신기가 쌀 50가마니, 100가마니 값으로 워낙 비싸 보급이 제대로 되지 않았다. 우편배달부를 통해 경성방송국 개국을 전후하여 전국의 라디오 수신기 대수를 조사했던 바, 1926년 11월 30일 현재 1,230대, 1927년 2월 22일 현재 1,440대였다. 그나마 대부분 일본인 소유였고 조선인의 보유대수는 275대에 불과했다. 그도 그럴 것이, 경성방송국 자체가 조선총독부의 통제 아래 있었고 방송 프로그램도 일본어 70%, 한글 30%로 편성되어 내선일체라는 통치 목적을 구현하는 데 초점이 맞춰져 있었기 때문이었다. 당시 라디오 수신기는 반드시 경성방송국에 등록을 필한 다음에 체신국의 청취 허가를 받아야 했고, 매월 2엔(당시 쌀 한 가마니 가격 5엔)의 높은 청취료를 납부해야 했다. 대문 밖에는 청취 허가증을 부착해야 하며, 허가를 받지 않고 무단으로 방송을 도청하는 자는 1천 엔 이하의 벌금 또는 1년 이하의 징역에 처한다는 엄격한 규정이 시행되었다(유병은, 『초창기 방송 시대의 방송야사』, KBS문화사업단, 1998; 박기성, 『한국방송사』, 원명당, 2014).

당시 라디오 수신기는 대부분 전원을 필요로 하지 않고 리시버로 소리를 들을 수밖에 없는 광석라디오였다. 일본에서 들어온 광석라디오의 대표적인 제품으로는 광석편(鑛石片)에 금속 바늘을 맞추며 감도가 좋은 곳을 찾아내는 방식의 하야카와금속공업연구소(早川金屬工業研究所, 샤프의 전신)제 미카사 광석수신기가 있었다. 그러나 일본 현지 가격이 도쿄 신입 사원의 월 급여를 넘어서는 30엔 정도로, 서민들로서는 엄두가 나지 않는 가격이었다. 하물며 미국에서 수입된 진공관식 라디오는 집 한 채 정도의 가격에다 자동차 밧데리와 같은 대형 축전지와 보수 관리가 필요했기 때문에 이용자는 극히 일부 상위 계층에 한정되었다. 결국 1928~1929년 도쿄전기가 필라멘트를 교류로 점등하는 진공관을 발매하여 양산할 때까지 라디오 수신기는 수입품을 제외하고 수신한 전파를 주파수 그대로 증폭하는 스트레이트 방식이 대부분이었고, 시장은 무선방송 기술자들의 조립품인 수제품이 석권하는 양상을 보였다.

앞서 언급했듯이, 광운은 오사카 체류 시절에 라디오 시대의 도래를 내다보고 무선통신 관련 계몽 잡지나 안내서를 통해 무선통신의 기초 기술을 숙지하고 있었다. 경성방송국의 개국에 참여했던 노창성(盧昌成, 1896~1955)은 시험 방송 기간 중에 라디오 제작 기술을 가르치는 강습소를 개설하여 널리 인재를 모집했다. 여기서 단연 두각을 나타낸 사람이 동갑내기 이운선과 조광운이었다. 강습소 동기들은 "손재주가 탁월"하고 "시대를 내다보는 통찰력을 가진" "특출한 머리를 가진 사람"으로 광운을 기억했다. 당연히 두 사람은 경성방송국의 스카우트 대상이 되었는데, 이운선은 여기에 응했지만 광운은 방송국 직원으로는 광운상회의 사업을 통해 궁극적으로 이루려고 했던 큰 뜻을 실현할 수 없었기 때문에 사양했다 (이장춘, 『춘하추동 방송단상』, 블로그북, 2013; 이장춘, 〈최초의 라디오 보급과 생산, 노창성, 이운선, 조광운(광운대학교 설립자)〉, http://blog.daum.net/jc21th/17781564, 2019년 4월 22일 검색). 더구나 라디오 방송의 위력을 감안하면 조선총독부의 통제 아래 있는 경성방송국은 어떤 형태로든 일본의 대외 침략을 위한 전시 동원의 앞잡이가 될 것임을 미루어 짐작할 수 있었기 때문이기도 했다. 참고로 이운선은 경성방송국의 정식 방송 시작과 더불어 퇴사하여 광화문 네거리에 동양전기상회를 열고 라디오 조립 및 고장 수리 사업을 시작하여 광운과 좋은 경쟁 관계를 형성했다.

광운이 무선기술을 가르치는 방송국 강습소에 나간 것은 경성방송국의 직원이 되기 위해서가 아니라 조선 실정에 맞는 라디오 수신기의 모델을 찾기 위해서였다. 당시 라디오 수신기는 진공관식이든 광석식이든, 완제품은 물론 개별 부품 하나까지 조선에서 자체적으로 제작할 여건이 전혀 갖춰지지 않은 데다 일본 메이커의 진출도 한 건도 없는 상태였다. 미국이나 일본에서 들여온 라디오 수신기 완제품은 가격이 너무 비싸 조선인에게는 그림의 떡이었기 때문에, 일단 라디오 부품을 구입하여 가공 조립하는 방식으로 사업을 전개했다. 도쿄 간다(神田)에는 긴세키샤(金石舍)와 같이 미국에서 수입해 오거나 일본에서 자체적으로 만든 광석 무선신호 검출기 등의 라디오 부품을 판매하는 점포가 즐비했으므로, 합리적인 가격으로 부품을 조달할 수 있었다. 고장이 잦은 라디오 수신기의 가공 조립 및 수리 서비스는 광운상회의 지점 및 출장소의 확장에 따라 더 이상 혼자서 감당할 수 없는 일이 되었고, 무선통신에 관한 체계적인 기술 교육을 받은 인재 양성을 통해 해결할 수밖에 없었다. 종래의 전기 소켓, 백열전구, 전기다리미, 전기 화로 등의 전기기구와는 차원이 다른 이야기였다. 특히 '전국광석화(全國鑛石化)'라는 말이 유행할 정도로 1920년대 말까지 대량생산, 가격하락, 감도 향상으로 황금시대를 구가하던 광석라디오가 1930년대에 들어 교류진공관의 발매 및 양산화로 진공관 라디오로 급속히 넘어가고 있었기 때문에, 새로운 기술 변화에 대응할 필요도 있었다. 아울러 경기도 고양군 연희면에 송신소를 새로 세워 1933년 4월 26일부터 한글 방송을 전담하는 새로운 채널을 개설함에 따라 조선인의 라디오 청취와 라디오 수신기 수요가 크게 늘어나게 된다. 결국 이는 1934년 5월 20일 조선무선강습소의 개설로 이어졌다.

조선무선강습소의 설립

1934년 5월 20일 광운은 전년도 8월에 매입했던 경성부 봉래정 1가 83번지(현 세종대로 5길 36) 300여 평의 한옥에 조선 최초의 무선공학 전문 기술학교인 조선무선강습소를 설립하고 학원장에 취임했다. 광운의 나이 35세 때의 일이었다. 경성부내 도처에 벽보를 부착하여 조선무선강습소의 설립과 학생 모집 사실을 알리고, 전국 일간지에도 신입생 모집 광고를 냈다. 이는 상당한 효과가 있어 경성부는 물론 멀리 평안도, 함경도, 경상도 등 경향 각지에서 지원자가 모여들어 80명 정도의 학생 규모로 시작할 수 있었다(오동선, 『志峰自傳』, 삶과 꿈, 2005). 설립 당초 교원으로는 무선공학 이론을 가르치던 일본인 마츠하라(松原) 선생과 무선공학 실습을 가르치던 조선인 이양희(李陽熙) 선생이 있었다. 통신과와 라디오과 두 반으로 나누어 운영되었는데, 통신과에는 주로 선원이 되기 위해 통신 실무를 배우고자 하는 사람들이 다녔고, 라디오과에는 대부분 방송국 직원이나 라디오 수신기 조립 및 수리 전문기사가 되기 위해 무선 기술을 배우고자 하는 사람들이 다녔다.

조선무선강습소는 1922년 2월 4일에 개정된 '제2차 조선교육령'과 새로이 제정된 '실업학교규정'에 입각해 설명하자면 4년제 보통학교를 졸

〈그림 6-3〉 조선무선강습소의 졸업 사진
1939년 3월 조선무선강습소 라디오과 제5회 졸업 사진. 그 후 1년 과정으로 전환되므로 사실상 6 개월 과정의 마지막 졸업생들이라고 할 수 있다. 맨 앞줄의 나비넥타이를 맨 사람은 박하운 선생 이고 나머지 35명은 졸업생으로 보인다. 대부분 교복을 착용하고 있어서 조선무선공학원으로 승격되어 교복 착용이 의무화되기 전에 이미 교복을 착용하고 있었음을 알 수 있다.

업한 사람이 입학하는 중등 전기(前期) 실업보습학교와 동등한 성격의 '각 종학교'였다. 학력이 인정되지 않아 상급 학교와 연결되지 못하지만 입학 자격이나 교육과정 등에서 매우 유연한 학사 운영이 가능했다. 당시는 관 립이나 공립의 설치 형태를 취하고 있는 중등 실업보습학교조차 대부분 농업, 상업에 편중되어 있었고, 공업은 조선총독부의 '하급' 기술자를 양 성하는 1, 2개교에 지나지 않는 형편이었다. 3·1운동 이후 조선인의 불만 사항이었던 차별적인 교육 제도는 어느 정도 시정되었지만, 조선인에게 과학기술을 가르칠 필요가 없다는 일제의 우민화 정책은 계속되고 있었다(함종규, 『한국교육과정변천사연구』, 교육과학사, 2003). 사립으로는 실업보습학교는 물론 실업학교 그 자체가 존재하지 않는 상황에서, 일제의 통제가 미치지 않는 영역에서 사상 처음으로, 그것도 당시 가장 전략적이고 첨단적인 분야인 무선공학을 가르치는 사학판 실업보습학교 모델을 들고 나온 것이 조선무선강습소의 설립이 갖는 역사적 또는 교육사적 의미인 것이다.

교육과정은 당초 6개월 과정으로 운영되었는데 보통학교 졸업자의 학력으로 무선이라는 최신 첨단 기술을 배우는 것 자체가 결코 녹록하지 않아 줄곧 1년 과정으로 연장해야 하는 문제에 부딪히게 되었다. 1944년 1월 21일의 화재 당시 조선무선강습소·조선무선공학원의 교무·학사 자료도 함께 소실되어 내부적으로 언제 어떤 논의 끝에 교육과정이 연장되었는지 확인하기는 불가능하지만, 1938년까지 유지되었던 것으로 보인다. 제1회 졸업자 오동선(吳東善)의 기록에 의하면 80여 명의 학생 가운데 중도 퇴학하거나 졸업을 유예한 사람을 제외하고 1934년 12월에 졸업한 사람은 17명 정도였던 것으로 보인다(오동선, 『志峰自傳』, 삶과 꿈, 2005; 「회고록」). 학생들은 대체로 "사전에 무선통신에 접하거나 흥미를 느끼고 체계적인 이론을 배우는" 유형과 "꿈과 비전 없이 억지로 공부하는" 유형으로 대별되었는데, 특히 후자 측의 탈락률이 높았던 것은 당연하다. 보통학교 이후의 보습 교육기관으로 자리매김되어 있었지만 입학 연령을 자체적으로 상급 법령보다 높게 설정해놓은 다른 관립·공립 실업보습학교의 경우와 마찬가지로 학생들의 연령대는 상당히 높았던 것으로 보인다.

조선무선강습소 설립에 즈음하여 광운에게 마츠시타전기제작소

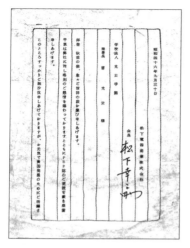

〈그림 6-4〉 조광운과 마츠시타 고노스케의 편지

(1935년 12월 마츠시타전기산업주식회사松下電器産業株式会社로 명칭 변경)의 설립자 고노스케가 보낸 소중한 선물이 도착하여 조선 최초의 무선공학 전문 기술학교는 첨단 교육 설비를 갖추게 되었다. 광운과 고노스케는 평생 서로 돕고 의지하는 사업의 협력가요 인생의 조언자이자 믿음의 친구로서 수많은 편지를 주고받았다. 그 가운데 1974년 5월 3일 고노스케에게 보낸 편지에 다음과 같은 구절이 나온다.

저희들 이번 오는 5월 20일 (…) 학원 창립 40주년을 맞이하여 기념식을 갖게 되어 (…) 예전 서기 1934년 창설 초기에 우정에 깃든 협찬을 해주시고 또한 귀중한 교재로서 진공관 3구식, 5구식 라디오 조립 세트를 각각 30개씩 기부해준 것을 생각하면 지금도 새삼스럽게 감사와 감격으로 몸 둘 바를 모르겠습니다. (…) 그 온정에 대한 답례로 당일 감사패를 증정하여 오랫동안 기념하고 싶으니 (…) 다망하시겠지만 꼭 참석하도록 초대하고 싶습니다(「조광운 서간」, 1974. 5. 3).

1931년 11월 마츠시타전기제작소는 도쿄중앙방송국(JOAK, 도쿄방송국이 1926년 8월 20일 해산되어 사단법인 일본방송협회 산하에 들어간 이후의 호칭)이 주최한 가정용 엘리미네이터 라디오 수신기 현상 모집에 내셔널 3구 1호기 R31을 출품하여 1등으로 당첨되는 영예를 누리고 상금 350엔을 받았다. 일명 '당선호(當選號)'로 통용되던 내셔널 3구 1호기는 "일반 전기점에서 취급할 수 있는 고장이 없는 라디오"를 모토로 내걸고 튼튼한 나무판에 옻칠을 한 캐비닛 외관으로 당시 같은 사양의 라디오 수신기 가격보다 30% 정도 높은 45엔에 판매되었다. 이어 1932~1933년에는 최상위 기종으로 음향 조절 장치가 붙어 있는 초원거리용 내셔널 5구 1호형 R-51를 내놓았다. 고노스케가 광운에게 조선무선강습소 개설에 즈음하여 교육 설비로 기증한 것은 마츠시타전기제작소가 발매한 지 얼마 되지 않는 최첨단 제품이었다. 아울러 당시 어떤 발명가가 라디오 주요 부품의 특허권을 소유하고 과다한 사용료를 요구하여 수신기 제작에 커다란 지장을 주고 있었는데, 고노스케는 "필요한 사람이 기술을 사용할 수 없으면 관련 산업은 발전할 수 없다"고 생각하고, 2만 5천 엔에 그 특허를 매입하여 동업자들에게 무상으로 공개하여 라디오 수신기 가공 조립 업체로 변신하고 있던 광운상회도 혜택을 누리게 되었다(松下幸之助, 『私の行き方 考え方—わが半生の記録』, PHP文庫, 1986).

전시 동원 체제와 조선무선공학원

일제는 조선인의 중등교육 확대 요구를 억제하고 그 대체 수단으로 관립·공립 실업학교와 실업보습학교를 자리매김해왔다. 이러한 교육 통제 정책 아래 조선무선강습소는 사학 부문의 '각종학교'로서 6개월이라는 압축된 교육과정으로 운영될 수밖에 없는 태생적인 한계를 지녔다. 그러나 관립·공립의 경우 대부분 농업과 상업 분야로 한정되었기 때문에, 식민지 권력의 바깥에서 첨단 무선공학을 가르치는 조선무선강습소의 가치와 사회적 효용은 오히려 더 커질 수밖에 없었다. 조선무선강습소는 교육과정의 체계화와 운영의 안정화에 따라 매년 첨단 무선통신 이론 및 실무를 익힌 150명 정도의 조선인 기술자들을 배출하는 일대 산실로 자리를 잡았다. 이들은 한반도를 넘어 하얼빈, 펑톈, 신징(新京, 1932년 일본관동군 사령부가 일제의 괴뢰정권인 만주국 수도를 무크덴/선양에서 창춘으로 옮기고 이름을 변경) 등 중국 동북 3성에 이르는 방송국, 무선통신 회사에 취업하여 요직을 독점하거나 스스로 무선 관련 회사를 창업하여 척박한 동토의 땅에 민족 기업의 싹을 틔웠다.

그러나 이런 상황은 1937년 7월 7일 일본이 루거우챠오(蘆溝橋) 사건을 구실로 중국 대륙 침략을 본격화하고 중일전쟁 수행을 위한 '전진 병참기지'로서 조선의 인력, 물자, 자본을 동원할 필요가 발생하면서 크게 바뀌었다. 당시 조선총독 미나미 지로(南次郎, 1874~1955)는 조선을 "대륙 정책의 전진 병참기지로서 (…) 곡물 생산에 의해 국민 식량의 자급자족으로 국방상 안정을 강화하고" "풍부한 자원과 광공업에 대한 다양한 호조건을 활용하여" "시대의 요구에 부응하도록 공업 부문의 진전을 촉구하는 농공병진 정책의 국책적 임무 수행"할 것을 강력히 주문했다(南次郎, 「道知事会議

における総督の訓示」(1938. 5), 朝鮮教育会, 『文教の朝鮮』, 복각판, 어문학사, 2011). 이를 위해 1939년부터 매년 1,200명의 기술자를 양성해야 했는데, 일본 내부의 기술 인력 부족과 인력 수급 통제로 '숙련 노동자'를 들여올 수 없어 결국 조선에서 필요한 인력을 직접 양성하지 않을 수 없게 되었다.

이는 그동안 조선총독부가 그토록 집요하게 통제해왔던 조선인에 대한 공업교육을 확충하고 관련 교육기관을 설립하는 방향으로 크게 선회한 것을 의미한다. 동시에 '국가총동원법'(1938. 4. 1)과 '학교졸업자사용제한령'(1938. 5. 10)으로 대학, 전문학교, 실업학교와 마찬가지로 "공업학교에 준하는 사립학교로 중학교 졸업 정도를 입학 자격으로 하고 수업 연한을 1년 이상으로 하거나 또는 이와 동등한 각종학교"(「学校卒業者使用制限令第一条ノ学校ヲ左ノ通指定ス」, 朝鮮総督府告示第七百三十二号, 1938. 9. 8)를 졸업한 기술자에 대한 식민지 권력의 통제 및 관리 강화도 병행해서 이루어졌다.

1939년 4월부터 조선무선강습소의 교육과정이 6개월에서 1년으로 연장되고 1940년 11월 18일 2년제 조선무선공학원(朝鮮無線工學院)으로 승격된 것도 이러한 식민지 권력의 정책 변화에 떠밀린 결과로서, 민족 공학교육을 이끌고 있던 광운의 입장에서는 오랜 염원을 이루었지만 그렇게 속편한 것만은 아니었다. 대신에 도덕성 함양과 정신적 교화를 목적으로 수신 교과목을 이수하고, 단파 라디오로 일본에 불리한 국제 정세를 듣고 유포하지 않도록 사상 통제를 받았으며, 나아가 교복과 교모를 쓰고 군사훈련을 받아야 했다.

1941년 4월 일본군지원병훈련소(日本軍志願兵訓練所, 지금의 육군사관학교 자리)에 인접한 경기도 양주군 노해면 공덕리에 경성제국대학 이공학부(지금의 노원구 공릉동 서울과학기술대학교 자리)를 설치한 것도 같은 맥락이었다. 식민지 지배와 개발에 도움이 되는 법문학부와 의학부만 설치하여 운영하다가, 조선인에게 과학과 기술 관련 고등교육을 제공하는 것은 가당치 않다고 보류해온 이공학부를 대륙 침략의 본격화에 따라 병참기지 구축에 필요한 기술자 양성을 위한 체제로서 뒤늦게 갖춘 것이다. 또한 1930년대 말까지 조선무선강습소를 제외하고 전무했던 사립 실업학교 및 실업보습학교가 1940년 이후 각각 25개와 17개로 늘어난 것은, 전쟁 수행에 따른 재정 압박으로 사립학교 설립을 '통제'에서 '권장'으로 정책 선회한 결과였다. 그러나 사립 실업학교 및 실업보습학교의 경우 공업과가 설치되어도 교원과 기기 설비를 마련할 재원을 확보하지 못해 사실상 소규모 자영업자를 양성하는 가구과나 토목과로 연명하며 해방을 맞은 경우가 허다했다. 광운의 맹우(盟友)로 그를 흠모했던 김연준(金連俊)이 1939년 7월 경성부 종로구 경운동에 2년제 동아공과학원(현 한양대학교의 전신)을 설립했을 때 토목, 건축, 광산의 3개과로 시작했던 것은 바로 그런 사정에 연유했다.

1931년 9월 18일 일본 관동군의 폭주로 시작된 중국 동북 3성 침략은 1937년 7월 7일 중일전쟁으로 확대되었고, 1941년 12월 7일 일본군의 진주만 공격으로 아시아태평양전쟁으로 치달았다. 조선총독부는 중일전쟁 발발과 함께 병력 확보를 위해 육군특별지원병 제도를 도입하여 '지원'이라는 형태로 조선의 젊은이들을 침략 전쟁의 전선에 내몰았다. 관변의 반강제적인 종용과 지원에 따른 우대 조치에 끌려 소작농 등 사회 저변의 자제가 대거 지원하여 경쟁률이 수십 배에 달했다. 일제는 이러한 성공에 도취되어 1943년 10월 초 일본인 대학생의 수학 연한 단축과 재학생 징집유예조치 정지에 발맞추어 조선인 학생들에게도 "지원에 의한 징병"이라는 모순된 형태의 병력 동원을 획책했다. 육군성의 방침이 공포된 3일 후인 1943년 10월 25일부터 11월 20일에 걸쳐 사지로 향하는 결단을 강요하고 12월 12~20일의 징병검사를 거쳐 1944년 1월 20일에 입영을 완료하여 일본인 학도병과 가능한 한 입영의 시간차를 줄인다는 것이었다(이향철, 「가미카제특공대와 조선인 대원」, 『죽으라면 죽으리라』, 우물이 있는 집, 2007).

학교나 지역 단위의 집요한 권유가 시작되고 친인척을 동원한 거의 강압에 가까운 요청이 지원을 받아들일 때까지 전방위로 반복적으로 이루어졌다. 결국 조선무선공학원 재학생들은 전원 신체검사를 받고 학도병으로 지원하게 되었다. 조선무선공학원 재학생들은 직접적인 징집 대상은 아닌 것으로 보였지만 '국가총동원법'의 '학교졸업자사용제한령'의 대상으로 연령적으로 대학이나 전문학교 재학생과 비슷했고 무엇보다 전쟁 수행에 불가결한 무선통신의 전문교육을 받고 있었기 때문에 여기서 자유로울 수가 없었다. 1944년 1월 20일 광운이 경성역광장에서 열린 학도출진식(學徒出陣式)에 참석했다는 기록이 있다. 현재 출신 학교별 학도병 출진자의 명단이 전해지지 않기 때문에 조선무선공학원 재학생이나 졸업생을 배웅하기 위해 학도출진식에 나간 것인지, 아니면 학원장의 입장에서 어쩔 수 없이 의례적으로 참석한 것인지는 알 수 없다(조건, 『일제의 조선인 학도지원병 제도 및 동원 부대 실태 조사 보고서』, 행정안전부 과거사관련업무지원단, 2017).

광운이 경성역광장의 조선인 학도출진식에 다녀온 다음 날 새벽(1944년 1월 21일 오전 2시)에 조선무선공학원은 이웃집에서 옮아 붙은 화재로 학교 교사와 이를 재정적으로 후원해온 광운상회 본점 점포를 전부 잃고 말았다. 광운상회는 이미 중일전쟁 전면화 이후 경성을 제외하고 대륙 침략의 병참기지가 된 중국 동북 3성과 한반도의 다른 지역으로부터 모든 지점·출장소를 정리하고 철수한 상태였다. 모든 공장이 무기, 화약 등 전쟁 물자를 생산하는 군수공장으로 개편된 전시경제 아래 라디오 등 일반인을 위한 소비재·생산재의 공급이 중단되어 더 이상 사업을 계속할 수 없었기 때문이다. 학도병으로 끌려가거나 징집을 피해 어딘가 피신하여 학생들은 사라지고, 화재로 학교 교사를 잃은 조선무선공학원은 개점휴업 상태로 해방을 맞이하게 되었다.

제7장
해방 이후의 교육 활동과 학교 건립

광복과 새로운 국가 건설

1945년 8월 15일 일제는 미국에 항복했고, 우리 민족은 광복을 되찾았다. 일본의 패망은 우리 민족의 힘으로 새로운 국가를 건설해야 함을 의미했다. 이러한 새 국가 건설에는 정치적이고 경제적인 부분만이 아니라, 새로운 교육체계와 학교가 반드시 요구되었다.

광운은 새 국가 건설에 필요한 교육 사업의 중요성을 누구보다 잘 알고 있었지만, 교육에는 투자가 필요했다. 더구나 해방 직후 사회는 혼란 속으로 빠져들고 있었다. 무엇보다 일본의 조선총독부가 한국인에게 행정 권력을 곧바로 이양하지 않았다. 원래 조선총독부는 여운형(呂運亨)이 중심이 된 건국준비위원회에 행정권을 넘기기 위한 교섭을 진행하고 있었다. 건국준비위원회는 여운형을 위원장, 안재홍(安在鴻)을 부위원장으로 하면서, 치안 확보, 건국 사업을 위한 민족 역량의 일원화, 교통·통신·금융과 식량 대책 마련 등으로 당면 목표를 설정했다. 조선총독부의 의도는 패전 후에 있을 수 있는 보복을 막는 한편, 80만 명에 달하는 일본 민간인과 군인을 보호하여 안전하게 귀환시키는 것이었다. 행정권 이양 교섭의 목적은 여기에 있었다. 하지만 조선총독부는 갑자기 행정권 이양을 거부했다. 이후 1945년 9월 6일 미군이 서울에 진주하자, 미군 사령관 하지(John Reed Hodge)와 조선총독 아베 노부유키(阿部伸行) 사이에서 항복 조인이 체결되었고, 행정권 등을 포함한 모든 권한은 미국에게 넘겨졌다. 이는 아마도 연합국 총사령부 총사령관(GHQ/SCAP)의 지시에 따른 결과였을 것이다.

당시 한반도는 미국과 소련이 주도하는 새로운 세계 질서인 '냉전'으로 인하여 분단의 길로 접어들고 있었다. 사실 한반도 분단의 싹은 이미 제2차 세계대전 중에 자라고 있었다. 소련군은 아시아태평양전쟁 막판에 대일전에 참여했으며, 그로 인해 한반도는 새로운 운명을 맞이하게 된다. 소련은 얄타회담의 결정에 따라 만주 지역을 공격했고, 이후 조선의 함경북도 웅기를 점령했다(1945년 8월 11일). 곧이어 소련군은 나진(8월 12일)과 청진(8월 15일)에 상륙하고 계속 남하했다.

당시 중국 동북 3성에 있던 일본 관동군은 급속도로 붕괴 중이었지만, 미군은 태평양의 류큐섬(琉球島)에 머물고 있었다. 속도상으로 볼 때 미군은 소련군에 맞추어 한반도에 진주할 수 없었다. 초조해진 미국은 소련에게 38도선을 경계로 각각 북과 남에서 일본군을 무장해제할 것을 제안했다. 소련이 여기에 동의함으로써 한반도는 38도선을 기준으로 미·소 양쪽에 의해 분할 점령되었다. 조선총독부가 미군에게 항복하면서, 한반도에서는 한국인이 정치적 주권을 가질 수 없었다. 건국준비위원회의 활동은 무력화되었다.

이처럼 한국인은 광복을 맞았지만 곧바로 새로운 국가를 건설할 수 없었다. 미국은 아시아태평양전쟁이 끝난 뒤 한반도 지역을 일본의 지배로부터 독립시키려 했지만, 일정 기간 동안 신탁통치가 필요하다고 보았다. 이 구상은 1942년부터 나오기 시작하여 카이로선언(1943. 11. 27)에서 공식화되었다. 그 내용은 한반도 지역에서 "일정한 절차를 밟아서(in due course)" 독립이 이루어질 것이라는 규정이었다. 미국과 소련은 모스크바 3상회의의 결정에 따라 임시정부 수립을 논의할 미소공동위원회를 설립하려 했지만 이 위원회는 결렬되었다. 그 결과 미군은 38도선 이남 지역에서 군정을 실시하게 된다.

앞서 보았듯이 광운은 아시아태평양전쟁 이후 전시 동원 등으로 인해 악화되는 경제 상황 속에서 사업의 부진을 겪었으며, 각 지역의 지점들을 정리하거나 철수시켰다. 최악의 경제 상황에 대비하는 광운의 준비였다. 그는 일본의 패망이 다가온다고 확신하고 있었다. 일본은 미국의 상대가 되지 않을 것이라는 판단이었다. 특히 일본이 미국에 의해 패망하고 나면, 미국은 아시아 지역에서 커다란 영향력을 지니게 될 것이 분명했다. 광운은 1945년 8월 15일 광복에 대한 감회를 다음과 같이 회고한다.

8월 15일은 마치 몸속의 피를 신선하게 갈아 날아갈 듯 새로워진 그런 날이었다. 다시 말해 우리가 새로이 태어난 날이었다. 문득 와세다대학 재학 시절, 히비야공원에서 학교의 친구들과 모여 우리의 독립에 대해 의견을 나누었던 그 어둡고 불안했던 시절이 주마등처럼 지나갔다. 체포당할지도 모른다는 목을 죄어오는 공포 속에서 미처 책가지도 챙기지 못한 채 기숙사를 뛰어나와 무작정 도쿄역을 향했던 그 순간의 참담하고 울분에 찬 시절도 떠올랐다. 이제 그 우울한 시간은 지난날의 기록 속으로 사라져갔다. 어찌 해방을 꿈이나 꾸어볼 수 있었던가. 그런데 그

아득했던 해방이 마치 손바닥 안에 들어 있는 것처럼 눈앞에 찾아온 것이다.

광운은 대부분의 한국인이 그러했듯이, 오래 전부터 꿈꿔왔던 광복을 맞아 크나큰 감회를 느꼈다. 기다리고 기다렸던 광복이지만, 막상 그것은 갑작스럽게 찾아왔다. 한국인들은 8월 15일 일본의 무조건 항복을 예상하지 못하고 있었다. 실제로 일제의 패전 소식은 8월 15일이 지나 17, 18일을 지나면서 전국 각지로 퍼져 나갔다. 당시 소년 임병박은 극장 앞길을 메운 수백 명의 군중들이 '조선 독립 만세'라는 플래카드를 앞세우고 만세 삼창을 외치는 장면을 목격했는데, 태극기를 처음 보았기에 무척 감격했다고 한다.

그러나 해방의 감격과 새로운 국가 건설은 다른 문제였다. 조선총독부는 자신이 설치했던 행정 기구는 물론이고, 조선인 관료까지 그대로 미군에게 인계했다. 한국에 대해 무지했던 미군은 광복군을 구성했던 충칭의 대한민국 임시정부는 물론이고, 건국준비위원회와 기타 모든 정치 조직을 인정하지 않았다.

그렇다고 한국인들이 새로운 국가 건설의 준비를 손에서 놓아버릴 수는 없었다. 정치·경제·사회·문화의 모든 부분에서 새로운 준비가 필요했으며, 이 점은 교육도 마찬가지였다. 문제는 당시 해방 정국이었다. 미군정하에서 신 국가 건설을 둘러싼 한국인 내부의 갈등이 점화되고 있었다. 이 상황은 아시아태평양전쟁 이후 본격화되고 있던 미국과 소련을 둘러싼 냉전의 확대라는 세계 질서 변화와 깊은 연관이 있었다.

앞서 말했듯이 '한반도 지역에서 신탁통치 이후 독립'이라는 결정은 모스크바 3상회의에서 논의된 사항이었다. 이 결정이 국내에 전달되자 국내의 좌익과 우익 정치 세력은 처음에 같이 반대에 나섰다. 하지만 조선 공산당을 중심으로 한 좌익 진영은 곧 모스크바 3상회의 지지를 선언하면서 이른바 찬탁(贊託) 노선으로 선회했고, 반탁을 주장한 우익 세력과 대립과 충돌이 심해졌다. 이 대립은 교육계에도 영향을 미쳤다. 교육계는 좌우익에 의해 양분되었다.

이런 혼란 속에서 한국의 미래를 위해 교육 사업을 어떻게 진행할 것인가에 대한 광운의 고민도 깊어졌다. 1945년 11월부터 교육 제도에 대한 논의가 시작되었다. 미군정 학무국의 주도하에 교육계, 학계 대표 100여 명이 모였다. 이 모임은 '조선교육심의회'로 발족되었고, 새로운 교육 제도에 대한 심의를 진행했다.

우선 시급한 것은 학제를 어떻게 정하는가의 문제였다. 조선교육심의회는 전체 회의를 통해 6-6-4의 연한으로 교육체계를 설정하여 이를 위주로 하면서도, 6-3-3-4제를 병행하기로 했다. 그에 따라 학교 단계를 취학 전 교육, 초등교육, 중등교육, 고등교육과 특수교육의 5단계로 정하고, 유치원부터 대학원까지 교육 연한은 총 20년으로 했다. 아울러 남녀공학을 원칙으로 하고, 종래 3학기제를 2학기 제도로 바꾸어 1학기는 9월부터 다음 해 2월, 2학기는 3월부터 8월까지로 정했다. 또한 1946년 11월부터 의무교육을 전면적으로 실시하기로 했다.

이러한 교육 제도 개편 속에서 광운은 새로운 국가 건설에 '교육'이야말로 가장 중요한 사업이라는 생각을 굳혀갔다. 그는 1946년 6월 1일 지금까지 열심히 해왔던 조선전자산업회사의 사장직을 그만두었다. 당시 그의 나이 47세였다. 장년기의 광운은 교육 사업에만 몰두하겠다는 결심을 다졌던 것이다.

　그 다음 단계는 조선무선강습소를 정식 인가를 받은 학교로 개편하는 작업이었다. 1938년 새로운 '조선교육령'에 의거하여 황민화 교육이 시행되면서, 사학(私學)에 대한 일제의 탄압도 극심해졌다. 조선인이 만든 사학은 정식 학교로 인정받기 힘들었다. 그래서 조선무선공학원은 학교로 인정받을 수 없었다. 이제 해방 이후 새로운 교육 사업과 확장을 고민하면서, 가장 우선적인 것은 조선무선공학원을 시급히 정식 학교로 개편하는 일이었다. 그것이 교육 사업을 위한 가장 중요한 일임을 광운은 잘 알고 있었다.

조선무선중학교 설립과 운영

　광운은 조선무선공학원을 정식 학교로 개편하겠다고 결심하고, 현재 중학교 과정인 초급중학교로 학무국에 정식 설립 인가를 신청했다. 다행히 미군정청은 1946년 9월 2일 조선무선초급중학교의 설립을 허가했다. 아마도 해방 이후 교육 시설이 부족한 상황이 감안되었을 것이다. 그에 따라 1943년 화재로 불탔던 봉래동 조선무선공학원을 3년 만에 복구하여 그 자리에 중학교가 들어섰다.

　조선무선초급중학교의 설립은 여러 측면에서 의미 깊은 일이었다. 우선 광운이 학교의 정식 인가를 통해 이후 교육 사업에 전념하는 계기가 되었다. 학교 설립 인가 이후 광운이 재단법인을 구성하기 위한 기울인 노력에 대하여 당시 『대동신문(大同新聞)』(1946년 11월 30일)에는 다음과 같은 기사가 실리기도 했다.

학계 희소식(學界喜消息) : 시내 서대문구 만리동 조선무선중학교는 창설 이래 십여 성상(星霜)의 난관을 극복하고 오늘날까지 유지하여온 것은 동교 설립자 조광운 씨의 끊임없는 노력인 바 해방 후 문교부(文敎部)의 과학진(科學陣)을 위한 커다란 열의로 동교를 중학교로 승격시키었다. 이에 감격한 조광운 씨는 사재(私財) 백만 원을 내어놓기로 되어 이 소식을 들은 동교 후원회와 동창회에서는 오백만 원을 투척, 학교재단 완성을 결의하고 재단법인기성회(財團法人期成會)를 조직하여 조선 유일의 무선과학 중진(重鎭)을 양성할 무선중학을 세워 조선 건국에 이바지하기로 되어 사회 각 방면의 성원을 기다리고 있다 한다.

중학교를 유지하고 정식 인가까지 받은 것은 이와 같은 광운의 노력 덕분이었다. 광운은 초급중학교 설립 인가 이후 백만 원의 사재를 출연하여 재단을 구성하려 했고, 후원회와 동창회가 500만 원의 자금을 더 모금하기 위해 재단법인기성회를 조직하기도 했다. 다만 실제로 이 자금이 모두 모였는지는 현재 자료가 없어 확인이 어렵다.

이후 광운이 구성한 조선무선초급중학교의 재단법인 이사회가 1947년 1월 2일 문교부의 승인을 받았다. 당시 승인받은 이사회는 이사장에 조광운, 이사에 송갑용·김성집·이영기·예완원 등 4명을 선임했다. 감사는 박흥복·조인봉 등을 임명했다. 아울러 광운은 같은 날 문교부로부터 조선무선초급중학교의 초대 교장 취임을 승인받았다.

그런데 1946년 9월에 제정한 학제는 당시 실정에 맞지 않는 면이 있었다. 무엇보다 초급중학교와 고급중학교의 분리로 인해 학교의 재정난과 교원을 구하기 어려운 문제에 당면했던 것이다. 과거 일제하에 통합되었던 학교 단계가 분리됨으로써 생긴 혼란이었다. 이러한 분리는 미국식 학제를 기반으로 한 것이었다. 중고등교육의 분리는 새로운 학교 시설과 부지, 교사의 수급을 요구하는 일이기도 했다.

해방 직후 교육 수요는 폭발적으로 증가했지만, 과거 학력에 대한 인정 문제도 있었고, 학생의 수준에 맞는 교육을 담당할 교사가 절대적으로 부족했다. 1948년 당시 중학교는 380곳, 학생 숫자는 279,000명이었으며, 교원은 5,112명이었다. 그리고 초등학교(초등교육기관의 명칭은 해방 후에도 1941년 일제 칙령 제148호 '국민학교령'에 의해 국민학교가 오랫동안 사용되다가 1996년 3월 1일부터 일제잔재 청산의 일환으로 초등학교로 바뀐다. 여기서는 혼란을 피하기 위해 초등학교라는 표기로 통일해서 사용한다)가 3,443개교였다. 초등학생 상당수가 중학교로 진학한다고 가정해보면, 그만큼 중등교육을 담당할 학교가 크게 부족한 형편이었다.

문교부는 이 문제를 완화시키기 위해 초급, 고급중학교로 분리되어 있던 학제를 6년제 중학교로 통합하는 6-6-4의 기간 학제 개편을 단행했다. 이 학제 개편으로 조선무선중학교 역시 1948년에 6년제 중학교로 개편되었다. 그 결과 1948년 1월 27일 조선무선중학교는 바뀐 학제에 따라 전기통신공학과 12개 학급을 개설할 수 있도록 인가를 받았다. 다만 교장과 이사회의 구성은 초급중학교와 변동 없이 그대로 유임되었다.

이 조선무선중학교의 운영은 비교적 순조롭게 진행되어 1947년 4월 첫 입학생을 선발하여 1950년 제1회 졸업생 98명을 배출했다. 비로소 광운의 교육 사업에서 첫 번째 결실이 만들어진 셈이었다.

또한 1948년 8월에는 군정청 체신부로부터 조선무선중학교 졸업생에게 통신사 2급 면허증을 교부한다는 정식 공문을 받았다. 이제 조선무선중학교는 다른 일반 중등교육기관과 달리 특화된 무선통신 교육을 시행하는 국내에 거의 유일한 중등교육기관의 위상을 확보하게 된 것이었다. 이렇게 조선무선중학교는 한국 무선통신 교육의 산실이 되고 있었다.

조선무선고등학교 인수와 연촌분교

1948년 8월 15일, 광복 3년 만에 대한민국 정부가 수립되었다. 그에 따라 새롭게 1949년 12월 교육법이 공포되었고, 대한민국 최초의 학제가 제정·공포되었다. 그러나 이 학제는 실제로 적용되지는 않았다.

이후 대한민국 최초의 학제는 1950년 3월에 개정된 교육법에 따라 처음 적용되었다. 당시 미군정하에서 9월 1일을 새 학년의 시작점을 삼던 것을 4월 1일로 바꾸었고, 학교별 수업 연한을 초등학교 6년, 중학교 4년, 고등학교 3년, 대학(교) 4년 내지 6년, 대학원 3년 이상으로 하는 기간 학제가 마련되었다. 하지만 1951년 3월 교육법이 다시 개정되어 중학교 수업 연한을 4년에서 3년으로 고쳐 현행 6-3-3-4의 기간 학제가 확립되었다.

기간 학제의 변동은 광운의 입장에서 새롭게 대응해야 할 문제였다. 더구나 그는 교육 사업에 본격적으로 투신한 상황이었기 때문에 미래를 대비한 보다 큰 청사진이 필요했다. 당시 그가 어떤 청사진을 마음속에 그리고 있었는지는 구체적으로 알 수 없다. 분명한 것은 교육 사업의 확장에 넓은 학교 부지가 절대적으로 필요하다는 점이었다. 서울역 근처의 봉래동 학교 부지는 대한민국 학제에 따라 초등학교부터 대학교까지 포괄할 규모가 아니었다. 당시 봉래동은 서울 중심부에 가까웠으며, 작은 공장이나 주택들이 밀집해 있었다. 더구나 서울역이 멀지 않은 곳에 위치해 있어 번잡스럽기도 했다. 아무리 생각해도 학교의 확장에는 봉래동보다 더 큰 부지가 필요했다. 더구나 봉래동에 있는 2층 목조건물은 이미 화재로 소실된 건물을 다시 구축한 것이었다. 그 경위에 대해서 광운은 이렇게 회고했다.

현재의 봉래동은 학교로서는 그 위치가 적합하지 않았다. 주위의 환경도 그러했고 협소할 뿐만 아니라 산만하기 짝이 없었다. 그래서 당시 경기도 양주군에 속해있는 연촌(研村, 현재의 월계동 캠퍼스) 일대에 넓은 대지를 구입할 계획을 세웠다. 원래 봉래동에 있었던 목조 2층 건물은 전쟁 말기인 1944년 1월 20일 저녁에 우리 학교 학생들의 학도병 출정을 환송하기 위하여 교직원들과 함께 서울역을 다녀온 뒤 이튿날 새벽 3시, 인근 가옥에서 발생한 화재로 인해 전소되어버렸다. 다행히 그때 나는 당시의 액수로 20만 원에 해당하는 화재보험에 가입하고 있었기 때문에 그 보험금을 받아 큰 어려움 없이 재건에 착수할 수 있었다. 이 보험금도 비교적 명확히 장래를 내다본 덕택이었다. 날이면 날마다 서울역에서는 전쟁터로 출정하는 자식을 두고 그 수많은 부모형제들이 아비규환을 이루며 통곡을 하였고 머지않아서 연합군의 비행기가 서울을 공습할 것으로 내다보았다. 그래서 학교 건물 전체를 보험에 들었던 것이다. 내가 이렇게 보험을 들자 그 누구도 이를 정상적으로는 보지 않았지만 나는 나대로 생각한 바가 있었기에 굴하지 않았던 것이다. 아니나 다를까 공습에 의한 것은 아니었지만 화재가 일어나서 건물 전체가 잿더미로 돌아가버렸다. 일본 본사에서 감정원이 직접 나와 감식을 하였는데 그의 각별한 호감을 사게 되어서 약정금의 전액에 가까운 보상을 받을 수가 있었다. 이 어찌 하늘의 도우심이 아니겠는가.

이 회고에 따르면 광운은 아시아태평양전쟁 말기 연합군 비행기의 공습을 예상하고 미리 화재보험을 들어놓았다. 실로 사업가로서의 감각을 발휘한 결과였다. 당시 화재보험 가입에 대해 주변에서는 다들 비판적이었을 것이다. 전쟁 말기라서 경제 사정이 좋지 않았고, 학교 운영자금도 많이 부족했을 것이기 때문이다. 그러나 광운은 주변의 비판에도 불구하고 미래의 불안에 대한 대안을 마련해두고자 했다. 교육 사업의 지속에는 무엇보다 학교 건물이 중요하다고 믿었기 때문이다.

사실 일제강점기에 지어진 건물은 대다수가 일본식 목조건물이었다. 당시 목조건물은 건축 비용이 저렴하다는 장점을 지니고 있었지만, 화재에는 매우 취약했다. 광운은 그때 이미 아시아태평양전쟁 후반기에 이루어졌던 도쿄 대공습 등에 대해 알고 있었을 것이다. 실제로 조선 지역에 공습은 없었지만, 조선에서도 방공 시설 확충과 공습 대비가 이루어지고 있었다. 미래의 상황을 그때 모두 예측하기는 어려웠지만, 광운은 사업가적 마인드를 바탕으로 미래의 불안 요소에 미리 대비하려 했다.

보험 가입액은 20만 원이라는 거금이었다. 그 가치가 현재 기준으로 어느 정도인지 가늠하기 위해 채만식의 소설을 보면, 당시 직장인의 한 달 봉급이 30원 정도였다고 한다. 그렇다면 20만 원은 당시의 인플레이션을 감안해도 상당히 큰 액수였을 것이다.

당시 조사를 맡았던 보험회사 감정원의 호의로 광운은 전액에 가까운 보험료를 지불받을 수 있었다. 그 금액으로 봉래동에 3층 콘크리트 건물을 세웠다. 하지만 이 시기에 이미 광운은 학교의 미래를 위해 새로운 계획을 지니고 있었다. 보다 근본적인 교육 사업의 확장을 위하여—훗날 조선무선고등학교가 되는—기존 학교를 인수하려는 계획이었다.

원래 조선무선고등학교는 일제 체신부 산하의 조선무선통신학교로 1939년에 만들어졌다. 당시 무선통신사 자격을 부여했던 이 학교는 정원 250명으로 출발했다. 광운은 일찍부터 무선통신사 자격증을 부여했던 이 학교에 대해 관심이 많았을 것이다.

조선무선통신학교는 중학교 졸업생들을 대상으로 입학생을 선발하여 1년 내지 2년 동안 교육 기간을 거쳐 무선통신 기술자를 양성하는 기관이었는데, 일제는 아시아태평양전쟁의 전황이 점차 불리해지자, 이 학교를 조선총독부 무선전신강습소로 개편했다. 전쟁에 필요한 군사적인 무선전파 실무 교육만 하도록 전환시킨 것이다. 이 학교 졸업생들은 대부분 일본군에 입대하거나 군속으로 군사기술을 담당했고, 당시 학생들의 80~90%가 일본인이었다. 그러나 해방 이후 무선전신강습소는 조선무선전신학교로 이름을 바꾸어 잠시 운영하다가 1946년 상반기에 폐교되었다.

사실 문교부나 체신부 입장에서는 기존 교육 시설을 활용할 필요가 있었다. 그렇지만 학교를 운영할 능력이 있는 사람에게 이를 맡기는 것이 원칙이었다. 광운은 이미 무선통신 교육을 하는 중학교를 운영하고 있었기에, 학교 운영의 적임자로 판단되었을 것이다. 그리고 이미 1948년 8월 체신부로부터 연촌역(현 광운대역) 근처에 있는 조선무선전신학교의 건물을 무상으로 임대받아 사용하고 있었다. 이 점은 광운이 체신부의 신뢰를 얻고 있었음을 방증한다. 그는 이후 학교 인수에 성공하게 되었다. 광운은 당시 학교 인수에 대해 다음과 같이 회고했다.

그런데 더욱 획기적인 일은 1949년 4월 1일, 일본인 수재들만 취학할 수 있었던 총독부 체신청 산하의 조선무선고등학교(일제 때 한국인은 몇 사람밖에 다니지 못한 특수학교)를 인수하게 된 것이었다. 더 정확히 말하면 그 보험금 덕택으로 조선무선통신고가 있던 교지를 중심으로 자그만치 1만 5천 평의 방대한 토지를 매입하게 되었던 것이다. 926평의 건물에 이전하여 개교를 하게 되었고 교통이 불편하였기 때문에 기숙사 북한료(기숙사 이름)를 수리하여 학생들을 기숙하게 하였다. 이제 도약의 기틀은 잡혔으며 나의 꿈은 백지 위에 착착 현실로 그려지기 시작하였다.

이 학교가 봉래동의 연촌분교가 되었다. 새롭게 얻은 조선무선통신학교 부지는 경기도 양주군 월계리(현 서울 노원구 월계동, 지금의 광운중학교 부지)에 위치했다. 광운은 이곳 부지와 교사 등 시설을 인수하여 이후 광운학원의 기초가 될 터전을 마련했다.

당시 월계리는 서울이라기보다 그야말로 시골이었다. 원래 이곳에 조선무선통신학교가 들어선 경위는 알려진 바가 없다. 추측하건대 이 학교는 월계리 근처에 1931년 일제가 세운 경성공립직업학교와 관련이 있을 수 있다. 공업과 관련되어 양 학교가 근처에 있도록 배치한 것일 수 있기 때문이다. 그렇지만 월계리의 교통 사정은 매우 열악했다. 당시에는 미아리부터 걸어와야 닿을 수 있는 곳이었다. 따라서 학생들의 기숙사 생활이 필수였다. 연촌분교의 마련으로 광운학원의 도약을 위한 첫걸음이 놓인 셈이다. 그러나 새 학교는 그만큼 많은 과제를 광운에게 안겨주었다. 규모뿐만 아니라 학교교육의 질을 담보할 수 있는 각종 기자재와 시설, 그리고 운영의 문제는 쉽게 해결할 수 없는 것들이었다.

6·25전쟁의 전개와 서울

1950년 6월 25일 6·25전쟁이 발발했다. 6·25전쟁은 당시 미국을 중심으로 한 자본주의 체제 국가들과 소련 중심의 사회주의 체제 국가들 간의 냉전을 배경으로 한다. 물론 국내적으로 한반도 지역에 분단국가의 성립은 이보다 근본적인 요인이 될 것이다.

특히 남한 지역 내에서는 대한민국 정부 수립 전후로 제주 4·3 사건(1948년 4월 3일), 여순 반란 사건(1948년 10월 20일) 등과 같은 갈등이 분출되었다. 여순 반란 사건에 참여한 군인 700여 명은 민간인 가담자 1,300명과 함께 유격 부대를 만들어 지리산을 중심으로 경상·전라도 일대에서 유격전을 전개했다. 또한 38도선을 둘러싸고 남북한의 소규모 무력 충돌이 계속되었다. 그런 가운데 미국의 한반도 정책이 변화하기 시작했다. 미국은 한반도에서 외국군 철수를 의결한 유엔의 결정에 따라 전투부대를 완전히 철수시켰다. 나아가 미 국무장관 애치슨(Dean Acheson)은 태평양 지역의 방위선에서 한국을 제외한다고 발표하기도 했다.

한편 북한의 김일성(金日成) 정권은 남한과 달리 비교적 빨리 안정화되었으며, 과거보다 공업과 농업 생산량도 향상되었다. 이 안정을 바탕으로 북한은 소련과의 협정을 통해 군사원조를 받았으며, 중국으로부터 약 5만 명의 조선인을 받아 인민군에 편입시켰다.

결국 1950년 6월 25일 새벽, 북한군의 전면 침입이 개시되었다. 당시 국군은 장비 부족 등으로 인해 초반부터 퇴각을 반복했다. 하지만 그러한 패전과 퇴각 상황은 서울 시민에게 그대로 전달되지 않고 오히려 반대로 알려졌다. 인민군이 개성과 의정부, 그리고 창동과 우이동을 거쳐 미아리로 접근하는 가운데, 대한민국 중앙방송은 적을 격퇴시키고 있다고 방송하고 있었다.

대한민국 정부는 수원을 거쳐 대전으로 옮겨갔다. 인민군은 개전 4일 만인 6월 28일에 서울을 점령했고, 한강 인도교와 철교가 폭파되었다. 이로 인해 국군의 후퇴와 함께 피난민의 남하가 어려워졌다. 당시 서울 인구는 150만 정도였으며, 그중 15만 명이 한강 남쪽 영등포구에 거주했다. 한강 이북에 있던 140만 명 가운데 한강을 건너 피난한 사람은 약 40만 명으로 추산된다. 이는 대부분의 서울 시민이 서울이 수복되는 9월 28일까지 3개월 동안 공산 정권하에서 살아야 했다는 의미였다. 광운과 그의 가족, 그리고 학교 교직원과 학생들도 마찬가지였다. 그들 가운데 피난을 간 사람은 많지 않았을 것이다.

서울을 점령한 북한군은 서울시 임시인민위원회를 조직하고, 그 아래 각 구와 동을 소속시켰다. '임시'가 붙은 것은 선거를 통해 정식 인민위원회가 결성되지 않았기 때문이었다. 서울시 임시인민위원회 위원장은 북한 정권의 사법상(법무부장관)을 지낸 이승엽(李承燁)이었다. 그는 1923년경 고려공산청년회에 가입하여 공산주의자로 활동하다가, 1945년 해방 이후 박헌영과 함께 조선공산당 재건에 참여했다. 1948년 월북하여 그해 9월 조선인민공화국의 제1차 내각 사법상이 되었고, 중앙위원회 비서를 역임하기도 했다.

당시 서울에서는 청장년들을 의용군으로 끌고 가는 일이 잦았고, 거리를 오가는 사람들의 숫자는 눈에 띄게 줄어들었다. 또한 식량 부족으로 인해 여러 어려움을 겪었다. 이는 광운과 학교 교직원들도 예외가 아니었다. 광복절에는 인민위원회가 주최하는 성대한 기념행사가 거행되었지만, 그날 이후 식량 부족은 더욱 심해졌다. 또한 서울 지역 내의 경계가 삼엄해지면서 거리에서 행인을 찾아보기 힘들 정도가 되었다.

전황은 인민군이 아직 유리한 상황이었다. 인민군은 전라도 지역 일대를 점령했으며, 경상도 지역에서도 낙동강을 넘어 경주·영천·대구·창녕·마산을 연결하는 지역의 일부만을 남겨놓고 있었다. 그러나 경상북도로 남진해온 인민군 제2군단은 대구·영천·경주 지역을 돌파하지 못했고, 전라도 지역의 제1군단 역시 창녕과 마산 주변에서 더 이상 진군하지 못하고 있었다. 이미 7월부터 미군이 참전하고 있었고, 유엔 안보이사회가 인민군의 군사행동을 침략 행위로 규정하고 유엔군 파견을 결정했기 때문에 미군을 포함한 16개국이 참전한 상황이었다. 바야흐로 6·25전쟁은 국제전으로 성격을 바꾸고 있었다.

그러나 인민군 점령 지역의 물자와 식량 부족은 점점 더 심각해지기만 했다. 서울에서는 학생과 청년들이 의용군으로 징발되는 일이 잦아졌다. 조선무선고등학교 학생 중에서도 의용군으로 끌려간 이들이 있었을 것이다. 다만 당시 학생 중에 어느 정도가 의용군으로 끌려갔는지는 정확치 않다. 더구나 인민군 점령 이후 서울 등지에서는 인민재판이 전개되었다. 당시 인민재판의 대상은 한국 정부하에서 동장, 파출소 소장, 판사나 검사, 군인 등 공직을 맡았던 이들이었다. 이들의 죄상이 낭독되면 곧 '인민의 적'이라는 이유로 총살형이 집행되었다.

인민군 점령하에서 광운과 학교의 운명은 그들의 손에 달려 있었다. 공보처 통계국이 작성한 조사표에는 1953년 7월 27일 당시 집계된 민간인 인명 피해가 드러나 있다. 서울에서만 95,000명 이상이 사망·학살·납치·행방불명되었다. 특히 「6·25사변 피납치인사 명부」(대한적십자)에 따르면, 서울에서만 1,500명에 달하는 인원이 북한으로 피납되었다고 한다. 거기에는 정치가부터 언론인, 교육자까지 포함되어 있었다. 이런 상황 속에서 생존을 넘어 미래를 대비하는 일은 결코 쉽지 않았다. 유엔군의 반격으로 인천 상륙작전이 개시되고, 서울이 재탈환되기까지 광운 역시 시련을 겪지 않을 수 없었다.

피난과 시련

6·25전쟁은 한국인 누구에게나 그랬듯이 광운에게도 새로운 시련이었다. 광운은 6·25전쟁에 대해 회고록에 다음과 같이 적었다.

그런 가운데서도 1950년 이른 봄, 기술과 26명, 통신과 47명을 조선무선중학교의 이름으로 졸업시키게 되었을 때 느꼈던 벅찬 감격은 잊을 수가 없다. 그 졸업생들을 다 보내고 난 뒤 텅 빈 교실 안에서 며칠 전까지 떠들썩하던 그들을 생각해보는 나의 눈에는 기쁨이랄까 서운함이랄까 그런 복합된 감정의 눈물이 흘러 내렸다. '이제는 그들이 사회에 나가 학교의 이름을 빛내겠지.' 속으로 다짐하며 위로를 받았다.

그러나 또 이 무슨 신의 노여움이랴, 겨우 발전의 토대를 구축하고 구하기 힘든 갖가지의 교육용 자재를 구입하여 이제야 마음 놓고 훌륭한 기술인을 양성하겠구나 하고 있을 때 북한 괴뢰의 남침이 자행된 것이다. 연촌의 학교에 있는 고정 시설은 어쩔 수 없이 그대로 두고 이동시킬 수 있는 자재들은 몇몇 교직원들과 함께 봉래동 교사로 급히 옮겨놓았다. 그러는 사이에 피난도 가지 못하고 꼼짝없이 집에서 적 치하 3개월의 암울한 세월을 보내야 되었다.

원래 광운은 전쟁 개시 직후 남쪽으로 피난을 가려 했다. 서울 함락이 다가온 6월 27일 오후 9시에 피난을 가기 위한 짐을 꾸렸다. 가족을 포함하여 총 18명(큰 사위 가족 3명, 둘째 사위 가족 6명 포함)의 인원을 모아 피난을 준비했던 것이다. 하지만 서로 연락을 취하다가 출발 시간이 지연되었다. 이들이 한강 인도교에 도착한 시간은 오후 11시였다. 인도교는 이미 헌병이 통행을 금지시키고 있었기 때문에, 광운 일행은 용산 역전 인근에 있는 지인의 집으로 향했다. 이후 6월 28일 새벽 2시에 한강 인도교가 폭파되었고, 일행은 토굴 속에서 밤을 지새워야 했다. 결국 남쪽으로의 피난은 실패로 돌아갔다.

광운과 가족들은 대규모로 움직이기 곤란한 상황이 되었다고 판단하고 각 가족 단위로 흩어지기로 결정했다. 이후 조광운 가족은 청파동에 있는 지인의 집으로 피신했다. 이 집에 있는 동안 학교 부교장 박흥복(朴興福)과 교무주임 원상범(元商範)이 광운을 찾아와서 귀가를 종용했다. 두 사람은 광운에게 아무런 해도 없을 것이라고 안심시켰다.

결국 광운은 다시 학교에 나가게 되었다. 학교에서는 이미 북한군이 임명한 최모(崔某)가 그를 기다리고 있었다. 그는 광운을 감금하다시피 하여 학교 전체를 인민군에게 인계하고 교장직을 넘기라고 강요했다.

인민군은 서울 점령 이후 공공시설을 접수한 뒤에 학교, 병원 등과 같은 시설 중 개인이 운영하거나 소유한 것들을 이런 방식으로 넘겨받았다. 학교 부지나 건물 등은 인민군에게 절대적으로 필요한 시설이었기 때문이다. 이 방식은 소련군이 북한 지역을 점령한 이래 인민위원회가 결성되면서 사용되어왔던 것이었다.

이후 광운은 7월 10일 불시에 내무서(일종의 경찰서)에서 나온 사람들에게 연행되어 태평동 특별기동대(太平洞特別機動隊)로 불려갔다. 그곳에서 그는 처남인 이영기를 찾아놓지 않으면 사형을 당할지 모른다는 위협을 받았다. 그의 처남 이영기가 어떤 인물이었는지는 정확하지 않지만, 공무원이나 군인, 경찰 중 하나였을 것으로 보인다. 당시 곡물, 신탄의 무역 판매와 대금업을 했던 금옥상점(金玉商店, 서울시 홍파동)의 중역도 이름이 이영기이긴 했지만, 아마 동명이인일 것이다. 광운은 그날 저녁 9시 30분에야 집으로 돌아갈 수 있었다.

한편 7월부터는 미군의 서울 폭격이 시작되었다. 7월 16일에는 미 제5공군이 대형 폭격기 약 50대로 용산 일대를 폭격했다. 용산에는 철도 시설과 조선서적인쇄주식회사와 같은 공장이 자리 잡고 있었다. 미군은 이 폭격으로 인민군의 보급을 차단하고, 지폐 인쇄 시설을 파괴하려고 했다.

이후에도 서울 폭격은 계속 이루어졌다. 역사학자 김성칠이 쓴 『역사 앞에서』는 자신이 경험했던 북한 점령 치하의 서울 생활을 생생하게 보여준다. 이 책 8월 4일자는 폭격이 점차 심해지는 상황을 기술하고 있다. 당시 미군 비행기가 한강, 용산, 도심 지대를 지나 서울 변두리에 소이탄, 로켓탄을 퍼부었다는 것, 그리고 얼마 전에는 청량리, 창동역 방면을 폭격했고, 미아리 유지 공장도 잿더미로 만들었다고 서술되어 있다.

당시 무엇보다 서울 시민을 공포에 떨게 한 것 중 하나는 미군이 원자탄을 쓸 거라는 풍문이었다. 이 소문이 크게 번진 것은 비행기에서 뿌려진 삐라 때문이었다. 그 삐라에 서울에서 40리 밖으로 피난 가라는 문구가 써져 있었다는 것이다. 이것이 서울에 대규모 폭격, 혹은 원자탄 투하가 이루어질 것이라는 소문의 근거가 되었다.

또한 이 무렵부터 정치보위부나 내무서에 잡혀가는 사람들이 많아지고 있었다. 서울에 진주한 북한 정부가 어느 정도 체계를 갖추고 적대 세력 색출과 보안에 신경 쓰기 시작했던 것이다. 광운의 내무서 임의동행은 서울의 당시 분위기를 잘 보여준다.

이런 상황에서 광운은 더 이상 집에 머물 처지가 되지 않았다. 그는 손수레에 가구를 잔뜩 싣고 도망치듯이 집을 떠났다. 특별한 계획이 있었던 것은 아니었고, 단지 집에 계속 있다가는 반드시 위험이 닥치리라 생각한 결과였다.

광운과 가족은 자하문 밖에 있는 지인인 이씨 집으로 향했다. 광운은 그곳에서 1주일 동안 머무르다가, 외무서원(外務署員)에게 발각되었다. 그런데 외무서는 치안을 맡은 기구가 아니었다. 그는 이번에도 처벌을 받지 않은 채 가족들과 짐을 싸서 집으로 돌아갔다. 아마도 적당한 이유를 핑계로 댔을 것이고, 파출소에서도 특별한 처벌의 이유를 발견하지 못했기 때문일 것이다. 그러나 7월 말경 광운은 다시 옥인동에 있는 정치보위부에 불려가 박홍복 부교장과 함께 48시간 동안 갇혀 있었다. 그가 어떤 경위로 불려갔는지는 밝혀져 있지 않다. 부교장과 같이 불려갔으니 학교에 관련된 사안이었을 것이다.

광운은 잠시 집에 갔다 오겠다는 약속을 하고 귀가했다. 정치보위부가 나섰다는 것은 이전보다 사안이 심각했음을 의미한다. 귀가한 광운은 그대로 있다간 가족까지 위험해지리라 판단하고, 8월 3일 오전 8시에 정남(貞南), 정길(貞吉)과 사위인 박장엽(朴璋燁) 부부 등을 남겨놓고 피난길에 올랐다. 그는 당시 경기도 구파발 밖의 처가 묘소가 있는 곳에 가서 은거했다.

이후 9월 15일 인천 상륙작전이 이루어지고, 9월 28일에 서울이 수복

되었다. 다음 날 정부의 서울 환도식이 거행되었다. 이 소식은 광운의 귀에도 들어갔을 것이다. 그는 9월 28일 가족들과 함께 집으로 돌아갔다. 다행히 집은 폭격 등에도 무사했고, 가족들 모두 안전한 상태였다.

하지만 시련은 끝나지 않았다. 1950년 12월 국군과 유엔군은 거의 압록강 유역에 다다르고 있었다. 한국군 제1, 7사단과 미군 제1 기갑사단은 평양을 점령하고 계속 북진 중이었다. 미군 7사단 선발대는 11월 21일에 만주와 가까운 혜산진을 점령했다. 그러나 중국은 유엔군의 북진에 여러 차례 경고를 했고, 김일성의 요청에 따라 중공군을 개입시켰다. 중국은 특히 미군이 만주 지역에 진입할 것을 염려했을 뿐만 아니라, 지원을 계속해 온 김일성의 개입 요청을 거절하기도 어려웠다. 중국 내부에도 한국전 참전에 반대하는 의견이 많았다. 중화인민공화국이 수립된 지 1년도 되지 않은 시점이었기에, 국가 안정의 과제가 더욱 시급했기 때문이다. 하지만 마오쩌둥은 과감하게 중공군 투입을 결정했다. 50만 중공군이 12월 1일 파상적인 공격을 개시하자 한국군과 미군은 전면적으로 후퇴할 수밖에 없었다.

이승만 대통령은 12월 24일 서울 시민들에게 피난 명령을 내렸다. 이 명령은 다음 날 이기붕 서울특별시장의 피난 권고 담화문으로 발표되었다. 9월에 수복했던 서울은 다시 위기에 빠지고, 12월 말까지 80만 명 이상의 서울 시민이 한강을 넘어 남쪽으로 피난을 떠났다.

인민군과 중공군의 정월 공세는 1950년 12월 31일에 시작되었다. 미군은 1월 3일 유엔군 전 병력을 한강으로 도하시켜 수원-양평선의 진지로 철수했다. 이른바 1·4후퇴였다. 광운 역시 피난길을 떠나야 했다. 하지만 그가 피난길에 오른 것은 이보다 앞선 11월 20일이었다. 「회고록」의 날

짜 기록에 따르면, 아직 국군과 미군이 진군 중이던 시기다. 조광운은 전쟁이 끝날 때까지 일단 안전한 남쪽으로 내려가 있겠다고 결심했던 것 같다.

그는 11월 20일 트럭으로 전 가족 7명을 이끌고 출발하여 24일 오후 10시 경상북도 대구에 도착했다. 이때 그의 재산은 총 70만 원, 대구에 도착했을 때 남은 것은 40만 원이었다. 광운은 사업가답게 피난길의 지출 내역까지 메모해놓았던 것이다. 이후 조광운과 가족은 대구에 머물렀다.

1951년 2월 이후 중공군과 북한군은 한강 이북으로 후퇴했고, 2월 초에는 한국군 제1사단이 한강 남안에 이르렀다. 3월 14일 밤 한국군 제15연대가 서울로 들어가 정찰한 결과, 대부분의 적들이 후퇴한 상태였다. 다음 날 서울은 국군에게 재탈환되었다.

이후 광운은 새로운 일을 구상했던 것 같다. 3월 말 그는 부산상업은행에서 300만 원을 차용했다. 그중 70만 원은 비용으로 지불하고, 100만 원은 둘째 딸인 조정옥(曹貞玉)의 남편 예완원(芮完源)에게 주어 어떤 일을 하도록 했다고 한다. 당시 그가 무슨 비용으로 70만 원을 지출한 것인지, 사위에게 맡긴 일은 무엇이었는지는 확실치 않다. 아무래도 전쟁 중이기에 이와 관련된 사업을 구상하고 필요한 비용을 썼으리라 짐작할 뿐이다.

조광운 가족은 6개월 동안 대구에서 체류하다가 9월 20일에 CAC라는 특별 여행권을 구하여 서울로 귀환했다. 당시 피난민 가운데 권력층이나 부유층은 1952년이 되어서야 차례로 귀환을 시작했고, 일부 특권층은 휴전 이후인 1953년 8월 이후에 돌아왔다. 1952년까지는 도강증(渡江證)이 있는 군속(軍屬)이나 공무원이 아니면 한강을 건널 수 없었다. 미군과 국군 헌병이 도강증 검사를 한 후에야 강을 건널 수 있도록 했기 때문이다. 물론 감시를 뚫고 깊은 밤에 몰래 한강을 건너는 부류도 일부 있었다.

광운은 특별 여행권을 얻어 다른 이들보다 빨리 서울로 귀환한 이유를 따로 밝히지 않았지만, 아마도 서울에 남겨진 집과 학교 등에 대한 걱정 때문이었을 것이다. 하지만 당시 서울은 거의 대부분 파괴되어 있었고 물자도 매우 부족한 상황이었다. 전쟁이 끝나지 않은 상태에서 교육 사업을 재개하기는 어려웠다.

한국 정부는 1952년 2월에 서울 시민 전체에게 시민증을 발급했다(통계에 따르면 당시 서울 시민은 총 321,626명이었다). 거의 폐허가 된 서울의 복구는 시급한 과제였다. 서울시는 한강변 나루터에서 도강을 기다리는 사람 중에서 필요 인력 20만 명을 선발했다. 그들은 '서울 전적지 정리자'라는 이름으로 청소와 복구에 나섰다.

서울로 돌아온 광운은 우선 생계를 해결해야 했다. 시내에 멀쩡한 집이 별로 없었기 때문에 부인 이옥동이 11월부터 집을 개조해 여관업을 시작했다. 광운의 집은 봉래동에 위치해 있었기 때문에 서울역과 가까웠다. 지금도 그렇지만 서울역은 서울로 들어오는 관문이었다. 당시에는 지금처럼 도로가 발달한 것도 아니었고, 1970년대 고속버스가 생기기 이전까지 기차는 대부분의 사람들이 지방을 오가는 대중적인 교통수단이었다. 때문에 많은 유동 인구가 서울역을 통해 오갔다. 그들이 이용할 만한 여관의 위치로는 서울역과 가까운 조광운의 집이 최적지 중 하나였다. 때문에 여관업을 선택했던 것 같다.

그러나 서울로 돌아온 광운의 근본 목적은 이전부터 해왔던 교육 사업을 재개하는 것이었다. 그는 폐허가 된 서울에서 다시 교육 사업을 시작해보려고 노력했다.

야간 강습소 설립과 폐결핵

전쟁 중이라도 교육은 지속되어야 했다. 피난 초기에 기능을 상실했던 한국 정부가 행정조직을 정비하면서 업무를 재개할 무렵, 문교부도 전쟁의 장기화에 대비하여 1951년 2월 26일 '전시하 교육 특별 조치 요강'을 제정·발표했다. 이 조치는 그동안 중단되었던 교육을 다시 시작해야 한다는 것이었다.

당시에 취해진 조치는 다음과 같았다. 우선 피난한 학생의 취학을 독려했다. 피난 학생은 피난지 소재의 각 학교에 등록하여 학업을 지속하도록 했다. 이 조치는 전쟁 중이라도 교육을 포기하지 않는다는 정부의 의지 표명으로 이루어졌다.

또한 피난지에 임시 교실과 특설 학교, 분교장 등을 설치했다. 그에 따라 피난 학생들이 많았던 부산, 대구, 대전 등지에 서울에 소재했던 각 중등학교의 피난 학교를 세우도록 했다. 피난 학생이 특히 많은 도시에서는 분교나 혹은 몇 개 학교의 연합으로 학생들을 수용하도록 했다.

대학교의 경우에는 전시 연합 대학을 설치했다. 전시 연합 대학은 피난지에서 단독으로 학교를 재개하기가 어려웠기에 만들어졌다. 아무리 임시 학교라 해도 대학 교육을 위해서는 상당한 시설과 교수진이 필요했다. 전시 연합 대학은 이런 문제를 해결하기 위해 서울에 소재했던 여러 대학을 하나의 학교로 합쳐서 열게 했다.

연합 대학교는 1951년 부산에서 처음 열렸고, 이후 광주·전주·대전으로 확대되었다. 관계 대학의 협의하에 운영위원, 학장을 선출하고 경비는 공동으로 부담했다. 그렇지만 이후 각 대학이 단독으로 학교 경영을 하게 되면서, 전시 연합 대학은 약 1년간 지속되다가 폐지되었다.

당시 백낙준 장관은 전시하에 3대 교육 방침을 수립했다. 첫째, 개인으로서 자활인의 양성, 둘째, 국민으로서 자유인의 양성, 셋째, 국제인으로서 평화인의 양성이라는 목표가 그것이었다.

그에 따라 네 가지 중점 교육의 실시가 강조되었다. 첫째, 지식 교육이다. 전란으로 줄어든 지식 교육 시간을 늘린다는 취지에서 방학을 단축하도록 했다. 둘째는 기술 교육이었다. 황폐한 조국의 재건을 위해서는 기술이 가장 시급하다고 보고, 이론가와 실천가를 최대한 양성하도록 했다. 셋째는 도의 교육이었다. 민주국가에서 가져야 할 덕목을 연구·실천하여 대한민국의 인생관을 배우게 하고 민주국가 국민의 자격을 갖도록 했다. 넷째는 국제 교육이었다. '공산주의는 인류의 적'이라는 신념하에 현재의 전쟁이 정의를 위한 것임을 확신하고 승리의 다짐을 고취하게 해줄 국방 지식 교육이 강조되었다. 이처럼 6·25전쟁 당시에도 문교 정책과 교육의 지속을 위한 노력이 있었다. 특히 중요한 것은 파괴된 교육 시설을 복구하고 임시로라도 교육을 지속시키려는 시도였다.

아울러 학제를 바꾸어 중등교육기관을 개편했다. 원래 1949년 교육법이 발표된 이후 중등학교 제도가 1950년 3월에 개정되었다. 당시 중학교는 4년, 고등학교는 3년 과정이었다. 1951년 3월 20일 다시 중학교는 3년으로 단축되었고, 고등학교와 사범학교의 입학 자격을 중학교 졸업자로 했다. 그리고 학기 초를 9월로 하는 안을 폐기했다.

한편 같은 시기 6·25전쟁 와중에 흩어진 재학생들과 교사들이 다시 학교로 돌아오고 있었다. 광운은 앞서의 교육 방침 속에서 교육을 재개할 목표를 분명히 염두에 두고 있었다. 일단 1951년 9·28 수복 이후 돌아온 학생들 가운데 졸업반 학생들을 모두 졸업시키기로 했다. 당시 졸업반 학생들은 전쟁 발발로 인해 교육과정을 모두 수료하지는 못했지만, 9월 학기제로 들어온 학생들이기에 전체 수업 연한은 채워져 있었다. 광운은 이들의 졸업이 시급하다고 보았다. 전쟁 중이라 계속 졸업을 미룰 수 없는 상황이라는 점을 감안했을 것이다. 또한 졸업생을 빨리 사회로 진출시킴으로써 지속적인 학교교육의 순환을 작동시켜야 한다는 점도 고려되었을 듯하다. 9월 30일부로 졸업하는 제1회 졸업생들은 별도의 행사 없이 졸업장을 나누어주는 것으로 졸업식을 대신했다. 전쟁은 이처럼 학교의 비정상적 운영을 가져왔다. 당시 졸업생은 기술과 26명, 통신과 47명이었다.

그럼에도 학교교육은 계속되어야 했다. 전시 상황에도 교육의 지속성은 중요했다. 우선 1952년 3월에 임동순, 박하운 등 몇몇 교사들과 힘을 합쳐서 야간 강습회를 시작했다. 임시방편이지만 당시로서는 어쩔 수 없었다. 아마도 교재와 수업에 많은 애로가 있었을 것이고, 특히 전기 사정도 좋지 않은 상태에서 수업을 진행하기 매우 힘들었을 것이다.

야간 강습회는 조선무선공학원의 연장이었다. 강습회 교육과정은 처음엔 6개월이었다가 이후 1년으로 연장되었다. 야간강습회 장소는 봉래동이었다. 이후에도 봉래동 교사는 야간 과정으로 주로 운영되었다. 서울역 근처라는 지리적 이점으로 인해, 낮에는 일하고 밤에는 배우려는 학생들이 접근하기 좋았다. 봉래동 시대는 1973년 야간 과정이 월계동으로 통합 이전됨으로써 막을 내린다.

하지만 야간 강습회보다 더 중요한 것이 정규학교의 개설 문제였다. 그에 따라 7월에 남대문중학교 2학년과 동국무선고등학교 1학년 학생 각 40명씩 80명을 다시 모집하여 학교를 열었다. 여전히 교육 사정은 좋지 않았을 것이다. 아직 전쟁이 끝나지 않았기 때문이다. 또한 이 무렵 광운은 개인적 시련과도 직면해야 했다. 1952년 11월 20일 오전 10시부터 갑자기 각혈이 시작되었다. 원인은 폐결핵이었다. 그의 나이 53세 때다.

원래 폐결핵은 전염성이 높은 질병으로 19세기 산업화의 진전으로 인해 사람들이 도시로 모여들면서 크게 퍼져 나갔다. 급증한 도시 빈민층을 중심으로 불결한 환경과 과중한 노동은 폐결핵 확산에 최적의 환경을 제공했다. 때문에 폐결핵은 중세의 흑사병에 비교되는 '백색 페스트'라는 별명을 지녔다.

20세기 이후 폐결핵은 주요 사망 원인 가운데 1, 2위를 다툴 정도로 심각한 질병이 되었다. 일제강점기에도 조선인 폐결핵 환자 수는 1915년 전체 인구의 6.7%, 1925년 12%, 1930년 25%, 1934년 28%로 증가하면서 가장 흔한 질병이 되었다. 이런 흔한 질병이 전쟁의 영향으로 더욱 기승을 부리게 되었다. 광운 역시 전쟁 상황에서 오는 과로와 스트레스, 그리고 영양 부족 등으로 인해 쉽게 폐결핵에 걸릴 만한 환경에 있었다.

각혈은 1953년 1월 2일부터 약 50일간 계속되었다. 간신히 각혈이 멈추고 거동이 가능해진 것이 4월 5일이었다. 다행히 폐결핵은 더 이상 진전되지 않았다. 다만 이 기간 동안에는 학교일에 신경을 쓰거나 타인과 만나는 일 등은 어려웠을 것이다.

거동이 가능해진 광운은 곧 전차를 타고 숭인동에 가서 소 피를 약으로 복용하기 시작했다. 8월부터는 소 도축장이 있는 뚝섬에 가서 먹었다. 그러다 말라리아에 걸린 소 피를 먹은 사실을 알게 된 이후 이를 중지했다. 당시 소 피를 먹은 것은 아마도 민간요법이었을 것이다. 영양제 등을 구하기 힘든 상황에서, 소 피가 각혈한 피를 보충시켜주리라는 믿음 때문이었을 것이다. 요즘의 의학적 기준으로는 의아한 일이지만 당시에는 이런 민간요법 치료가 상당히 많았다.

다행히 광운은 건강을 회복했다. 6·25전쟁이 종전으로 향해 가던 무렵이었다. 슬슬 교육 사업에 다시 몰두할 수 있는 조건이 갖추어지고 있었다. 이제 필요한 것은 야간 강습과 같은 형태가 아니라 학교 재건과 새로운 교육 사업의 구상이었다.

중학교와 고등학교의 분리, 연촌 교사의 복구

광운은 1952년 8월 21일 남대문중학교와 동국무선고등학교를 분리하는 데 대해 교육부의 인가를 받았다. 동시에 그는 재단이사장 겸 교장으로 취임했다. 이 분리 인가는 중학교와 고등학교의 정체성을 분명히 하는 것일 뿐만 아니라, 양쪽을 별개로 육성하여 교육을 충실히 하겠다는 의도였다.

물론 여기에는 중등교육의 변화를 반영한다는 측면도 있었을 것이다. 중등교육의 수업 연한은 1949년 교육법 제정 당시 중학교 4년, 고등학교 2년 내지 4년으로 되어 있으면서, 중학교 3년을 수료하고 고등학교에 입학하게 되어 있었다. 이는 교육 연한에 대한 혼란을 가져왔기에, 1950년 중학교 3년, 고등학교 3년으로 개정되었다.

이러한 정비는 중학교와 고등학교 과정을 이전보다 명확히 한 것으로, 장기적으로는 학교 건물, 교사 등의 독립적인 확보를 필요로 하는 일이었다. 왜냐하면 중학교는 다른 중등 과정과 마찬가지였지만, 동국무선고등학교는 기술 교육을 실시하는 특별한 과정이었기 때문이다. 양자의 분리는 반드시 필요했다.

특히 1950년대 중학교 과정의 수요가 폭발적으로 증가하리라는 사실은 어느 정도 예측할 수 있었다. 광운은 사업가로 출발했기 때문에 더더욱 이러한 교육 수요 예측이 자연스러웠을 것이다. 사실 교육 수요의 증가는 새삼스러운 일이 아니었다. 조선시대 이래 교육은 사회적 신분을 상승시키는 대표적 수단이었고, 해방 이후 국민의 교육열이 일정한 교육 수요로 이어질 것이라는 점은 사회에서 암묵적으로 인식되고 있었다.

이미 일제강점기에도 근대 교육의 높은 수요와 교육열에 대한 지적이 있었거니와, 해방 후에도 이 점은 마찬가지였다. 예를 들어 『경향신문』 1948년 7월 11일자 사설은 "입학난을 논하는 소리는 해방 후 더 늘어가는 것 같은데 그것은 우리들의 교육열이 해를 거듭할수록 더욱 더욱 진전되어가는 형상으로 볼 수 있는 것이며 누구나 다 반가워해야 할 좋은 현상이다"라고 지적했다. 특히 해방 이후에는 일제강점기 내내 억눌렸던 교육 욕구가 더욱 거세게 분출되었다. 이 점은 『동아일보』 1957년 4월 6일자 기사에서도 확인된다.

전 통화량의 약 40 내지 50%가 신학기에는 교육기관으로 드러간다는 (것이) 사실일 듯이 생각되니, 널리 듣지는 못하였으나 아마 한국식 교육열의 고도가 아니고는 타국에는 있을 수 없는 사실일 것이다.(…) 있는 자금뿐 아니라 자금이 없으면 집을 팔고 소를 팔아서라도 교육 투자에는 게을리 않는 열심이니 다른 나라들의 자본의 움죽이는 실정을 참작해본다면 정상한 상태는 아니므로 그런 열심을 일종의 병적 상태로 보아서 열병이라고 이름지을 수도 있다고 생각되는 것이다.

이와 같은 교육 수요의 급증에 따라 학교가 많이 필요해질 거라는 점은 분명했다. 특히 1946년부터 초등 의무교육 실시 계획이 수립되었기 때문에, 초등학교 학생 수가 급속하게 증가했다. 따라서 초등교육 이후의 중등 과정이 그에 뒤따라야 했다. 그러나 앞서 말했듯이 1952년 말 광운은 폐결핵으로 인해 중·고등학교의 분리 이후 연촌 교사 복구에 몰입할 수 있는 상황이 아니었다. 1953년 6월 문교부는 교육자치제를 발족시켜 초등 의무교육을 본격적으로 추진했다. 고등학교의 경우에는 교육법 시행령에 따라 보통교육을 주로 하는 학과, 전문교육을 주로 하는 학과로 나누었다. 그중에서 전문교육을 주로 하는 학과는 농업, 공업, 상업, 수산, 가정, 간호조산, 외국어, 예술과 기타 전문교육을 필요로 하는 것으로 나누었다.

중학교와 분리된 동국무선고등학교(1957년 동국무선공업고등학교로 교명 변경)는 당연히 공업계 고등학교였다. 공업에 관한 학과는 기계과, 조선과, 항공과, 전기과, 전기통신과, 응용화학과, 방직과, 염직과, 염색과, 토목과, 건축과, 광산과, 채광과, 야금과, 요업과, 금속공업과, 목재공예과, 금속공예과 등으로 분류되었는데, 무선공업고등학교는 전기통신과에 해당했을 것이다.

이후 1954년 6월 5일 문교부는 문교부령 제35조, 제22조에 따라 각 학과의 교육과정 시간 배당 기준령을 제정·공포했다. 그런데 여기에서는 전기통신과 이외에 통신과를 따로 두었다. 이에 따르면 전기통신과가 전기 자기 측정, 전기기계, 열전자 현상, 기계공작, 제도 등을 가르치는 것과 달리, 통신과는 전신법, 국내 및 외국 무선 법규, 전기통신 기술, 전기통신 이론, 전신 공학, 무선공학, 무선 실험 등을 가르쳤다.

이를 통해 보면 앞서 전기통신과에 속했을 동국무선고등학교는 1954년 개정 이후 통신과에 해당하는 형태로 바뀌었을 것이다. 그런 점에서 동국무선고등학교는 당시 국내에서 찾아보기 힘든 통신 관련 인재를 양성하는 곳이었다. 그리고 이 학교를 졸업한 학생들은 정부의 체신부나 국내방송사 등에 취업할 수 있었다.

6·25전쟁이 끝나고 가장 시급히 해결해야 할 문제는 연촌 교사의 복구였다. 연촌 교사의 복구는 새롭게 운영해야 할 학교의 중심 문제이기도 했다. 봉래동 교사는 서울역과 가까운 교통의 요지이기 때문에 당장 포기할 수 없었지만, 연촌 교사는 터가 넓고 기숙사까지 갖추고 있었기 때문에 미래를 설계하기 좋은 곳이었다. 이 점이 당시 광운이 나쁜 교통 사정에도 불구하고 연촌 교사를 중심으로 교육 사업의 확대를 구상한 이유이기도 했다. 그리하여 1955년 4월 2일, 광운학원은 연촌 교사에서 새로운 출발을 알리게 되었다.

법인 광운학원의 출발

1956년은 광운학원이 출발한 원년이었다. 전쟁이 끝나고 사회 각계에서 전후 복구를 위한 노력이 경주되었다. 일단 1955년 8월 1일 문교부는 각급 학교의 교과 과정을 공포하는 등 교육과정을 정비했다. 무엇보다 교육 정상화를 위한 복구가 가장 시급했다. 당시 중등학교는 568개교, 11,170교실 중에서 전소 파괴가 3,023교실, 중소 파괴가 642교실로 전체 학급의 약 33%에 달할 정도였다. 문교부는 학생의 복귀와 함께 생산 기술 교육의 중시 등을 과제로 제시했다.

그런 상황에서 광운은 학교 운영에 대한 새로운 구상을 내놓기 시작했다. 우선 첫 번째는 법인으로서 체계를 갖추는 것이었다. 그에 따라 1956년 3월 8일에 법인의 명칭을 '동국무선고등학교'에서 '광운학원'으로 바꾸는 조치가 시행되었다. 장기적 발전을 염두에 두고 고등학교 외에 남대문중학교를 포괄하기 위해 법인 이름을 바꾼 것으로 보인다. 동국무선고등학교는 고등학교만 지칭하기 때문에, 전체적인 교육체계를 갖추기 위해서는 통합적인 법인 명칭이 필요했다. 이에 법인의 공식 명칭은 조광운 자신의 이름을 딴 '광운'으로 정했다.

당시 한국에서는 학교법인의 이름으로 설립자의 이름을 직접 내세우는 경우가 많지 않았다. 보통 학교의 법인 명칭은 설립자의 호(號)나 특정한 지향을 보여주는 경우가 더 많았다. 그런 점에서 '광운학원' 역시 설립자의 호를 법인 명칭으로 삼을 수도 있었다. 다만, 외국의 경우에는 설립자의 이름을 직접 사용하는 경우를 쉽게 찾아볼 수 있는데, 광운이 자신의 이름을 법인명으로 삼은 것은 아마도 외국의 경우를 염두에 두었기 때문일 수도 있다.

현재로서는 법인명이 어떤 경위로 정해졌는지 확인할 수 없다. 아쉽게도 조광운의 「회고록」에 이에 대한 내용이 남아 있지 않기 때문이다. 하지만 분명한 것은, 이를 통해 이후 광운학원이라는 법인을 기반으로 교육사업을 확장할 수 있는 기틀이 분명하게 마련되었다는 사실이다.

원래 광운은 1952년 8월 21일 남대문중학교와 동국무선고등학교 재단 이사장 겸 교장으로 취임했다. 하지만 1956년 법인명을 '광운'으로 개칭할 당시에는 문교부의 방침이 바뀌어 있었다. 당시 문교부는 이사장과 학교장의 겸임을 금지시킴으로써 학교의 경영과 소유를 분리시키고자 했다. 따라서 1956년 광운은 새로운 광운법인을 설립하면서 이사장과 학교장을 겸직할 수 없었다. 그 결과 조광운은 이사장직을 사임하고 직접 경영을 하는 학교장직을 맡기로 하였다. 그리고 그의 부인인 이옥동이 광운학원 이사장에 취임했다.

아울러 당시 폭발하고 있던 교육 수요에 부응하기 위해 1956년 2월 28일자로 야간부와 함께 학급 증설이 이루어졌다. 전쟁 복구 작업이 어느 정도 마무리된 이후 사회적인 교육 수요가 폭발하고 있었기 때문에, 광운학원은 봉래동에서 연촌 교사로 이전하면서 학급 증설과 야간부 신설을 추진했다. 야간부는 낮에 학교에 다니기 어려운 학생들을 수용하기 위한 시설이었다. 이 시기 광운학원은 이후 중학교와 고등학교 외에 대학교까지 확장할 수 있는 기반을 마련하게 되었다.

광운전자공과대학, 광운중학교, 광운전자공업고등학교로의 개명

법인명이 변화함에 따라 학교의 변화도 필요했다. 물론 변화는 바로 오지 않았다. 1950년대 한국 사회는 6·25전쟁의 복구에 사회적 에너지를 소비해야 했다. 더구나 경제적으로는 미국의 원조 물자와 지원 등에 주로 의존하는 형편이었다. 산업 발전 속도는 더딘 편이었으며, 대부분의 자원이 부족했다. 이 때문에 교육에 대한 수요와 열의가 높았음에도 교육 시설에 대한 재원 투자가 충분할 수 없었다. 경제적으로 볼 때 무선통신 기술에 대한 수요 역시 크게 증가하기 어려웠다.

무선통신은 근대 이후 가장 핵심적인 산업 기술 중 하나다. 근대 산업 사회의 성립은 기계에 의한 대량 생산, 유통과 시장의 전 세계적 확산 등으로 가능했다. 그에 따라 지역과 인간 간의 커뮤니케이션 수요가 폭발했다. 이 수요는 처음에는 유선통신을 통해 이루어졌지만, 점차 무선통신이 발전하게 되었다. 무선통신은 유선통신이 곤란한 위치, 예컨대 배와 비행기 등에서 필수적인 기술이었다. 특히 6·25전쟁을 거치면서 통신 기술자

〈그림 7-1〉 1957년 4월 20일 조광운

의 수요가 늘었다. 전쟁 중 군사적인 이유로 인해 무선통신의 사용이 크게
필요했기 때문이다.

군 수요의 증가에 따라 기술자 배출의 필요성도 커졌다. 하지만 당시
국내에서 무선통신 기술자를 배출하는 고등학교는 인천에 있는 인천무
선공업고등학교와 서울에 있는 동국무선공업고등학교뿐이었다. 한국군
은 1961년 육군 위탁 국비 장학생 제도를 만들었다. 이 제도는 육군 통신
병을 양성하기 위해 국비를 지급하는 장학 제도였다. 동국무선공업고등
학교는 이 제도의 적용을 받는 첫 번째 학교가 되었다.

사실 이 제도가 생긴 후 처음에는 전국적으로 학생을 모집하려 했지
만, 홍보 기간이 짧았던 탓에 서울 지역에서 60여 명의 학생이 지원하게

되었다. 동국무선공업고등학교 학생 가운데 지원한 이들은 대부분 장학생으로 선발되었을 것이다. 이 제도는 다음 해부터 일간지 신문광고를 통해 전국 학생들의 관심을 받게 되었다. 당시에는 어려운 경제 사정 속에서 고등학교 진학을 고민하는 학생들이 많았기 때문이다. 등록금뿐만 아니라 매월 일정액의 생활비까지 지급하는 제도라서 인기가 많았다. 다만 장학생은 졸업 이후 입대하여 의무 복무 기간(30개월)에 수학 기간인 3년을 더해 근무해야 했다. 근무 기간이 길었기 때문에 중도 탈퇴하여 다른 학교로 옮겨가는 경우도 생겼다.

이렇게 무선통신 기술을 가르치는 고등학교로서 입지를 다져가고 있었지만, 공업고등학교만으로는 교육에 한계가 있을 수밖에 없었다. 보다 깊이 있는 교육을 위해서는 대학 설립이 필수적이었다. 조광운이 언제부터 대학 설립 계획을 가지게 되었는지는 알 수 없다. 아마도 폐결핵에서 회복된 이후 광운학원 재단을 설립했을 무렵부터 이후 대학 설립을 염두에 두었을 것이다. 다만 여러 사회적·재정적 여건이 따라주지 않았다. 당시는 1950년대 말로, 이승만의 자유당 정권 아래에서 이를 추진하는 일 자체가 쉽지 않았다.

1960년 4·19혁명은 사회적 분위기를 일순간에 변화시켰다. 많은 사회적 요구가 쏟아져 나왔지만, 새로운 민주당 정권은 이를 처리하기 버거워했다. 결국 1961년 5월 16일 박정희의 쿠데타가 발생하고, 군사정권이 수립되었다. 군정 수립 이후 구체적인 대학 설립 계획이 추진되었다. 물론 그 시발점을 추정하기는 어렵다. 다만 설립 인가 기간 등을 고려해보면, 군정 초반기부터 이미 계획은 실천으로 옮겨지기 시작했던 것 같다. 그 결과 1962년 3월 동국전자초급대학이 설립되었다. 동국전자초급대학은 4

년제 대학이 아닌 초급대학으로 인가를 받았는데, 기술 계통의 대학이기 때문이었을 것이다. 초급대학은 이후 전문대학으로 변화했고, 일반적으로 특정 분야에 특화된 교육을 위해 설립되었다. 나아가 초급대학의 설립 이유로는 교육 시설의 확보는 물론, 기타 교수 요건 등 여러 설립 요건을 한꺼번에 충족시키기 어려운 제반 상황이 작용했을 것이다.

동국전자초급대학 설립의 의미는 작지 않다. 우선 광운학원이라는 법인 설립 이후 학교의 확장이 대학 설립의 방향으로 이루어졌다는 점이다. 대학교는 교육 시설 가운데 가장 높은 수준인 고등교육을 담당한다. 따라서 비록 초급대학이지만 이것은 광운학원이 교육과정에서 중학교-고등학교-대학교라는 일련의 코스를 모두 담당할 수 있게 되었다는 뜻이었다.

대학교는 중학교·고등학교 과정과 달리 학문 연구와 교육이 함께 이루어지는 곳이다. 그에 따라 전자 산업에 필요한 인재를 양성하는 동시에, 이후 학문적 토대를 이룰 수 있는 기초가 마련되었다는 의미이기도 하다. 물론 초급대학이기 때문에 아직까지는 교육 부문을 주로 담당하고 있었지만, 이후 4년제 대학으로의 변화의 기초가 여기서 마련되었다.

특히 초급대학 설립 당시인 1962년은 아직 한국에서 전자 산업이 싹트기 전이었다. 진공관으로 이루어진 라디오 정도가 전자제품의 주류를 이루고 있었으며, '전자(電子)'라는 단어 자체가 일반인들에게 생소한 시절이었다.

무선통신에서 시작한 교육이었지만, 이제 교육 범위를 전자 관련 전반으로 확장할 수 있는 기회가 마련되었다. 조광운이 이후 한국의 미래 산업으로 전자 부분이 크게 확장될 것임을 예측했는지 여부는 현재 확인하기 어렵다. 당시 전자 산업은 전 세계적으로도 전환기에서 있었기 때문이다. 전자 산업은 주요 부품이 진공관에서 트랜지스터로 전환되면서 크게 변화한다. 그렇지만 동국전자공과초급대학 설립 시기는 아직 국내에 이런 변화가 잘 알려져 있던 때가 아니었다.

또한 초급대학의 설립은 이후 학문과 교육을 겸할 수 있는 4년제 대학으로의 전환을 위한 기초를 마련했다는 점에서도 의미가 있다. 1960년대 초반은 아직 대학교 숫자의 양적 팽창이 이루어지기 전이었다. 그런 가운데 중학교의 교육 수요는 크게 팽창하고 있었고, 이 수요가 고등교육으로 이어질 것임은 명약관화했다. 그런 면에서 초급대학 설립은 이와 같은 미래의 교육 수요에 대한 대비와 확장이라는 의미를 지니고 있었다.

결국 동국전자공과초급대학은 약 2년 뒤인 1964년 1월 21일 동국전자공과대학이라는 4년제 대학으로 전환되었다. 2년제 초급대학에서 명실상부한 4년제 공과대학으로 탈바꿈한 셈이다. 그리고 그해 10월 5일 동국전자공과대학은 광운전자공과대학으로 이름을 바꾸었다. 아마도 동국전자공과대학으로 변화할 시점부터 학교명을 바꾸는 것도 고려했을 것이다. 여기에는 '동국전자공과대학'이라는 이름이 지닌 문제가 작용했을 수도 있다. 원래 '동국무선공업고등학교'가 있었기 때문에, 조광운은 이를 계승한다는 의미로 '동국'을 대학교 이름으로 사용했을 것이다. 그렇지만 문제는 동국대학교가 별개로 존재한다는 점이었다. 동국전자공과대학교라는 명칭은 동국대학교 부설로 오해받을 여지가 있었다. 이미 광운학원이라는 법인명이 존재하는데 굳이 오해를 불러올 필요가 없었다. 그에 따라 학교 명칭은 '동국'에서 '광운'으로 변경되었다.

광운은 교명 변경 6개월 전에 광운학원 이사장으로 취임했다. 중학교·고등학교·대학교라는 교육과정 전체를 경영하기 위해서는 특정 학교의 학교장보다 이사장 직위가 적합하다고 판단했던 것 같다. 아울러 그해 남대문중학교와 별개로 광운중학교를 설립했다. 이 학교는 1964년 10월 30일에 설립 허가를 받았고, 실제 설립은 12월 17일이었을 것이다. 그래야 다음 해 신학기부터 신입생 모집이 가능했기 때문이다. 동시에 동국무선 공업고등학교 역시 광운전자공업고등학교로 교명을 변경했다. 이 변경을 끝으로, 일단 광운학원 법인 내 학교들의 명칭에 일관성이 부여되었다. 남대문중학교를 제외하고, '광운'이라는 명칭이 일관되게 부여된 것이다.

광운학원 내에 전자 계통의 고등학교와 대학교가 설립되었다는 것은 이후 한국 전자 산업에 필요한 인재를 길러낼 교육기관의 확충이라는 점에서 그 의미가 작지 않았다. 이후 학교 교육체계를 전자 산업에 부응하도록 내실화하는 것이 다음의 중요한 과제였다.

제8장
경제 개발 시대 전자통신 교육의 기수

4·19와 5·16을 거치면서

파란과 곡절이 많았던 광운의 일생에서도 1960년 4·19혁명은 조금 특별한 사건이었다. 일찍이 육영 사업에 뜻을 품고 교육에 투신했던 그가, 처음으로 학생들과 갈등과 충돌을 경험하게 되었기 때문이다. 물론 6·25전쟁 당시에도 좌익 학생들에게 봉변 아닌 봉변을 당한 바 있었지만, 4·19를 거치면서 경험한 학생들과의 갈등으로 인한 심적 고통은 실로 대단했다. 사회적으로 폭발했던 기성세대에 대한 반감이 오로지 교육밖에 몰랐던 조광운 자신에게 직접적으로 투사되었기 때문이다.

결정적인 사건은 언론에도 크게 보도되었던 '5·13분규'로, 1960년 5월 13일 동국무선공업고등학교 학생들 사이에서 벌어진 유혈 사태였다(『비망록—광운학원편』, 『광운80년사』). 학교 운영에 불만을 품고 수업 거부를 강행하려는 학생들과 그 반대파 사이에서 싸움이 벌어져 2명이 칼에 찔리고 5~6명이 벽돌에 맞아 크게 다쳤다. 당시 4·19 분위기에 크게 고무되어 있던 학생들은 이사장 겸 교장이었던 광운에게 격렬하게 항의했고, 교사들

또한 학교 측의 잘못된 부분을 시정해줄 것을 직접적으로 요구해왔다. 평상시라면 협의와 설득을 통해 원만히 해결될 수도 있었을 일이었지만, 당시의 사회 분위기 속에서는 살얼음판을 걷는 듯이 위태로웠다. 말년의 광운은 당시를 회상하면서 기성세대가 학생들의 입장을 이해해야 한다고 곧잘 말하곤 했다(『비망록—광운학원편』).

4·19혁명 전 남대문중학교와 동국무선공업고등학교에서 재단이사장과 교장을 겸직하고 있었던 광운은 이후 삶에서 많은 변화를 겪게 된다. 사회의 격변이 조광운 개인의 삶에도 뚜렷한 흔적을 남긴 것이다. 4·19와 5·13의 위기를 지나고 나자, 다음 해인 1961년 5·16 군사쿠데타로 박정희 정권이 탄생했다. 이 시기는 광운의 교육 사업에서 커다란 분기점이 되었다. 광운은 이 시기 이후 초급대학을 설립하고, 본격적으로 전자공학이라는 고등교육 분야에 뛰어 들기 시작했다.

광운은 1962년 3월 31일 동국전자공과초급대학을 설립하면서 교육의 영역을 확장했다. 그리고 1964년 4월 24일에는 학교법인 광운학원 이사장에 취임하고, 10월 5일에는 광운전자공과대학으로 이름을 변경했다. 연이어 10월 30일에 광운중학교를 설립하고, 12월 17일에는 동국무선공업고등학교의 교명을 광운전자공업고등학교로 변경했다. 즉, 이 시기부터 그가 설립한 법인이나 학교명에 자신의 이름자를 직접 붙이게 되었던 것이다. 이러한 변화는 전자공학 교육에 대한 조광운 자신의 주체적 의지를 표현한 것으로 보인다.

5·16 이후 산업화와 공업화를 강조했던 박정희 정권은 과학기술 정책을 강조하면서 이 분야 발전을 통해 과거 정권과의 차별성 및 우월성을 드러내고자 했다. 이는 일제강점기부터 전문적인 사업가로서 공학 교육에

힘쓰고 있었던 광운에게는 시대적 '기회'이기도 했다. 공학 교육 중에서도 특히 무선공학, 즉 전자통신공학 교육을 개척하고 있었던 광운이었기에 더욱 그러했다. 식민지 지배와 전쟁, 냉전으로 황폐해진 한국 사회에서 공학은 여전히 생소하고 낯선 분야였고, 고등교육으로 발전하기에 많은 한계가 있었지만, '과학입국'을 강조했던 박정희 시대에 사정은 완전히 바뀌기 시작했다.

거인들의 재회, 새로운 인연

박정희 정권은 36년간의 식민 지배에 따른 과거사 문제를 묻어둔 채, 학생들과 시민사회의 큰 반발을 무릅쓰고 일본과의 관계 개선 및 한일협정 체결을 강력하게 추진했다. 마침내 1965년 한일 국교 정상화가 선언되었다. 한국 정부는 곧바로 일본 대기업 관계자들을 국내로 초청했다. 그 일행에는 당시 마츠시타전기산업주식회사(松下電器産業株式会社) 회장이었던 마츠시타 고노스케도 포함되어 있었다.

앞에서 서술했듯이, 마츠시타 고노스케와는 광운의 오사카 체재 시절부터 친밀한 관계를 맺고 있었다. 특히 6·25전쟁 와중에 그가 광운을 찾기 위해 직접 금판(金版)까지 보냈다는 일화가 전해지는 것(『광운80년사』)을 감안하면, 두 사람의 관계를 짐작할 수 있을 것이다. 그러던 차, 1965년 한일 국교 정상화 이후 박정희 정부가 초청한 일본 대기업 관계자들 사이에 당시 마츠시타전기산업주식회사 마츠시다 고노스케 회장이 포함되었고, 이로서 두 사람이 해후하는 계기가 만들어졌던 것이다.

당시 두 거인의 만남은 사업적인 관계를 넘어 인간적인 의미로 알려져 세간의 관심을 받았다. 이때부터 광운은 선진적인 전자공학 분야의 기술 도입을 위해 일본 기업이나 대학 관계자들과 각별히 지내게 되었다. 국교는 정상화되었다 해도 여전히 해외 출장이 용이하지 않은 상황에서, 외교부에 친분이 있었던 셋째 아들 무성(武成)의 도움을 받아 수시로 일본과 타이완을 왕래하며 선진 기술과 교육 시스템을 배우기 위해 많은 노력을 기울였다(「조무성 초대 총장·전 이사장 회고」).

또한 한국에 대한 투자를 강력히 원하고 있었던 일본 기업들도 광운에게 관심을 보였다. 친분으로 보나 역량으로 보나 전자공학 분야에서 광운에게 먼저 협력을 제안한 사람은 고노스케였을 것이다. 특히 전자 분야는 광운의 전문 분야였기 때문에 고노스케는 먼저 합작 제안을 건넸다. 그러나 당시 광운에게는 기업 운영보다 더 시급한 일이 있었다.

사실 광운은 일제강점기부터 '교육만이 나라를 독립시킬 수 있다'는 신념으로 학교 운영에 매진했는데, 아시아태평양전쟁을 거치면서 그 생각은 더욱 굳건해져 당시 사업을 함께 해보자는 고노스케의 의견을 정중히 거절하기에 이르렀다. 조광운은 공장 몇 개 지어 재산을 증식하는 것보다 미래의 동량들을 교육하는 것이 더 중요하다는 생각을 가지고 있었다. 이때 환갑의 나이를 지나고 있던 광운의 결심은 또 하나의 특별한 만남을 통해 더욱 구체화되었다.

그 주인공은 바로 조응천 박사였다. 조광운과는 종친이기도 하고, 민족운동가 고당 조만식 선생의 조카였던 조응천은 평양 숭실중학교와 숭실전문학교 문과를 졸업하고 미국으로 유학하여 트로이주립대학에서 토목, 퍼듀두커대학에서 물리학, 그리고 인디애나대학원에서 「3극 진공관의 출력 조건」이라는 논문으로 1928년에 이학박사를 받은, 당시로서는 최고의 인재였다. 조광운보다 4살 연상이었던 그는 일제 때 귀국한 뒤 기독교 청년운동과 농민운동에 몸담았다가 해방 이후 군정청 통신국장을 역임했다. 정부 수립 이후에는 육군통신학교 교장과 통신감을 거치면서 1956년 소장으로 예편했다. 그리고 1957년 체신부 차관에 취임한 뒤 전쟁으로 파괴된 통신 시설 복구에 공을 세우기도 했다. 어찌 보면 한국 전자공학의 태두라고도 표현할 수 있는 인물이었던 것이다(이춘화, 「일념에 살다 간 전자공학의 태두」, 『과학과 기술』, 1981).

광운은 동국전자공과대학 학장으로 조응천 박사를 초빙한 뒤, 공학교육의 실질적인 체계를 잡아 나갔다. 그런 중이었으니, 고노스케가 제안했던 합작보다는 공과대학 경영을 본격화하겠다는 의지가 더욱 강렬했던 것이다. 특히 광운이 관심을 기울였던 것은 '전자공학'이라는 당시로서는 새로운 선진 학문 체계의 교육이었다. 당시 서울대학교를 비롯한 유수의 명문 대학들도 이 '전자공학'이라는 말을 쓰기를 주저하고 있었지만, 조응천과의 만남 이후 광운은 '전자공학'을 광운 교육의 대명사로 자리매김하게 되었다.

광운은 공과대학 운영을 체계화하기 위해 온 정성을 기울였다. 지방에서 올라와 고학하는 학생들을 위해 '북한료'라는 기숙사를 지어 기거하게 하고, 지금의 광운대학교가 위치한 월계동 지역에 부지를 마련하여 학교 건물을 지어 새로운 공학 교육의 터전을 가꿔 나갔다. 그리하여 1962년 동국전자초급대학으로 출발한 현재의 광운대학교가 1964년 광운전자공과대학으로 자리 잡을 때까지, 광운은 혼신을 노력을 다해 나갔다.

그 과정에서 광운은 훌륭한 교수를 모셔 오기 위해 직접 동분서주하기도 했다. 특히 대학 체제를 주간 4년제 공과대학으로 만들었던 1964년 이후부터는 학생들도 좋은 인재들이 많이 들어왔다. 서울시내에서 소위

〈그림 8-1〉 광운전자공업고등학교의 문교부 장관 사열식

1968년 3월 23일 문홍주 문교부 장관이 광운전자공과대학의 대학원 설치 적합성에 관한 의견을 듣기 위하여 광운학원을 내방해 산하 전자공업고등학교 학생들의 사열식을 받고 있다.

명문고를 나온 인재들이 광운학원에서 신흥 학문인 전자나 통신공학을 배우기 위해 속속 모여들었다. 아울러 공과대학으로서 모자라지 않은 시설과 설비 확보에도 심혈을 기울였다. 공대 특성상 실험실과 고가의 장비가 필수적이었는데, 광운은 이를 위해 미군부대까지 찾아다니며 지원을 요청하는 등 다각적인 노력을 펼쳤다.

엘리트 교육에 대한 자부심과 내실화

광운은 늘 '천하의 영재를 모아놓고 가르치는 것이 군자삼락(君子三樂) 중 하나'라는 맹자의 말을 자주 인용하곤 했다. 특히 교육 사업에 투신한 지 30년이 되는 1960년 말에는 소위 '엘리트 교육'에 대한 열정을 더욱 구체화하기도 했다. 그는 당시로서는 생소했던 공학 교육인 전자통신 교육에 대한 자부심을 표현하면서 '엘리트를 가르치는 희열이 있다'고 종종 말했다.

그것은 광운전자공과대학이 전자공학 분야의 최고 학부로서 역할해 주기를 바라는 간절한 마음이기도 했을 것이다. 광운은 대학이 국가를 이끌어 나갈 '엘리트'를 기르는 곳이라는 신념으로 교수와 학생들 모두 투철한 사명감을 가져야 한다고 늘 강조했다. 앞으로 세계의 전자공학은 눈부시게 발전해 나갈 텐데, 겨우 수리 공업 중심에 머물고 있는 우리의 기술 수준을 빨리 벗어나야 한다고 거듭 주장했다. 그는 전자공학이 가까운 미래에 우리나라 공업의 주축이 될 것이라는 확신 속에서, 주로 가전 전구 생산의 제1단계에 머물고 있는 현 상황을 벗어나 기술입국을 이루려면 새로운 제2단계로의 도약이 시급하다고 말했다. 아울러 1단계와 2단계 개발을 동시에 진행하기 위해서는 기술 향상과 자립화가 시급한 과제라고 역설했다.

실제로 광운은 1967년 12월 1일에 한국전자산업주식회사를 설립하여 대표이사로 취임했다. 이는 당시 '수출입국'을 국가 발전 전략으로 채택하고 그중에서도 전자공학 육성에 박차를 가했던 박정희 정부의 정책을 주체적·적극적으로 활용하고자 했던 선택이었다. 이전에 '광운상회'와 '조선무선강습소'의 관계가 주로 상호 의존적인 관계에서 무선기술 교육을 지향한 것이라면, 이제 본격적인 전자공학 분야에 대한 자기완결적인 교육 사업이 시작된 것이다. 광운의 이러한 적극적인 행보는 향후 전자 산업이 한국 경제 발전에서 중심적인 역할을 해야 하고 할 수 있다는 확신에서 비롯된 것이었다. 이제 광운에게 시급한 것은 전자 산업 관련 선진 기술의 습득과 전자공학 교육에 대한 경험이었다. 광운은 일본과 대만으로 출장을 다니며 새로운 지식과 경험의 습득에 골몰했다.

1968년 7월 광운은 소위 '컴퓨터' 차관 관계로 일본으로 출장을 떠났다. 그는 이 출장에서 마츠시타전기산업주식회사 회장 마츠시타 고노스케를 비롯하여 이토추상사주식회사(伊藤忠商事株式會社)와 후지츠주식회사(富士通株式會社)의 간부진들과 직접 면담했다(『비망록—광운학원편』, 『광운대학보』). 한 달여의 장기간 외유는 당시로서는 보기 드문 것이었는데, 이 외유를 준비하면서 광운은 "이번에 가는 목적은 전자과학의 '붐'을 일으키고 있는 이때에 전자를 전문으로 하는 광운전자공과대학으로서는 도저히 이대로 이 중요한 시기를 묵과 좌시할 수 없는 형편에 일본을 시찰하고자 한다"고 말했다. 좀 더 구체적으로 "구미 각국에 나아감은 물론이고, 현대 과학의 가장 첨단인 전자계산기학과를 우리 대학에 증설함과 아울러 학생들이 실습하도록 전자계산기에 대한 교육을 해야겠다는 생각으로 IBM컴퓨터를 구입해야겠다"는 출장 목표를 피력하기도 했다. 다시 말해 당시의 최첨단 학문인 컴퓨터 교육에 대한 관심을 국제적으로 구체화하기 시작한 것이다.

같은 해 11월 4일 광운은 다시 타이완으로 출장을 떠났다. 타이완 출장에서는 대동학원 임정생 원장, 임조양 교무처장과 면담하고 대동계공장과 대만 마츠시타전기공장 등을 시찰했다. 아울러 청화대학, 교통대학, 국립 대만대학 등 타이완 주요 교육계를 시찰하고, 동년 11월 18일 귀국했다(『비망록』, 『광운대학보』).

1968년의 집중적인 외국 출장을 통해 광운은 특수전자실험실을 신축하고 전자계산기 도입을 추진할 수 있었다. 이런 환경의 구축으로부터 가장 큰 영향을 받는 것은 학생과 교수들이었다. 첨단 학문을 연구하고 있다

〈그림 8-2〉 광운전자공과대학 제1회 학위수여식(1968년 2월 27일)

는 자부심과 자긍심이 소위 '광운전자'라는 이미지로 각인되기 시작한 것
도 이 시기라고 할 수 있다. 실제로 1968년 2월 27일은 광운전자공과대학
이 제1회 졸업생을 배출하는 뜻 깊은 해이기도 했다. 조광운과 광운전자
공대는 한국 전자 교육을 주도하는 새로운 중심으로 떠오르고 있었다.

사회경제적 발전과 발맞춘 대학의 성장

같은 시기, 우리나라에서 전자 산업은 실로 경제 발전의 초석이 되고
있었다. 고부가가치 산업이라는 전자 분야의 특징상, 수출 주도 경제 발전
을 추구하고 있었던 정부로서도 전자 산업 자체가 무척 매력적으로 느껴
질 수밖에 없었다. 정부는 거액의 돈을 직접 투자하여 전국적으로 전자공

업단지를 건설하는 한편, 전자공학 발전을 선도하기 위해 홍릉에 KIST를 만들었다. 시간이 지나면서 한국의 경제 발전에서 광운의 역할과 사명은 점점 더 명확해졌다. 광운 출신들은 한국 경제 발전의 파수꾼으로 성장해 나가고 있었다.

실제로 광운은 일본과 타이완 출장 이후 '광운 발전 5개년 계획'을 발표하고(『광운대학보』), 국내 유일의 전자공학 최고학부로서 대학원 인가를 서둘렀다. 아울러 당시 변모하는 전자공학계의 흐름에 맞추어 대학의 전자계산기 구입, 일본 오사카전기통신대학과의 자매결연 등을 추진했다. 또 일본에서 교환교수를 초빙하여 선진 기술 수용에 박차를 가하기도 했다.

광운은 또한 전자공학을 넘어 통신 분야에서도 경제 발전을 이끌 개발에 나섰다. 1968년 5월 20일, 그는 육군에 대한 기술 위탁교육의 공로로 육군참모총장으로부터 감사장을 받고, 연이어 1969년 해병대 사령관으로부터도 감사장을 받았다. 이는 당시 광운전자공고와 광운전자공대 학생들이 대부분 통신 분야에서 군역을 필했기 때문이었다. 사실 1961년부터 광운은 육군 통신 분야에서 필요한 장학생 70여 명을 전국에서 모집 배출하고 있었다. 이들은 졸업 후 기초군사훈련을 받은 다음, 육군통신학교에 입교해 통신 전문교육을 받으면서 군대에서 활약했다. 해병대에서도 비슷한 과정을 거치면서 '통신부대는 광운 출신'이라는 이미지가 각인되었다.

아울러 광운 출신들은 원양어선을 타고 태평양과 대서양 등을 누비기도 하고, 각종 산업체 통신 현장에서 활약하기도 했다. 무선통신사 자격증 취득과 실무를 위한 실습의 공간으로서 광운은 진가를 발휘하고 있었

〈그림 8-3〉 위탁교육생들과의 기념 촬영(1961년 9월)

다. 특히 통신은 실습과 풍부한 상황의 경험이 핵심인데, 그런 측면에서 광운이 이끄는 광운 교육은 산업체나 정부, 특히 군의 수요에 적극적으로 부합할 수 있었던 것이다.

대학의 발전과 성장을 위한 선진적 실험들

1970년대에 들어서면서 한국 교육계에도 많은 변화가 일어났다. 그 속에서 광운 자신도 새로운 국면에 접하게 된다. 특히 1970년 6월 1일에 광운전자공과대학에서는 재단과 대학 운영을 완전 분리하라는 요구를 앞세운 학생 시위가 거세게 일어났다. 이는 기존 질서에 반발하는 학생들의 적극적인 현실 참여 운동으로서, 당시의 시대적 추세와도 무관하지 않았다.

광운은 이런 현상에 대해 "이제 대학은 현실과 떨어져 진리만을 찾는 상아탑적 존재는 아닐 것이다. 물론 학생들도 무리한 요구가 있기는 했지만 기성세대에게 좋은 반성의 기회가 되었으며 더욱이 앞으로 사회생활을 하는 데 특히 학교 운영 면에 좋은 참고가 되었을 줄 안다"고 담담히 술회했다.

대학이 발전하기 위해서는 국가 정책과 결부되어 대학 주체적으로 해결할 수 없는 성질의 계획이 아닌, 대학 자체적으로 할 수 있는 발전부터 도모해야 할 필요성을 절감하게 되었다. 이에 1970년 3월 기획실을 신설하고 조무성 교수를 기획실장으로 임명한 후 '대학 발전 5개년 운영 계획'을 발표했다. '대학 발전 5개년 운영 계획'에 따라, 같은 해 4월에는 '대학발전연구위원회'를 상설 기관으로 만들고, 전임교원 전원이 마스터플랜, 교과 과정, 교무 학사 행정, 실험 실습, 홍보 전략 등 학교 운영 전반에 참여하도록 했다. 아울러 학과 중심 교육과정과 학제 간 공통과목 설치, 대학원 설치, 전자공학과·기계공학과·무선통신공학과 등 4개 과에 석사과정과 연구과정 설치를 추진했다. 또한 교육행정 당국이나 과학기술 정책적 지원 없이도 대학 내에서 자율적으로 연구비 문제를 타개하기 위해 교수특별 연구비 관련 규정을 제정했다.

시설 면에서도 대대적인 진전이 있었다. 건평 3,000평의 5층 종합과학관 건축 계획을 추진했고, 건평 300평 규모의 학생회관 건설 및 노천극장 건설을 추진했다. 이러한 시설 계획은 '대학 발전 10개년 계획'으로 구체화되어 1971년 11월 발표되었다.

'대학 발전 10개년 계획'은 캠퍼스 조성과 교육시설에 관한 장기 계획으로 3단계로 나뉘어졌다. 이러한 장기 계획은 1972년 재단 기획관리실이 만들어지고 난 후 종합적인 연구 검토가 이루어지고, 개선 계획이 수립

〈그림 8-4〉 학교법인 광운학원의 조광운 이사장과 이사들
1970년 1월 16일 이사회를 마치고 이사장 공관 앞에서 학교법인 광운학원 이사들과 함께. 왼쪽에서 두번째가 조광운이다.

되어 1973년부터 연차적으로 실시할 것을 목표로 했다. 1972년부터 1975년의 1단계에서는 제1공학관을 건립하며, 그 앞에 정원을 조성하고 타계 후 조광운 이사장의 동상을 건립하는 것을 목표로 했고, 제1공학관이 완공되면 이전까지 대학본부로 쓰고 있던 건물은 제2공학관으로 그 외부를 수리하여 종합 교실 및 커뮤니케이션 시스템과 양자전자학 실험 시설을 확충하도록 계획했다. 제2단계인 1975년부터 1978년까지는 전기실험실습관의 설비를 보완하는 한편, 서편에 중앙도서관과 학생회관을 신축하고, 동편에 1,500명을 수용할 수 있는 노천극장 건설을 목표로 했다. 또한 대학 정문을 학교 서쪽으로 옮기는 것도 계획되었다. 1978년부터 1982년까지의 3단계에서는 제1공학관 동쪽에 대학원 연구실과 교수회관을 세우고 제2공학관 남쪽에 제3공학관을 건설한다는 야심 찬 계획을 수립했다.

교육 방법에서도 기존의 강의 일변도 교육이 아닌 토론과 조사, 실험 실습 등 학생들의 참여를 확대하는 실용 교육을 확충하고자 했다. 이를 위해 교수들의 연구 활동을 장려하는 방안을 우선적으로 모색하여, 교수 능력 평가에 연구 업적을 반영하고 임용과 승진에 가장 중요한 기준으로 삼도록 했다. 특히 교수 연구 진작을 위하여 연구 계획서에 의해 연구비를 지급하고 그 결과를 공인된 기관의 학술발표회에서 발표하고 연구소의 학술지에 게재하도록 했다. 이는 현재 거의 모든 대학과 연구 기관에서 일상적으로 운영되는 평가와 지원 시스템이지만, 당시로서는 매우 선진적인 제도였다(『광운학원 70년사』).

굳은 의지와 이성의 힘으로

1972년 1월 4일, 광운은 그동안 고대하던 소원 하나를 이루게 되었다. 몇 년 전부터 공과대학에 설치하기 위하여 애를 썼던 전자계산기(일본 후지츠주식회사 제품 FACOM 230-15) 일 조를 구입해 대학 구내 전자계산소에 설치 완료했던 것이다(『비망록』, 『광운대학보』). 재원은 정부 원조 대일청구권자금 10만 8천 불로 충당되었으며, 이후 4월 26일에 광운전자계산소의 개소식을 거행하게 된다.

또 하나 개인적인 기쁨은 그해 3월 30일에 한국사학재단연합회 주관 제1회 한국 사학 육성 공로자 표창식에서 특별공로상을 받은 일이었다(『광운대학보』). 이는 식민지와 냉전을 경험한 이 땅에서 전자통신공학 분야의 선구자로서 37년 동안 묵묵하게 후진 양성과 교육에 힘써온 광운에게 주어진 작은 보상이었다고도 할 수 있다.

그러나 이때를 전후하여 대내외적인 사회변동으로 인해 광운의 대학 운영은 또 다른 변화를 맞게 된다. 1972년 박정희 정권이 유신헌법을 발포하면서, 광운의 '대학 발전 10개년 계획' 역시 상당 부분 수정이 불가피했다. 당장 급한 것은 재원 조달이었다. 은행과 정부 지원 자금을 쥐고 있는 군사정부의 절대적 영향력 아래서, 각 대학들은 민간 자금을 조달하거나 기부를 받아 교육 발전을 도모하기 어려워졌기 때문이다.

사실 위기는 이미 도래해 있었다. 1968년 12월 5일에 반포된 국민교육헌장은 국가주의적이고 전체주의적인 교육 이념을 주입하여 사학 교육의 자유로운 분위기를 억압했다. 게다가 1970년을 전후한 교련 교육의 강화, 1971년 대학 학칙 개정을 통해 대학의 자율권은 한층 축소되었다. 1970년대 이후 대학은 정권이 제시하는 권위주의적, 행정 중심적 교육 방침을 따라야 했다. 그 과정에서 광운 교육도 정부의 시책에 의해 제한을 받을 수밖에 없었다.

이런 경색된 분위기 속에서 1972년 10월 17일 박정희 대통령은 전국에 비상계엄령을 선포하고 소위 '10월유신'을 선포한다. 유신 체제는 대학생들의 저항을 잠재우기 위해 휴교령을 내렸고, 광운전자공과대학도 불가피하게 휴교에 들어갔다.

이러한 엄중한 시기에 광운은 어떤 입장을 취하고 있었을까? 당시 제3대 학장으로 추대된 김영권 교수의 취임을 축하하는 연설에서 그 일단을 짐작해볼 수 있을 것이다. "첫째, 대학은 우리 학원 가운데 장형(長兄)적 위치에 놓여 있음을 인식하여 모든 점에서 표본이 될 수 있어야 하며, 둘째, 대학 교무 행정의 질서 확립과 아울러 교권을 새롭게 수립하는 일이며, 셋째, 향후 학원 산하의 각급 학교가 혼연일체가 되어 유대를 공고히 함으로써 대학 발전의 표적이 되는 모든 문제들을 추진하여줄 것과, 끝으로 우리나라에서 가장 나이 젊은 학장으로서 패기와 용기를 보여줌으로써 대학을 보다 새롭고 활기에 찬 과학기술 교육의 전당으로 만들어줄 것을 당부한다." 언뜻 무난하고 평범해 보이는 연설이지만, 정치적으로 가장 민감했던 시기에 정부 정책에 부응하는 레토릭을 전혀 동원하지 않고 묵묵하게 본인의 사학 운영론과 과학교육론을 피력했던 것은 일종의 '기개'였다. 또한 어떤 악조건 속에서도 오로지 법인의 굳은 의지와 이성의 힘만으로 교육 사업에 임하겠다는 올곧은 교육적 신념의 표현이기도 했다.

광운학원, 한국의 대표 사학으로 도약하다

1973년 3월 2일 오전 6시 30분경 광운은 아침 남산 산책에서 돌아오던 중에 남대문 옆 도쿄호텔 앞에서 택시와 충돌하는 교통사고를 당해 오른쪽 다리에 큰 타박상을 입었다. 아침 산책은 50년이 되어가는 오랜 습관이었지만, 그 때문에 잠시 중단할 수밖에 없었다. 부상당한 지 약 20일 만에 상태가 호전되어 다시 산책에 나설 수 있었지만, 이 교통사고 이후 광운은 타계하는 순간까지 수시로 후유증에 고생을 해야 했다.

물론 그해 광운에게 불운한 사고만 있었던 것은 아니었다. 같은 해 9월 15일에는 부인 이옥동 여사와 금혼식을 거행했다. 금혼식은 한국 전통의 식인 회혼례(결혼 60주년 기념식)의 절차에 따라 선조에 대한 의례를 마치고 생존하고 있던 슬하 9남매와 그 반려자들의 가례 헌작으로 시작되어 이후 성대한 식전이 베풀어졌다(『비망록』).

〈그림 8-5〉 학원 창립 40주년 기념식(1974년 5월 20일)

하지만 이 시기, 광운의 삶에서 무엇보다 중요했던 사건은 다음 해인 1974년 5월 20일에 거행된 학원 창립 40주년 기념식이었다. 광운의 뇌리에는 일찍이 1934년 5월에 경성부 중구 봉래정 1가 83번지에 조선무선강습소를 창설하고 교육 사업에 투신한 이후 광운전자공과대학, 광운전자공업고등학교, 남대문중학교, 광운중학교, 월계국민학교, 월계유치원 등 6개 교육기관을 운영하게 되기까지 40년의 시간이 주마등처럼 흘러갔을 것이다. 기념식에는 재단 내 전 학교가 참여했고, 1만 명에 달하는 학생들이 다양한 행사를 진행했다. 해외 인사로는 베트남 대사 환 후안 티우 씨와 광운대학의 자매학교인 미국 알칸소 공과대학 총장 케네스 커쉬 박사, 주한 미8군 통신감 등이 하객으로 참석했다. 국내 인사로는 최병권 체신부 차관, 민병권 국회의원, 이범석 대한적십자사 부총재, 유상근 사학재단

연합회장, 구본석 서울시 부교육감 등 정부 관계 고관을 비롯하여 육해군 장성과 그 밖의 사회 저명인사 150여 명이 참석하여 자리를 빛내주었다.

이 행사를 직접 진행한 광운은 노령에도 불구하고 매우 열정적인 모습으로 아낌없는 찬사를 받았다. 그는 이날 광운학원 창립 40주년 기념사에서 "반세기 전으로 회고해볼 때 지금 학생 여러분들은 역사 교과서나 읽고 알 수 있겠지만 일제 식민지 통치하의 우리나라의 처지를 실감 있게 느끼지 못할 것입니다. 그들의 간악한 압제와 민족적 차별 감정에서 우리 민족은 열등 국민으로 천대 받고 갖은 학대와 고초를 겪어야만 했습니다"라며 광운학원의 창학이 민족적 사명의 소산이었음을 밝혔다. 그러면서 "우리 민족도 하루 빨리 선진 과학기술을 습득하고 이를 개발 응용하는 것이 국력을 배양하는 길"이라고 역설했다. 이날 행사는 광운학원이 명실 공히 한국의 대표 사학으로 도약했음을 선언하는 자신감의 표현이기도 했다.

학원 운영과 가정교육, 육영 사업

1973년 8월 1일 봉래동에서 수업하던 고등학교 야간부를 마감하고, 광운학원 전체가 완전히 월계동으로 옮겨오게 되었다. 이는 초창기 창업과 창학의 기치를 내걸었던 남대문 시대를 마무리하고 새로운 월계동 시대의 진정한 출발을 알리는 의미 있는 사건이었다. 그리고 1974년 11월 1일, 월계동 캠퍼스 본관 건물이 5층으로 증축되면서 시청각실과 도서실이 준공되었으며, 그해 12월 20일에는 한양공과대학에서 광운에게 명예 법학박사 학위를 수여했다. 이 시기는 교육자로서 광운의 인생에서 가장 화려했던 한때가 아닌가 싶다.

그러나 당시 사회적 분위기는 매우 우울한 편이었다. 1975년 대학과 종교 단체를 중심으로 반유신 운동이 고조되자, 박정희 정권은 소위 긴급 조치 4호, 9호를 잇달아 발동하여 학원의 군사화를 강력하게 추진했다. 고등학교와 대학교의 학생 자치 기구를 해산시키고 소위 '학도호국단'을 조직하도록 했다. 학도호국단은 학교 조직을 군사적으로 편제하겠다는 발상의 결과물이었다. 광운학원이라고 군사정권의 강압을 버텨내기는 어려웠다. 아울러 관제 반공 집회가 기승을 부려 연일 학생들이 동원되는 가운데, 광운학원에서도 어쩔 수 없이 전체 1만 5천 명의 구성원들이 참여하는 '총력안보궐기대회'를 벌이기도 했다.

그런 가운데, 광운은 교통사고 후유증과 지병의 악화로 수시로 입원과 퇴원을 반복하고 있었다. 설상가상으로 1976년 11월 17일에는 부인 이옥동 여사와 사별하는 운명을 맞았다. 갑작스런 아내의 죽음은 광운에게 큰 충격을 안겼다. 광운은 이 무렵부터 학생과 교직원들에게 원만한 교우 관계와 상부상조를 각별히 강조하곤 했는데, 부인과 사별한 뒤 쓸쓸한 마음을 엿볼 수 있는 장면이라고 할 것이다. 그는 전보다 더 이웃을 돌보고 타인을 생각하는 마음을 실천에 옮기려 했다.

관련된 일화를 하나 소개한다. 79회 생일을 맞은 날 광운은 평소처럼 가족들과 식사를 함께한 뒤, 생일을 위해 마련된 음식을 모두 학교로 가져와 30여 명의 용원들에게 직접 골고루 나눠주었다. "이 학교 발전의 원동력은 바로 여러분들"이라고 격려하며 손수 술을 따라준 것은 물론이다. 이렇듯 말년의 광운은 늘 아랫사람을 배려하고 인화단결을 강조하며, 인생의 종착역에서 느낀 인간 경외의 감정을 고스란히 드러내고 있었다.

이후 광운은 젊은 시절부터 꿈꿔왔던 교육 사업의 전체를 생의 마지막 순간까지 차근차근 정리해 나갔다. 아울러 여러 손자, 손녀들에게는 인자한 할아버지로서 아낌없이 사랑의 마음을 표현했다. 말년의 광운은 "요즈음 본인의 일과는 매우 한정되어 있습니다. 학생들이 교정에서 열심히 공부하고 밝고 명랑한 모습으로 뛰노는 모습을 보는 일이 나의 말년의 최상의 기쁨이요, 보람인 것입니다. 비록 몸은 기력이 쇠잔하였지만 내가 힘들어 일구어놓은 본 학원이 이만큼 성장 발전한 것이 무척 대견스럽고 흐뭇한 감을 금치 못합니다"라고 고백하기도 했다. 교육 사업이라는 자신의 꿈과 희망을 달성하고 유유히 그 광경을 지켜보고 있는 그의 모습이 그려지는 듯하다.

1980년 4월 20일, 광운학원 설립자 화도 조광운은 영면에 들어갔다. 향년 81세에 가족들이 지켜보는 가운데 천수를 누리고 와석종신(臥席終身)한 것이다. 광운을 기리는 수많은 이들이 함께한 장례식은 학교장으로 엄수되었는데, 모든 교직원과 재학생들이 애도하면서 끝까지 장례 행사를 지켜보았다. 사업가로서, 교육자로서, 한 가정의 가장으로서 광운은 누구나 본받고 싶은 훌륭한 인물이 되어 일생을 마감했다.

'실용주의'와 '사랑의 마음'

화도 조광운이 격동의 시대를 사업가이자 교육자로 살아가면서 가장 많이 입에 올렸던 말은 "우리나라의 현재 상태"였다. 다시 말해 그는 '후진국'으로 머물고 있는 조국의 현실을 자각해야 한다고 자주 역설했다. 그는 우리나라가 후진국이 된 연유를 무엇보다도 '낮은 수준의 과학기술'에서 찾았다. 아울러 그 실제적인 이유를 우리 조상들이 실용적인 이공 계통의 학문을 천시하고 이론 중심의 교육을 했기 때문이라고 진단했다. 이렇듯

〈그림 8-6〉 조광운 설립자 장례식(1980년 4월 24일)

광운은 한국 사회의 현실 문제를 극복할 대안으로 '실용주의'를 제시하고
있었다.

　광운의 문제의식은 '실제생활에서 활용되는 과학기술'이라는 관점
으로 정리되었다. '실제 생활에서 활용되는 과학기술'이라고 하면, 그 중
심에는 당연히 소위 '가전(家電)'이라는 전자 산업이 있을 것이다. 광운이
전자공학이라는 분야를 개척하게 된 연유는 그렇게 파악할 수 있다.

　그런데 광운의 문제의식은 여기에 그치지 않았다. 교육이 무릇 그러
하듯이, "과학기술 교육의 대상은 인간이다. (…) 아무리 진선진미(眞善眞美)
한 과학기술을 지니고 있다 해도 거기에는 반드시 인간다운 품격이 깃들
어 있어야" 함을 광운은 잊지 않았다. 그는 새로운 과학기술을 함양하기
에 앞서서 '사랑의 마음'을 기르고 간직해야 한다고 주장했다. '사랑'은 고

독하지 않은 것이고, '사랑'은 자기중심적인 이기주의와 탐욕을 배격한다. 광운은 이렇게 '실용주의'와 '사랑의 마음'이라는 가치를 인간의 가장 중요한 덕목으로 설명했다.

그런 면에서 보면 사실 조선무선강습소의 출발도 이 '실용주의'와 '사랑의 마음'을 실천한 것에 다름 아니었다. 가령 어둡고 깜깜한 경성 북측의 조선인 마을에 전깃불 하나를 켜는 것이 '실용주의'였던 것이다. 또한 봉래동 학교가 있었던 서울역 주변에서 고학하는 지방 학생에게 장학금을 주고 기숙사를 제공한 것이 '사랑의 마음'이 아니라면 도대체 무엇인가.

이러한 그의 신념은 어떤 체계적인 철학으로 구축되지는 않았지만, 제4차 산업혁명 시대가 도래한 지금 시점에도 전혀 어색하지 않은 과학 기술의 당위론(當爲論)이라고 할 만하다. '실용주의'와 '사랑'을 광운학원의 교육 이념으로 구상한 광운은 실제생활에서도 늘 이를 실천했다. 항상 소박하고 성실한 생활 태도는 물론이고 모든 사람을 사랑의 마음으로 대한 수많은 일화들이 지금까지도 전해지고 있다.

마무리글

항상 그대와 함께 걷는 길

ㅣ

지금까지 광운학원 설립자 화도 조광운이 태어나서 이 세상을 떠날 때까지의 여든하나 성상(星霜)에 걸쳐 그의 생애와 도전을 객관적인 자료에 입각하여 조명했다. 책의 제목은 전기 편찬 사업을 주관하는 화도기념사업회 이사회의 결정을 받아들이고 부제로 출판사의 제안을 절충하는 형태로 최종적으로 『항상 그대와 함께 걷는 길―광운학원 설립자 화도 조광운의 생애와 도전』으로 확정했다. 여기에는 사학 일반을 둘러싼 경쟁적 환경이 날로 치열해 가는 작금의 현실 속에서, 끊임없이 원점인 설립자의 창학 정신으로 되돌아가 현실을 재구성하는 강력한 힘과 논리를 얻어내고 거기서 앞으로 나아갈 길을 묻는다는 의미가 함축되어 있다. 나아가 그의 후계자가 고독한 결단을 내려야 할 순간마다, 설립자였다면 어떻게 했을까를 생각하고 또한 그때마다 혼자가 아니라 산하 교육기관의 구성원들과 함께해야 한다는 중의적인 의미도 내포하고 있다.

이러한 종류의 책이 특별한 의미를 갖기 위해서는 당연히 현창이나 미화의 유혹에서 벗어나 가능한 한 1차 사료를 바탕으로 한 인물의 개인사를 객관적으로 기술하고 이를 통해 그가 살았던 시대상을 이야기할 수 있어야 한다. 다행히 화도기념사업회의 구성원은 하나같이 엄격한 사료 비판에 입각한 객관적인 기술의 글이 갖는 위력과 영향력을 충분히 인지하고 있어, 집필자들은 춘추의 필법을 경계하고 오로지 사실과 양심에 따라 저술을 해 나갈 수 있었다.

그러나 역시 전기 편찬 작업을 준비하는 벽두부터 기존의 학원사 편찬에 관여했던 경험자들로부터 사료의 제약으로 제대로 된 일대기의 구축이 가능할지 우려하는 목소리가 제기되는 등, 자료의 확보가 가장 큰 난관으로 부상했다. 그도 그럴 것이 1944년 1월 21일 미명에 발생한 화재로 광운학원의 기원인 조선무선강습소·조선무선공학원의 교무·학사 관련 자료와 이를 재정적으로 뒷받침해온 광운상회의 경영 자료가 송두리째 연기로 사라지고 말았기 때문이다. 해방 이후에도 광운학원 관련 자료가 체계적으로 관리되어온 흔적은 보이지 않지만, 그래도 학교 설립 인허가 행정 문서가 국가기록원 등에 얼마간 보존되어 있고, 수차례에 걸친 학원사 편찬 과정에서 수집한 자료가 남아 있어 그나마 나은 편이었다.

결국 화재 사건 이전까지 광운이 걸어온 생애 절반 이상의 발자취를 어떤 사료를 통해 어떻게 구체적으로 그려낼 것인가에 전기 출판의 성패가 달려 있다고 해도 과언이 아니었다. 장인은 결코 연장을 탓하지 않는 법, 이번에 집필을 분담한 세 연구자는 각각 분석 대상이나 시대를 달리하지만 대체로 다년간 체계적인 사료 비판과 역사기술의 훈련과 경험을 쌓아온 이들로 특별히 문제될 것이 없었다.

막상 집필을 시작하고 보니 그가 살아생전에 자신의 삶을 되돌아보고 기록해둔 「회고록」이나 『비망록』 등의 1차 사료가 의외로 유용함을 알게 되었다. 일부 기억의 풍화에 의한 오류나 견강부회로 읽히는 대목이 없었던 것은 아니지만, 대체로 거기에 기술된 내용의 장소, 일시, 시간 등이 매우 구체적이고 정확했다. 지금까지 전해 내려오거나 그 존재가 확인되지는 않지만 아마도 참고로 삼은 수첩 같은 것이 따로 있었을 가능성이 매우 높다. 어쨌든 거기에 기록된 내용을 철저한 사료 비판을 통해 사실관계를 확인하면서 이를 바탕으로 시간, 장소, 시대 배경, 당시의 정치·경제·사회 사정을 이야기해주는 새로운 자료를 발굴하는 방식으로 끝까지 집필을 마무리할 수 있었다.

II

이 책을 집필하는 과정에서 지금까지 잘 알려져 있지 않았던 수많은 사료의 발굴과 활용을 통해 광운의 삶의 발자취를 새로이 밝혀냈는데, 이 가운데 중요한 몇 가지 사례를 소개하도록 하겠다. 이들 새로운 사료는 머리말에서 자세하게 설명한 「회고록」과 그 저본이 된 『비망록』의 사실관계를 교차 확인하고 당시의 정치·경제·사회적 정세와 관련하여 그의 삶을 입체적으로 조명하는 데 결정적인 역할을 했다. 자신의 육필 기록인 『비망록』도 『광운80년사』(광운전자공업고등학교 총동문회, 2015)에서 처음으로 인용되고 있지만, 본격적인 분석 대상이 되지 않았다는 점에서 유사한 종류의 사료에 해당한다고 할 수 있다.

첫째로, 광운은 자신의 아호를 화도(花島)라고 할 정도로 고향에 대한 강한 애착을 가지고 있었지만, 『비망록』이나 제적 등본을 제외하면 그가 개항장 인천에서 태어나 세상 물정에 눈뜬 스무 살까지 거기에서 살았다는 공식 기록은 전무한 실정이다. 그러나 일제강점기 경성부를 제외하고 부제(府制)가 실시된 도시 가운데 유일하게 토지조사기록이 남아있는 조선총독부 『인천부 토지조사부(仁川府土地調査簿)』와 『지적도(地籍圖)』에서 광운의 아버지 조운식의 대지 기록을 찾아냄으로써 해명의 실마리를 찾았다. 나아가 이를 제적 등본, 『향토지』의 기록이나, 서울대학교 규장각 소장 〈화도진진사도(花島鎭鎭舍圖)〉, 국립중앙도서관 소장 〈화도진도(花島鎭圖)〉와 대조함으로써 구체적인 생가의 위치와 면적, 고향의 지역성과 역사성까지 특정할 수 있었다.

둘째로, 광운이 개항지 인천에서 받은 교육에 대해서도 다음과 같은 자신의 「회고록」 기술이 유일하고, 이를 뒷받침할 학적부가 전해 내려 오지 않아 사실 여부를 확인할 길이 없었다. "한일병합이 이루어진 1910년 (…) 서당을 그만두고 댕기를 자르고 인천보통학교에 들어갔"으나 당시 "데라우치(寺內)란 일인(日人) 총독이 부임해 와서 무단 군국 정치(武斷軍國政治) 강화책의 일환으로 학교 선생들에게까지도 강제로 군복, 군모, 군도(軍刀)를 입고 차게 하여" "군복에 군도를 찬 선생들의 모습은 도무지 스승의 모습으로 여기어지지 않아 (…) 졸업반이 되던 해 어느 날 (…) 학교를 그만두었"는 것이다. 그러나 국가기록원 등에서 인천공립보통학교의 공식적인 기록인 『연혁지(沿革誌)』와 『졸업대장(卒業臺帳)』을 발굴하여 그것이 단편적인 개인적인 경험에 그치지 않고 식민지 권력 기구를 통해 조선인을 일제의 동화 기관에 몰아넣고 학부모들은 자녀들을 중도 퇴학시켜 여기에 대한 저항을 일상화하고 있던 시대상을 이야기해주는 것임을 확인했다. 또한 광운의 고향 화도 주변이 구미 열강은 물론 일본의 제국주의와 대치하는 최전선 병영 마을이었기 때문에, 개항 이후 이들 제국주의 세력의 등에 업혀 개항장 인천에 들어온 천주교의 박문학교와 북감리교의 영화학당 같은 기독교 계통 교육기관에도 강한 반감을 가지고 있었음을 알수 있었다. 이처럼 광운의 교육 체험을 분석하는 작업이 의도치 않게 한편의 연구 논문 형태를 갖추게 되어 일제강점기 인천의 초등교육 지형과 존립 형태를 밝히게 된 것은 하나의 학문적 공헌이라고 평가하고 싶다.

셋째로, 서간도에서 무장 독립운동을 하던 사촌 매부 김동만을 찾아가 식민지 청년으로서 살아갈 길을 묻고 그의 소개로 재일본조선기독교청년회 2대 총무 백남훈을 만나 와세다대학 청강생 및 예과생이 되어 학업과 동시에 기독교청년회 활동에 관여했던 것을 새로운 사료의 발굴과 활용을 통해 실증했다. 이러한 사실은 「회고록」에 단편적으로 기록되어 있지만 지금까지 그 실태가 전혀 알려져 있지 않은 부분이었다.

이는 문무를 겸비한 김동삼·김동만 형제의 남만주 밀림을 무대로 한 항일 무장투쟁과 독립운동 전선의 통일을 위한 활약은 한국 독립운동사의 혁혁한 한 페이지를 차지하지만, 일본군 토벌대의 총칼에 희생되거나 체포당해 형무소에서 옥사하여 국내에 흔적을 남기지 못한 채 망각되어 온 것과 깊은 관련이 있다. 김동만의 조카며느리(친형 김동삼의 맏며느리)인 이해동 여사의 수기는 광운이 삼원보 추가가에서 사촌 매부를 만나고 떠난 7개월 뒤에 상하이 임시정부 서간도지구 군사 조직인 서로군정서 토벌 작전을 전개한 일본군의 총칼에 김동만이 처참하게 희생당하는 모습을 생생하게 전해준다. 또한 김동만의 소개로 만난 백남훈은 재일본조선기독교청년회 총무로서 도쿄 유학생 2·8독립선언을 주도하고 국내로 전파하여 사실상 3·1운동의 도화선에 불을 붙인 장본인이었다. 재일본조선기독교청년회의 내부 자료를 통해 광운의 짧았던 와세다대학 유학 시절

〈그림 9-1〉 조광운와 마츠시타 고노스케의 교유

1968년 7월 24일 광운학원 이사장 조광운이 오사카에 있는 마츠시타전기산업주식회사 본사 회장실을 예방하여 고노스케 회장과 환담을 나누고 있다. 왼쪽으로부터 마츠시타전기산업주식회사 부사장 나카오 데츠지로(中尾哲二郞), 회장 마츠시타 고노스케, 광운학원 이사장 조광운, 마츠시타전기산업주식회사 해외사업본부장 야스카와 히로시(安川洋)이다.

의 일상을 들여다볼 수 있었다.

넷째로, 광운과 마츠시타 고노스케의 친밀한 교유는 증인들이 생존해 있어 광운학원 주변에 널리 알려져 있는 사실이다. 그러나 그것이 언제부터 시작되고 어떠한 협력 관계를 유지해왔는지는 구체적으로 밝혀진 바가 없었다. 이 책에서는 두 사람이 주고받은 편지의 내용을 분석하고 이를 광운의 「회고록」 및 고노스케의 『자서전』 기술 내용과 대조하여, 이들의 관계가 오사카 체류 시절 젊은 날의 빈천지교(貧賤之交)로 시작하여 인생의 말년에 서로의 건강을 걱정하는 막역지우(莫逆之友)로 발전해갔음을 밝혀냈다. 광운에 대한 고노스케의 우정은 조선무선강습소 설립에 즈음하여 첨단 설비 기자재 기증과 협찬을 통해 관립·공립학교를 웃도는 교육환경을 갖출 수 있도록 지원하는 것으로 구체화되었다. 참고로 이 책의 원고가 거의 마무리되어갈 무렵, 일본 오사카에 있는 파나소닉주식회사 본사 역사문화커뮤니케이션실 담당자 나카니시(中西) 씨에게 이러한 사정을 알리고 필요한 자료를 요청하자, 그쪽에서도 깜짝 놀라며 시간이 걸릴지 모르지만 관련 자료를 최대한 찾아 알려주겠다고 약속했다. 무슨 새로운 내용이 나올지 궁금할 따름이다.

다섯째로, 광운학원 주변에 전설처럼 전해오는 이야기이지만 사료를 통해 충분히 논증하지 못해 본문에 싣지 못한 내용을 여기에 기록하여 훗날의 과제로 남겨두고자 한다. 광운이 조봉암과 진보당 사건에 연루되어 중부경찰소에 수감되었으나, 당시의 실력자인 이기붕이 광운학원의 부지를 절반 가까이 요구하고 그 대가로 무혐의로 처리해주었다는 설이다. 죽산(竹山) 조봉암(曺奉岩, 1898~1960)은 광운과 같은 창녕 조씨 같은 항렬로 1년 앞서 인천 화도의 지척에 있는 강화부(江華府) 선원면(仙源面) 지산리(智山里)에서 태어났다. 서로 모르는 사이는 아니었으나, 죽산이 1946년 5월 박헌영과의 갈등으로 사상 전향하여 좌우 합작이나 남북 협상의 노선을 걷기까지 공산주의 계통 독립운동과 정부 구상에 투신하고 있었기 때문에 정치와는 선을 긋고 있던 광운과의 접점은 없었다.

두 사람의 인연이 역사의 소용돌이 속에서 우여곡절을 겪게 되는 것은, 죽산이 초대 내각 농림부 장관(1948. 8. 15~1949. 2. 22), 국회의원(1948. 5. 31~1954. 5. 30), 국회부의장(1952. 7. 10~1954. 5. 30) 등으로 이승만 정권과 협조적인 관계를 유지하다가, 1956년 5월 15일 무소속 후보로 제3대 대통령 선거에 나서서 30%에 가까운 216만 4천 표를 획득하여 이승만을 위협하는 강력한 정적으로 부상하면서부터였다. 민의원 선거를 4개월 앞둔 1958년 1월 13일, 이승만 정권은 조봉암과 진보당 간부들을 국가보안법 위반 혐의로 일제히 검거하여 육군 특무대의 수사와 무리한 정치재판 끝에 1959년 2월 27일 조봉암에게 사형을 선고하고 진보당 간부들에게는 무죄를 선고했다(서중석, 『조봉암과 1950년대(상·하)』, 역사비평사, 1999; 정태영, 『조봉암과 진보당』, 한길사, 1991).

이와 관련하여 광운에게 씌워진 혐의는 조봉암에게 봉래동 교사를 정치 강연과 선거 유세의 장소로 제공했다는 것으로 보이는데, 국가기록원에 보존되어 있는 당시 검찰청 사건부를 보면 "사건번호 4616 봉래동 83번지 교원 조광운 60세 실화 1958년 7월 31일자 기소유예"로 나와 있을 뿐이다. 이는 사실관계를 그대로 전달하는 것일 수도 있고 아닐 수도 있어서, 다른 자료의 뒷받침이 없으면 지금 단계에서 뭐라고 단정하기 어렵다. 국가기록원 자료에서 발굴한 「동국무선공업고등학교 및 병설 전자공과 초급대학 인허가 문서」의 기본자산 목록에 의하면, 당시의 학원 부지는 현재의 광운대역 앞에까지 미치고 있으나 해당 토지의 지번별 소유권 이전 상황을 조사하여 조봉암과 진보당 사건과의 관련 여부를 규명하는 것은 앞으로의 과제라고 할 것이다.

Ⅲ

끝으로 화도 조광운의 일대기를 마무리하면서 그의 생애와 도전이 광운학원의 창학 정신·교육 이념과 관련된 부분을 정리할 필요가 있을 것이다. 광운학원의 「설립자훈(設立者訓)」으로 전해오는 근면 성실, 검소 절

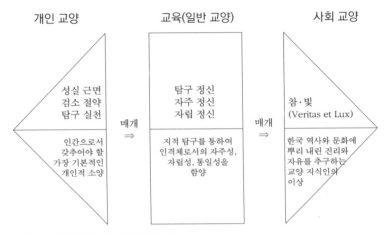

개인 교양	교육(일반 교양)	사회 교양
성실 근면 검소 절약 탐구 실천	탐구 정신 자주 정신 자립 정신	참·빛 (Veritas et Lux)
인간으로서 갖추어야 할 가장 기본적인 개인적 소양	지적 탐구를 통하여 인격체로서의 자주성, 자립성, 통일성을 함양	한국 역사와 문화에 뿌리 내린 진리와 자유를 추구하는 교양 지식인의 이상

매개 ⇒   매개 ⇒

〈그림 9-2〉 광운학원의 창학 정신과 교육 이념
이항철 작성, 광운대학교, 『2004년 제2주기 대학종합평가인정을 위한 광운대학교 자체평가연구
보고서』, 광운대학교 자체평가연구위원회, 2004년 9월 17일, 103~113쪽.

약, 탐구 실천의 정신은 사실상 광운이 구 일본 조계 지역에서 잡화상 점원, 법률사무소 사무 보조, 면포 도산매 사업 경영으로 보냈던 5년간의 실제 경험을 통해 체득한 생활철학에서 그 원형을 찾을 수 있다. 그는 스스로의 생활 체험을 통해 개인은 일상을 통해 성실 근면하고 검소 절약하며 탐구 실천하는 생활 덕목을 갖추어 스스로 다스려 나가는 것이 무엇보다 필요하다고 보았다.

그러나 이러한 개인적 소양(교양)만으로는 한국의 문화와 역사에 뿌리를 내리고 세계적으로 보편성을 지닌 교양 지식인의 이상, 다시 말하면 사회적 소양(교양)을 이루어내기 어렵다. 그것을 가능하게 하는 것이 학교라는 제도이고, 거기서 이루어지는 교육 활동이다. 학교에서 지식과 기술을 습득하는 지적 탐구 활동을 통해서만이 인격체로서 자주성, 자립성, 통일성을 기를 수 있다고 본 것이다. 광운이 조선무선강습소·조선무선공학원을 설립한 것은, 가난도 무지의 소산이고 망국도 무지의 소산이라 진단하고 일제 치하의 암흑으로부터 민족을 구하는 길은 젊은이들에게 과학기술과 학문을 가르치는 것밖에 없다는 신념에서였다.

사방이 꽉 막혀 앞이 보이지 않던 3·1운동 직후 인생의 길을 묻기 위해 사촌 매부 김동만을 찾아 중국에 갔을 때 그가 광운에게 한 말이 중요한 계기가 되었을지도 모른다. 그는 "젊었을 때는 사업을 하는 것도 좋지만 무엇보다도 신학문을 배워 미래를 대비하는 것이 더 중요"하며 "왜적이 망한 뒤 무너진 나라를 다시 세우는 것은 젊은이의 몫"이라고 강조했다. 또 "다른 어떤 일보다도 우선 선진 문명의 지식"을 갖추는 것이 "앞으로 일제의 사슬에서 벗어나 자주독립의 기틀을 마련하는 일"이라고 당부했다. 해방 후에는 여기에 '인간다운 품격이 깃든 과학기술'과 '인간에 대한 사랑의 마음을 바탕으로 하는 학문'이라는 개념이 덧붙여졌다. "과학기술 교육의 대상은 인간"이므로 "아무리 진선진미(眞善眞美)한 과학기술을 지니고 있다 하더라도 거기에는 반드시 인간다운 품격이 깃들어야 하고" "새로운 과학기술을 함양하기에 앞서 사랑의 마음을 길러 간직"해야 한다는 것이었다.

그러나 이러한 광운의 창학 정신과 교육 이념은 체계적으로 정립되지 않은 상태로 이어져 내려오다가 광운대학교가 종합대학으로 승격한 1988년에 그의 후계자인 동해(東垓) 조무성 초대 총장·전 이사장에 의해 학칙에 반영되는 등 정연한 체제를 갖추게 된다. 「광운대학교 학칙」 제1조①에 설립자의 창학 정신에 입각하여 교육 이념으로 "참·빛(veritas et lux)"의 이념을 학내외에 명확하고 구체적인 형태로 표명했다. 즉, 학문을 통한 진리의 탐구(참)로 진정 인간을 자유롭게 하고(빛), 미래를 개척하는 부단한 과학적 탐구(참)를 통해 지역사회, 국가, 나아가 인류의 발전에 이바지하는 것(빛)을, 한국의 역사와 문화에 뿌리를 내리고 세계적인 보편성을 갖는 교양 지식인의 이상으로 삼은 것이다. 진리·정의·진실을 표상하는 "참(veritas)"과 자유·광명·전파(傳播)를 표상하는 "빛(lux)"의 정신은 무선공학·전자공학 중심으로 발전해오고 정보화 혁명에 이어 현재 제4차 산업혁명의 최전선에서 주역으로 활약하고 있는 광운학원의 역사성과 특성 그 자체를 말해주는 것이라고 할 수 있다.

조광운 연표(1899~1980)

일자	조광운의 생애	국내외 정세	무선통신 기술
1899 출생	5월 20일 인천부 다소면 고잔리 화도(현재의 인천 화수동)에서 조운식의 4대 독자로 출생	3월 29일 중국 산둥에서 외세 배척 운동인 의화단 봉기 5월 4일 국내 최초로 동대문–흥화문 간 전차 개통식 9월 6일 미국, 중국의 문호 개방 각서 통고 9월 18일 노량진과 제물포 간 경인철도 개통	3월 27일 마르코니(Marconi), 영국과 프랑스 도버해협을 사이에 두고 세계 최초로 국가 간 무선통신에 성공 ◦ 보스(Jagadish Chandra Bose), 수은과 철을 사용한 자기복구형 전자파 검출장치(coherer) 발명 12월 마르코니, 영국 엘레트라(Elettra)호에 최초로 선박 무선 전신장치 설치
1900 1세		6월 21일 청국, 의화단 사건 진압 위해 출병한 8개국에 선전포고	3~4월 페선덴(R. A. Fessenden), 약 1마일 거리의 음성 송수신 성공
1901 2세		9월 7일 의화단 사건 최종의정서 체결, 4억 5,000만 량의 배상금 지불 및 각국의 군대 주둔권 등 승인	◦ 헤비사이드(Oliver Heaviside), 전리층의 존재를 예언 12월 12일 마르코니, 대서양 횡단 무선통신 신호 수신에 성공
1902 3세		12월 22일 제물포 웨슬리예배당(내리교회) 존슨 목사 주선으로 인천·강화 지역 감리교인 등 102명 하와이 사탕수수밭 노동자 이민 출국	
1903 4세		8월 1일 제물포 전역을 총괄하는 부내면(府內面) 신설 및 확장	◦ 페선덴, 헤테로다인(Heterodyne) 방식에 의한 수신 전파 복조를 발명, 당시 진공관 미보급으로 실용화되지 못함

일자	조광운의 생애	국내외 정세	무선통신 기술
1904 5세		2월 8일 러일전쟁 발발, 제물포 해전에서 일본군 승리 5월 1일 일본군, 압록강 회전에서 러시아군 격파 12월 27일 정부철도 완공, 이듬해 전 구간 개통	◦ 영국, 전파를 유효하게 사용하기 위한 '무선통신법' 시행 11월 16일 플레밍(Fleming), 에디슨 효과에 주목하여 2극진공관의 전파 검출 효과를 발견, 독자적인 플레밍 2극진공관(Fleming diode) 만들어 특허 취득
1905 6세		9월 5일 포츠머스 강화조약(러일전쟁 종료) 11월 5일 경의선 개통 11월 17일 제2차 한일협정, 조선 외교권 박탈, 통감부 설치, 전국적으로 반일 무력항쟁 확산	◦ 아인슈타인(A. Einstein), 빛의 에너지로 전기를 발생시킬 수 있음을 증명(광양자가설), 이후 태양전지의 아이디어가 됨, 절대좌표를 부정하고 특수상대론을 주장
1906 7세	◦ 조운식, 자택에 쌍우물서당을 만들어 동네 학동들과 함께 광운에게 한자 및 한학 교육 시작(~1910)	2월 23일 조선통감부 의장·1대 조선통감 이토 히로부미 취임 8월 1일 일본, 관동도호부 설치 8월 27일 '보통학교령'을 내려 종래의 5~6년제 소학교 체제에서 4년제 보통학교 체제로 개편 11월 5일 조선인 유학생을 주축으로 도쿄에 재일본조선기독교청년회 발족	10월 3일~11월 3일 베를린에서 미국, 영국, 독일, 이탈리아, 일본 등 주요국 대표가 모여 국제무선통신규정(International Radiotelegraph Convention, IRC) 제정 11월 13일 데 포레스트(Lee De Forest), 3극진공관 오디온(Audion) 발명하여 특허 취득 12월 24일 페선덴, 광석라디오 보급에 따라 3일 전 무선통신으로 예고한 다음 크리스마스 이브에서 그믐밤에 걸쳐 반복적으로 찬송가나 성경 낭독 음성 송신, 세계 최초의 라디오 방송으로 간주

일자	조광운의 생애	국내외 정세	무선통신 기술
1907 8세		4월 23일 만철 조사부 설치 5월 6일 인천공립보통학교 설립 11월 3일 만철, 러시아의 동청철도 부속지의 콴청쯔역과 창춘 시가지 사이에 창춘역 건설	◦데 포레스트, 해군 함정에 아크식 무선전화 설치하여 악기 연주하고 함대 주류지에서 유명 오페라 가수의 노래를 방송(아크식 AM방송) ◦데 포레스트, 3극 진공관 특허 취득 ◦AT & T, 3극 진공관을 장거리 전화 중계기용으로 제작
1908 9세		8월 26일 모든 사립학교를 일제의 인허가 관리 체제 아래 두는 '사립학교령' 발령	
1909 10세		6월 14일 이토 히로부미 추밀원 의장 임명, 소네 아라스케 2대 조선통감 취임 10월 26일 안중근 의사, 하얼빈에서 이토 히로부미 처단 12월 22일 이재명 의사, 매국노 이완용 처단 시도 실패	◦마르코니, 무선통신 발달에 대한 공헌을 인정 받아 독일 물리학자 브라운(K. F. Braun)과 함께 노벨 물리학상 공동 수상
1910 11세	◦쌍우물서당에서 한자 및 한학 학습 종료	5월 30일 데라우치 마사타케, 제3대 조선통감 취임 8월 22일 일제의 한국 강제 병합 10월 1일 데라우치 마사타케, 육군대신 겸직 초대 조선총독에 취임, 교사의 군복·군검 착용 8월 29일 경술국치, 대한제국 종언(1897.10.12~), 조선귀족령 공포	4월 미국의 발명가 헤롤드(Charles Herrold), 산호세에서 무선통신으로 사전 예고하고 대중 대상 음악방송 실시
1911 12세	4월 1일 인천공립보통학교 입학	연초 김동삼·김동만 형제, 서간도 유하현 삼원보 추가가로 망명 6월 10일 신흥강습소 개교 8월 23일 '조선교육령' 제정 10월 10일 중국 신해혁명 시작 10월 20일 '실업학교규칙' 제정, 관립 인천실업학교를 인천공립상업학교로 개편 11월 1일 압록강 철교 준공으로 중국 안동과 연결, 조선총독부 철도와 남만주철도 직통 운전 개시	◦온네스(Kamerlingh Onnes), 헬륨 액화에 성공, 수은을 냉각하여 그 전기저항이 절대온도 4.2K에서 소멸하는 초전도 현상 발견 ◦루드포드(Ernest Rutherford), 알파선을 금박에 비췄을 때 통과하지 않고 되돌아오는 것이 있음에 착목하여 원자핵 발견

일자	조광운의 생애	국내외 정세	무선통신 기술
1912 13세		2월 12일 청조 멸망 3월 신흥강습소를 합니하 교사로 이전 4월 1일 관립인천실업학교 교명을 인천공립상업학교로 변경 4월 남대문정거장-남대문 구간의 직선화 및 확장 공사 준공	○ 에텐(Herbert van Etten)과 록우드(Charles Logwood), 3극 진공관 증폭 작용 발견, 송수신기 성능의 비약적 향상 기틀 마련 ○ 암스트롱(Edwin H. Armstrong), 3극 진공관 활용하여 재생 증폭 및 재생 검파 가능한 회로 개발, 송수신기 성능 크게 향상 4월 14일 타이타닉호 조난 무선통신 송신
1913 14세	3월 부모의 권유로 경기도 부천군 신도인 유씨와 혼인	10월 31일 조선총독부, 부제(府制) 실시	○ 페렝(Jean Baptiste Perrin), 입자의 운동(브라운 운동) 관찰하고 물질이 불연속의 입자로 구성되었음을 증명, 분자와 원자 존재 확인
1914 15세	9월 인천공립보통학교 자퇴, 구일본 조계에 있던 잡화점 도이키시치상점 점원으로 취직(~1916년 가을까지)	4월 1일 경성부 구획 획정에 따라 구 한성부 서부 구역인 순동·자암동·분동·연지동·남정동 일부와 은행동·매월동을 병합하여 봉래동 1가로 편제 7월 28일 1차 세계대전 발발 9월 남대문에서 혼마치통(현 충무로)의 교차 지점에 이르는 남대문통(현 남대로) 남쪽 구간 공사 완료 10월 1일 인천부 부내면 폐지, 신촌리, 화동, 수유리를 통폐합하여 신화수리로 개편	
1915 16세		9월 11일 일한가스주식회사, 경성전기주식회사로 이름 변경, '1지역 1사업' 전력 사업 허가 정책 아래 한반도 전체 송전 설비 확충과 전기 공급의 독점적 지위 구축	○ 쇼트키(Walter H. Schottky), 4극 진공관(tetrode) 발명하여 특허 취득 11월 11일 일본, '무선통신법' 시행
1916 17세	가을 도이키시치상점 점원 생활 청산, 일본인 법률사무소 사무보조로 취직(~1917년 가을까지)	10월 16일 제2대 조선총독 하세가와 요시미치 취임 10월 18일 인천공립상업학교에 간이상업학교 병설	○ 헐(Albert W. Hull), 단순한 2극 마그네트론을 발명하여 특허 신청, 레이더, 전자레인지 등에 사용

일자	조광운의 생애	국내외 정세	무선통신 기술
1917 18세	가을 법률사무소 그만두고 연말에 면포상 사업 시작	3월 15일 로마노프왕조 멸망(러시아 2월혁명) 7월 31일 남만주철도주식회사(만철)가 조선총독부 직영 조선철도 위탁 경영, 경성에서 만주 창춘까지 장거리 직통열차 운행 11월 7일 소비에트 정권 수립(러시아 10월혁명)	○암스트롱, 슈퍼헤테로다인 전차 검출 방식 발명, 수신기 감도 향상에 큰 기여, 현대의 수신기는 거의 대부분 이 방식을 채택하고 있음
1918 19세	4월 인천공립상업학교 병설 간이상업학교 입학(1년제) 7~8월 미두거래 시작	1월 8일 미국 대통령 윌슨, 민족자결의 원칙, 군비축소 등 14개 조의 전후평화구상 발표 8월 2일 일본, 시베리아 출병 8월 3일 일본 쌀소동 전국 파급 11월 11일 제1차 세계대전 종전	○데 포레스트, 뉴욕 하이브릿지에서 음악, 뉴스, 선거 결과 등의 방송 시작, 송신기로 진공관 사용 1918년 말 민간인 무선 사용 금지 해제
1919 20세	2~3월 미두 가격 하락으로 벌었던 돈을 거의 잃어버림	2월 8일 도쿄 유학생 독립선언 3월 1일 3·1운동 발발 3월 3일 고종 국장 거행 3월 6일 인천 공립보통학교 5~6회, 인천공립상업학교 학생들 주축으로 항일 시위 전개, 보통학교 학생 25명 체포, 학부모 80여명 인천경찰서로 몰려가서 석방 요구 시위 3월 17일 인천공립상업학교 학생 280명 만세 시위, 주동자 17명 체포 5월 3일 신흥강습소, 유하현 대두자로 이전 후 신흥무관학교로 교명 변경 5월 4일 베이징 학생 3천여 명, 산둥 문제 항의 시위(5·4운동) 6월 28일 베르사유 강화조약 8월 12일 3대 조선총독 사이토 마코토 취임 9월 2일 강우규, 봉래동 경성역에서 신임 총독 사이토 마코토에게 수류탄 투척	○루드포드(Ernest Rutherford), α 입자를 질소의 원자핵에 충돌시켜 양자를 추출하는 데 성공, 양자 발견

일자	조광운의 생애	국내외 정세	무선통신 기술
1919 20세	11월 29일 사촌 매부 김동만을 만나기 위해 인천 축현역 출발 11월 30일 신의주역에서 안동, 선양/평톈을 거쳐 창춘으로 이동 12월 2일 창춘 도착 12월 7~8일 사촌 매부 김동만 만남 12월 19일 김동만과 작별, 일본으로 가기 위해 상하이행 12월 29일 상하이에서 일지(日支) 연락선으로 일본으로 도항 12월 31일 오사카 도착	10월 10일 김가진과 아들 김의한, 단둥 거쳐 임시정부 있는 상하이로 망명, 이듬해 며느리 정정화도 합류 11월 10일 의친왕 이강 상하이 망명 시도, 중국 안동에서 일본 경찰에 체포 강제 송환	
1920 21세	1월 4일 오사카에서 기차로 도쿄로 출발 1월 7일 청년회 종교부 주최 강연회 참석 2월 3일 청년회 교육부 주최 강연회 참석(고지영 연사의 〈시대사조와 조선 청년〉 강연) 2월 29일 YMCA·YWCA 공동 주최 만국학생기도회 특별강연회 참석 3월 14일 청년회 종교부 주최 강연회 참석 4월 24일 뉴욕 YMCA 국제위원회 부총무 브로크만 초청 강연회 참석 10월 1일 와세다대학 정치경제학부 예과 입학 10월 23일 청년회 교육부 주최 강연회 참석	1월 10일 국제연맹 발족 3월 15일 주식시장 주가 폭락으로 혼란, 도쿄·오사카 주식거래소 휴업, 전후공황 발생 6월 7일 봉오동 전투 발발 11월 2일 미국 대통령 선거에서 하딩 공화당 후보 당선	11월 2일 미국 KDKA가 세계 최초로 정부 인가를 받은 라디오방송 시작, 대통령 선거 결과 방송, WH사와 GE사가 가정용 라디오 수신기 제작과 판매 광고를 내고 판매에 주력, 그후 2~3년 사이에 라디오 수신기 수천 대 보급, 수백 개소 방송국 탄생, 당시 라디오는 광석라디오가 주류로 이어폰으로 청취

일자	조광운의 생애	국내외 정세	무선통신 기술
1921 22세	5월 히비야공원 강연회 참석 후 조선인 유학생 체포를 피해 오사카로 이동 6월 기타하마에서 다케나카 지로가 경영하는 장외 현물거래 업체의 견습생을 거쳐 외무원 종사, 마츠시타 고노스케와의 조우	7월 1일 상하이에서 중국공산당 창립대회 개최 11월 4일 일본, 최초의 정당내각 하라 케이 수상 암살, 정당정치의 위기 11월 12일 워싱턴군축회의 개최, 건조 중인 주력함 폐기 및 보유 비율 설정 제안	
1922 23세	4~5월 주식투자로 큰 손해 ○자동차와 운전 기술 배우기 시작, 고국에 돌아가서 할 전기 관련사업 구상 ○증권 관련 일을 그만 둔 후 3개월 동안 낮에는 공장에서 일, 밤에는 자동차 관련 서적 탐독	2월 4일 제2차 '조선교육령' 개정 7월 15일 일본공산당, 비합법적으로 결성 10월 30일 무솔리니 정권 장악, 파시스트 정권 수립 11월 1일 오스만제국 멸망 12월 1일 소련(소비에트사회주의공화국연방) 성립	
1923 24세	2월 중순 일본에서 귀국 3월 경성부 봉래정 1가 127번지에 전기기구 등 도소매, 조립, 수리 전문 유한회사 광운상회 설립 7월 이명혁의 장녀 옥동과 결혼	1월 1일 남대문정거장, 경성역으로 명칭 변경 6월 23일 인천공립상업학교 3학년 41명 일본인 교사 배척 동맹휴학	○미국 AT&T, 세계 최초로 라디오 광고방송 시작, 라디오방송 비니지스 확립 계기 마련
1924 25세	10월 5일 장녀 정희 출생	1월 20일 중국, 제1차 국공 합작 성립 1월 21일 레닌 향년 53세로 사망	1924년 말~1925년 초 일본과 조선에서도 라디오 시험 방송 개시, 무선방송 시작 당시 라디오는 대부분 1인용 무전원 광석라디오였음, 당시 미국에서 수입되던 진공관 라디오는 집 한 채 값의 고가품
1925 26세	6월 10일 어머니 연일 정씨 타계	2월 19일 일본, 치안유지법 중의원 수정가결	3월 22일 도쿄방송국(현재 NHK 도쿄라디오 제1방송)이 처음으로 방송 전파 송출 10월 30일 베어드(John Logie Baird), 런던의 백화점에서 Televisor라는 장치를 사용하여 인형 그림을 송신하는 공개 실험에서 동화의 전송에 성공

일자	조광운의 생애	국내외 정세	무선통신 기술
1926 27세	6월 11일 차녀 정옥 출생	4월 1일 조선총독부, 조선 산미증산계획 갱신 실시 7월 9일 장제스, 북벌 개시	○ 슈로딩거(Erwin Schrödinger), 양자역학의 기본 방정식인 파동방정식 발표
1927 28세		2월 15일 경성에서 신간회 결성 4월 12일 장제스, 상하이에서 쿠데타 감행, 공산당 간부 총살 12월 10일 4대 조선총독 야마나시 한조 취임	2월 16일 2년 3개월간의 시험 방송 끝에 경성방송국이 조선에서 최초로 방송 전파 송출, 본격적인 무선통신 시대 개시 ○ 미국, 라디오방송국 난립에 대응해 FRC(Federal Radio Commission) 조직하여 주파수 재조정, 방송국 공익성 등 논의
1928 29세	7월 7일 3녀 정숙 출생	6월 4일 일본 관동군, 중국 동북 3성을 지배하는 군벌 장쭤린이 탄 열차를 폭파시켜 살해 6월 29일 일본 정부, '치안유지법' 공포	○ 판즈워스(Philo T. Farnsworth), 이미지디섹터(image dissector) 사용하여 전자형 텔레비전 시스템 개발, 컬러텔레비전 발명
1929 30세		8월 17일 5대 조선총독 사이토 마코토 취임 10월 24일 뉴욕 주식시장 대폭락 (세계대공황의 시작)	○ 에델만(Philip E. Edelman), 5극 진공관 발명, 특허 취득, 비교적 높은 주파수의 증폭과 발진이 가능해짐
1930 31세	6월 27일 4녀 정운 출생	1월 21일 런던해군군축회의 개시 4월 25일 일본 중의원, 런던해군 군축조약 체결에 대해 천황의 통수권 간섭 문제 제기(군부 독주의 허용)	○ 1930년대 들어 라디오수신기도 무선신호를 안정적으로 검출할 수 있는 진공관이 광석전파검출기를 대체, 진공관 상업 생산 시작
1931 32세		6월 17일 6대 조선총독 우가키 가즈시게 취임 9월 18일 일본 관동군 중국 동북 3성 무력 침략(만주사변) 10월 24일 국제연맹 이사회, 일본에 기한부 만주 철병 권고안 가결	○ 레이더 실용화, 고주파를 필요로 하는 레이더에 대응하여 소형의 광석전파검출기 부활 11월 도쿄중앙방송국(현재의 NHK)이 주최한 값싸고 우수한 라디오세트 콩쿠르에서 마츠시타전기제작소 연구부 제작 교류 3구식 엘리미네이터(eliminator) 라디오 수신기가 1등 수상, 이후 이를 개량한 제품 양산으로 본격적인 라디오 시대 개시

일자	조광운의 생애	국내외 정세	무선통신 기술
1932 33세	4월 9일 5녀 정남 출생	1월 8일 이봉창 의사, 도쿄 사쿠라다몬가이에서 천황의 마차에 폭탄 투척 2월 29일 국제연맹 리튼조사단, 만주 침략에 대해 일본, 중국 동북3성 등 현지 조사 3월 1일 일본, 중화민국에서 동북3성과 내몽고 지방을 분리하여 괴뢰국가 만주국 건국 선언 4월 29일 윤봉길 의사, 상하이 천장절 축하식장에 폭탄 투척	○ 채드위크(James Chadwick), 전하를 갖지 않은 소립자인 중성자를 발견하고 원자핵 모델 확립 6월 마츠시타전기제작소 경성 출장소 개설 연말 마츠시타전기제작소, 최상위 기종으로 음향 조절 장치가 붙어 있는 초원거리용 내셔널 5구 1호형 R-51를 내놓음
1933 34세	5월 1일 전국한인전기업자협회 조직 및 협회장 역임 8월 경성부 봉래정 1가 83번지 대지와 건물 매입	1월 30일 히틀러, 독일 수상에 취임, 나치스당 정권 획득 3월 27일 일본, 국제연맹 탈퇴	4월 26일 경성방송국, 한글 방송 전담 채널 개설 ○ 암스트롱, FM 방송 특허 취득, 1970년대까지 사용되지 않음
1934 35세	1월 23일 6녀 정길 출생 5월 20일 경성부 봉래정 1가 83번지에 조선무선강습소 설립, 학원장 취임 ○ 마츠시타 고노스케, 조선무선강습소 설립에 즈음하여 상당한 금액의 협찬과 첨단제품인 교류식 3구 진공관, 5구 진공관 엘리미네이터 수신기 기부	9월 18일 소련, 국제연맹 가입 12월 3일 일본, 워싱턴해군군축조약 일방적 폐기, 미국에 통고	○ 국제통신연합(International Telecommunication Union, ITU) 설립
1936 37세		8월 5일 7대 조선총독 미나미 지로 취임	
1937 38세		7월 7일 일본군, 루거우차오 사건을 구실로 중국 대륙 침략 본격화(중일전쟁 전면화) 12월 11일 이탈리아, 국제연맹 탈퇴 12월 13일 일본군, 난징 점령	○ 바리안(Russell H. Varian), 클라이스트론 발명, 특허 신청(1941년 5월 20일 특허 취득)
1938 39세	1월 23일 장남 운용 출생, 이듬해 영아 사망	3월 3일 제3차 '조선교육령' 제정, 조선인 황국신민화 교육 시작 4월 1일 '국가총동원법' 공포	○ 쇼트키, 산화동-동 접합다이오드를 이론적으로 설명

일자	조광운의 생애	국내외 정세	무선통신 기술
1938 39세		5월 5일 '국가총동원법' 시행(식민지조선에도 준용 8월 23일 '학교졸업자사용제한령', "대학, 전문학교, 실업학교, 기타 그에 준하는 학교" 졸업자의 채용에 관해 '국가총동원법' 적용	
1939 40세	4월 조선무선강습소 교육과정 6개월에서 1년으로 연장 8월 13일 차남 일성 출생	5월 12일 일본 관동군, 만몽 국경지대 노몬한에서 외몽골군과 충돌, 상호 원조 조약에 따라 출병한 소련 기계화부대의 공격으로 일본 제23사단 섬멸 9월 1일 독일군, 폴란드 진격 개시(제2차 세계대전의 시작) 11월 일제 체신부 산하 조선무선통신학교 개교	ㅇ미국 벨연구소 럿셀 올(Russell Ohl), 게르마늄 반도체 개발, 반도체에 극히 미량의 불순물을 투입하면 2개의 다른 성질을 보이고, 전자가 풍부한 N형과 전자가 적은 P형의 경계에 정류 작용이 있음을 발견하고 레이더용 신호 검출기로서 게르마늄 반도체 다이오드 개발
1940 41세	11월 18일 조선무선강습소, 2년제 조선무선공학원으로 전환	7월 27일 일본 대본영, 무력 행사를 포함한 남진 정책 결정(일본의 본격적인 동남아 침략 개시) 9월 27일 독일, 이탈리아, 일본의 3국동맹 조인	ㅇ랜달(John Randall), 수냉식 공동형 마그네트론 발명, 출력의 대폭 증가 가능 ㅇ콤프너(Rudolf Kompfner), 제2차 세계대전 중에 진행파관 발명 ㅇ미국, 텔레비전 방송 방식으로 NTSC를 결정
1941 42세	12월 6일 장녀 정희, 일본 호세이 대학 경제학부 출신 송갑용과 결혼 12월 아시아태평양전쟁 발발로 상품 공급 차단, 광운전기상회 지점 정리 및 철수 시작(육영사업에 집중 계기)	4월 1일 경성제국대학 이공학부 설치 4월 13일 모스크바에서 소련-일본 간 중립조약 조인 6월 22일 독일군 3백만 명, 발트해에서 흑해 전선에 걸쳐 소련군 공격(독소전쟁 시작) 12월 7일 일본군, 하와이 진주만 공격, 아시아태평양전쟁 개시	
1942 43세	5월 충청북도 옥천경찰서 유치장에 5일간 구류, 투서에 의한 것으로 보이나 확실치 않음 8월 17일 3남 무성 출생	1월 20일 나치 지도자 아이히만 등, 유대인 문제의 최종 해결 위해 유럽 거주 유대인 1,100만 명 살해 결정 5월 29일 8대 조선총독 고이소 구니아키 취임 6월 5일 미드웨이 해전 발발, 일본 해군은 항공모함 4척 손실	

일자	조광운의 생애	국내외 정세	무선통신 기술
1943 44세		3월 1일 제4차 '조선교육령' 제정, 조선인 황국신민화 교육 강화 10월 일본인 대학생 수학 연한 단축과 재학생 징집 유예 조치 정지, 이후 3개월간 강제적으로 학생 모집하여 입영시킴 11월 27일 카이로 선언	◦ RCA, 오르티콘(Orthicon) 촬상관 도입
1944 45세	1월 20일 조선무선공학원 재학생 강제징집, 교직원들 경성역 출진 환송식에 동원됨 1월 21일 봉래동 조선무선공학원 교사, 인근 가옥에서 발생한 화재로 전소(1946년 3월까지 교육과정 사실상 중단)	6월 19일 일본 해군, 마리아나 해전에서 항공모함, 전투기 등 대부분의 전력 상실 7월 22일 9대 조선총독 아베 노부유키 취임 10월 25일 일본 해군, 레이테 해전에서 신풍특별공격대 몸체 공격 감행(가미카제 특공대)	◦ GE사, 최초의 상업용 수은등 발매(Mercury Vapour lamps)
1945 46세	8월 15일 해방을 계기로 조선무선공학원의 정식학교 승격 추진	2월 4일 미·영·소, 얄타회담 개최, 독일 전후 처리 및 소련의 대일 참전 등 결정 4월 28일 무솔리니, 코모 호반에서 민중의용군에게 체포 총살됨 5월 7일 독일군, 연합군에게 무조건 항복 8월 6일 히로시마에 원자폭탄 투하(9일 나가사키 원자폭탄 투하) 8월 15일 일본의 포츠담선언 수락, 무조건 항복, 2차대전 종료 9월 6일 미군 서울 진주 후에 미군사령관 하지와 조선총독 아베 노부유키 항복 조인 체결 10월 24일 국제연합 성립	◦ 노이만(John von Neumann), 프로그램 내장형 컴퓨터 개념 발표 ◦ 미국 벨연구소 쇼클리(William B. Shockley) 등, 레이더용 진공관식 증폭기 대신할 반도체 증폭기 개발 착수(3년 뒤 접합형 트랜지스터 발명으로 실용적인 트랜지스터 모델 완성, 1956년 노벨 물리학상 수상) ◦ 미국, NTSC 아날로그 텔레비전 방식 규격 제정, 9개국의 상업 TV를 허가
1946 47세	6월 1일 조선전자산업회사 사장 사임 9월 2일 조선무선초급중학교 설립 허가 9월 21일 4남 인성 출생	1월 1일 모스크바 3상회의 한반도 신탁통치 결정(조선공산당 등 혁신계 찬성, 우파 민족주의 세력은 반대 표명) 7월 12일 중국 국공 내전 전면화 11월 의무교육 전면 실시	◦ 스펜스(Percy L. Spencer), 마이크로파에 의해 식품 온도가 급상승하는 것 발견하고 특허 신청, 전자레인지의 시작 ◦ 미국 육군탄도연구소, 실용적 범용 전자계산기 ENIAC(Electronic Numerical Integrator and Computer)를 최초로 완성

일자	조광운의 생애	국내외 정세	무선통신 기술
1947 48세	1월 2일 조선무선초급중학교 첫 이사회 문교부 승인, 조광운 초대 교장 취임 승인 4월 조선무선초급중학교 첫 입학생 선발(1950년 1회 졸업생 98명 배출)		12월 23일 AT＆T 벨연구소 바딘(John Bardeen)과 브랏텐(Walter Brattain), 점접촉형 트랜지스터 발명
1948 49세	1월 27일 임시교육위원회, 조선무선중학교 전기통신공학과 12개 학급 개설 정식 인가 획득 8월 조선무선중학교 졸업생에게 통신사 2급 면허증 교부 결정, 체신부로부터 연촌역(현 광운대역) 근처 조선무선전신학교 건물 무상 임대	1월 30일 간디 암살 2월 7일 남한 단독 선거 반대 운동(학생, 노동자 등 2백만 명) 4월 1일 소련, 베를린 봉쇄 시작 4월 3일 제주 4·3사건 발발 8월 13일 대한민국 정부 수립 9월 9일 조선민주주의인민공화국 수립 10월 20일 여순 반란 사건 발생	○ 쇼클레이, 샌드위치형 트랜지스터 발명, 접합형 트랜지스터의 원형이 됨 6월 30일 AT＆T 벨연구소 브랏텐, 바딘, 쇼클레이 등 3명의 연구팀이 트랜지스터 발명 공표(이 공적으로 1956년 노벨 물리학상 수상)
1949 50세	4월 1일 총독부 체신청 산하 조선무선고등학교 인수 8월 2일 5남 태성 출생, 생후 41일 만에 사망	4월 4일 NATO(북대서양조약) 조인 10월 1일 중화인민공화국 수립	5월 6일 영국 케임브리지대학에서 세계 최초의 폰 노이만형 계산기(프로그램 내장식 계산기) EDSAC 완성, 프로그램 작동 ○ 영국 맨체스터대학 맨체스트 마크 I을 완성, 주기억장치로 윌리엄관 사용
1950 51세	6월 27일 6·25전쟁으로 1차 피난 7월 10일 불시에 태평동 특별기동대로 연행 7월 말 옥인동 정치보위부에 박홍복 부교장과 함께 48시간 구금 8월 3일 경기도 구파발 밖으로 2차 피난 11월 24일 경북 대구로 3차 피난	1월 26일 한미 상호방위원조 협정 조인 3월 '교육법' 개정, 새 학년 시작을 4월 1일로 변경 6월 25일 북한군, 38선을 넘어 남으로 진격(6·25전쟁 발발) 9월 15일 국제연합군, 인천상륙 작전으로 반격 개시 9월 28일 서울 수복 10월 25일 중국 인민의용군, 압록강 넘어 6·25전쟁에 개입	○ RCA, 광전도 효과를 이용하여 화상을 전기신호로 전환하는 촬상관 비디콘(Vidicon) 도입
1951 52세		1월 4일 북한군과 중국군, 38도선 넘어 남하, 국제연합군 서울에서 철퇴(1·4후퇴) 2월 26일 문교부, '전시하 교육특별조치 요강' 제정	○ 미국 레밍턴 랜드(Remington Rand)사, 상용 프로그램 내장한 계산기 UNIVAC 미 정부 통계국에 최초 납품

일자	조광운의 생애	국내외 정세	무선통신 기술
1951 52세	6월 20일 7녀 정애 출생 9월 20일 서울 귀환 11월 이옥동 여사 여관업 시작	3월 '교육법' 개정, 6-3-3-4 기간 학제 확립	◦호퍼(Grace Hopper), A-O 컴파일러 개발 7월 5일 쇼클레이, 실용적인 접합형 트랜지스터 발명
1952 53세	3월 야간강습회 시작(조선무선공학원의 연장) 8월 21일 남대문중학교와 동국무선고등학교 분리 인가 11월 20일 폐결핵으로 각혈 시작 (~1953년 1월 2일까지)	1월 18일 이승만 대통령, 이승만라인을 설정하여 해양 주권 선언 8월 7일 대통령 선거에서 이승만 재선	◦미국 육군탄도연구소, 프로그램 내장식 EDVAC 완성(본격적인 실용계산기) ◦IBM, 1/2인치 자기테이프 기억장치 및 자기코어기억장치 개발 ◦ 영국 국방성 제프리 더머 (Geoffrey W. A. Dummer), 집적회로 아이디어 제시
1953 54세		6월 6일 문교부, '교육자치제' 발족하여 초등교육 의무화 추진	◦MIT, 계산기의 주기억장치로 자기코어기억장치를 최초 채용
1954 55세		1월 18일 한국 정부, 동해의 독도에 영토표식 설치	◦고든 틸(Gordon Teal), 실리콘 트랜지스터 제작
1955 56세	4월 2일 연촌 교사에서 새출발	4월 18일 아시아·아프리카회의 (반둥회의) 개최(~4월 24일까지)	
1956 57세	2월 8일 야간부와 함께 학급 증설 3월 8일 법인 명칭 '동국무선고등학교'에서 '광운학원'으로 변경, 이사장과 학교장 겸직 금지로 이사장 사임(2대 이사장 이옥동)	2월 24일 소련 흐루쇼프 제1서기, 스탈린 비판 연설 3월 15일 대통령 선거에서 평화통일 주장한 조봉암 후보가 216만 표를 획득(11월 10일 진보당을 결성하여 이승만 정권에 가장 위협적인 정치인으로 부상) 7월 26일 이집트 나세르 대통령, 수에즈운하 국유화 선언 10월 29일 이스라엘군, 이집트 침략, 영불 군대가 수에즈운하로 진격(수에즈전쟁 시작)	◦IBM, RAMAC(자기디스크 기억장치) 최초 발표 ◦IBM 존 바커스(John Buckus), 과학기술용으로 널리 사용되는 프로그래밍 언어 FORTAN 공개
1958 59세		1월 14일 이승만 정권, 민의원 선거 4달 앞두고 진보당 간부에 이어 조봉암을 국가보안법위반 혐의로 체포(이듬해 7월 31일 사형집행: 진보당사건, 2011년 1월 대법원 재심에서 이승만 정권의 정치적 탄압으로 보고 무죄 선고)	2월 미국 아이젠하워 대통령, 소련의 인공위성발사 성공에 대응하여 핵탄두 장착 로케트에 의한 핵 공격 위협에 대처하기 위해 국방성 산하 고등계획연구국(Advanced Research Projects Agency, ARPA) 설치

일자	조광운의 생애	국내외 정세	무선통신 기술
1960 61세	5월 13일 동국무선공업고등학교, 학생들 간 유혈 사태 발생 (5·13 분규)	3월 15일 마산의 학생, 시민 등 부정선거 항의 시위, 이승만 대통령 당선 4월 19일 고려대 학생, 국회 앞에서 부정 선거로 당선된 이승만 대통령 퇴진 요구, 4·19혁명으로 이어짐 5월 16일 박정희 소장 등 군부 쿠데타 발생, 입법·사법·행정의 3권 장악	○ 유럽에서 과학 계산용으로 개발(1958년)된 ALGOL 60 공개 ○ DEC, 최초의 미니컴퓨터 PDP-1 발표
1962 63세	3월 31일 동국전자공과초급대학 설립	3월 22일 윤보선 대통령 사직, 박정희 대통령 권한대행 취임 10월 22일 케네디 미 대통령, 쿠바의 소련 미사일 기지 건설에 대항하여 쿠바 해상 봉쇄	○ 페어차일드사, 상업용 집적회로 개발 ○ 아이버슨(Keneth Iversson), APL 개발하여 1962년에 공개 7월 ATT, 상용 통신위성 발사 성공
1963 64세		10월 15일 민주공화당 대통령 후보 박정희, 15만 표차로 윤보선 민정당 후보 물리치고 당선 11월 22일 존 F.케네디 미 대통령, 텍사스주 댈러스에서 암살	○ 엥겔바트(Doug Englebart), 계산기용 마우스 개발 ○ 페어차일드사, 4개의 트랜지스터와 4개의 저항으로 만들어진 집적회로의 상업 생산 시작
1964 65세	1월 21일 동국전자공과대학 개교 4월 24일 학교법인 광운학원 이사장 취임 10월 5일 광운전자공과대학으로 교명 변경 10월 30일 광운중학교 설립 인가 12월 17일 광운전자공업고등학교로 교명 변경	3월 9일 학생, 야당, 각계 대표 대일 굴욕 반대 범국민투쟁위원회 결성, 한일회담 반대 투쟁 6월 3일 서울 시내 18개 대학 학생, 청와대 포위하고 대일 굴욕 외교 획책한 박정희 정권 퇴진 요구, 서울 지구에 비상계엄령 포고, 한일회담 추진자 김종필 공화당 의장 퇴진(6월 5일) 8월 2일 미 국방성, 미 구축함이 통킹만에서 북베트남 어뢰정으로부터 공격받았다고 발표(통킹만 사건), 미국의 베트남전쟁 본격 개입 시작 10월 15일 소련, 제1서기 흐루쇼프 해임, 후임 브레주네프 선임	3월 RAND사의 바란(Paul Baran), 패킷스위칭 네트워크에 관한 논문을 IEEE 회보에 발표 ○ IBM, 계산기 시스템 360 발표, 범용 대형 계산기 시장 독점 8월 폴 바란, 분산형 통신에 관한 연구 보고서 ARPA에 제출 미국 다트머스대학 존 케미니(John Kemeny) 교수와 커츠(Tomas Kurtz), BASIC 개발

일자	조광운의 생애	국내외 정세	무선통신 기술
1965 66세	10월 19일 월계국민학교 설립 인가	1월 8일 한국, 베트남 파병(공병대 등 2,000명) 2월 7일 미국, 북베트남 폭격 개시 8월 14일 한일조약 여당 단독 가결, 서울에서 비준 반대 학생 시위 확산, 위수령 발동 12월 18일 한일 국교 정상화	○ DEC, 미니컴퓨터 PDP-8 발표 10월 ARPA, 최초의 네트워크 실험 성공, APRANET 개발 계획 착수
1967 68세	12월 1일 한국전자산업주식회사 설립, 대표이사 취임	5월 15일 GATT 케네디라운드(관세 일괄 인하) 교섭 타결 7월 23일 미국 디트로이트에서 사상 최대 규모 흑인 폭동 발생, 전국 확산	○ IBM, 8인치 플로피 디스크 발표(17년 뒤 3.5인치 플로피 디스크 발표)
1968 69세	2월 27일 광운전자공과대학 제1회 졸업생 배출 5월 20일 육군 기술 위탁 교육 공로로 육군참모총장으로부터 감사장 수여, 「회고록」 학보에 연재 시작(~ 1969.7.15) 8월 마츠시타전기산업주식회사 고노스케 회장과 면담 11월 4일 대만 주요 교육계 시찰 출장	6월 5일 미 대통령 후보 로버트 케네디, 로스앤젤레스에서 저격, 다음 날 사망 8월 20일 소련 등 5개국 군대 체코 침략(체코사태) 11월 6일 미 대통령 선거에서 공화당 후보 리차드 닉슨 당선 12월 5일 「국민교육헌장」 반포	10월 APRA, 로스앤젤레스대학(UCLA)의 ILLIAC IV 시스템 이용하여 APRANET 성능 측정 계약 체결, IMP의 개발을 BBN(Bolt, Beranek & Newman)에게 위탁하여 본격적인 개발 계획 개시
1969 70세	○ 해병대 사령관 감사장 수여	7월 8일 중·소, 아무르강 국경에서 대규모 무력충돌 7월 20일 미 우주선 아폴로 11호, 달 표면 착륙	4월 칸(Bob kahn), IMP 사양 공개 벨 연구소 보일(Willard Boyle)과 스미스(George Smith), CCD 발명(1970년 초에 TV에 사용할 수 있는 최초의 CCD카메라 출현) 9월 2일 로스앤젤레스대학, 네트워크 측정 센터에서 최초로 IMP를 통해 패킷스위칭 방식에 의한 접속 성공
1970 71세	3월 광운전자공과대학 기획실 신설, 「대학발전 5개년 운영 계획」 발표	3월 5일 워싱턴, 모스크바, 런던에서 97개국이 모여 핵 확산 방지조약 서명	○ 인텔, 최초의 MPU Intel 4004(2,300개의 트랜지스터 집적)를 전자계산기용으로 개발하여 계산기 가격 인하에 기여

일자	조광운의 생애	국내외 정세	무선통신 기술
1970 71세	4월 '대학발전연구위원회' 상설 기관화 6월 1일 광운전자공과대학 학생 시위, 재단과 대학 운영 완전 분 리 요구 7월 11일 학교 전용 실습선 전자 호 건조, 인천항에서 진수		◦인텔, 상용기억장치 DRAM 외 에 RAM, ROM을 최초 생산 ◦벨연구소, DEC 미니컴퓨터에 서 작동하는 UNIX 기본 소프트 완성 11월 크로커(Steve Crocker), 초기의 ARPANET에 사용된 계산기 상호 간의 통신 수순을 정한 네트워크 제어 수순(Network Control Protocol, NCP) 완성
1971 72세		4월 28일 박정희 대통령, 김대중 신민당 후보 물리치고 3선 10월 15일 서울에 위수령 발동, 8 개 대학 휴교 조치 단행, 민주화 시위 철저 탄압 10월 25일 중국, 국제연합 복귀	1월 인텔, 최초의 1칩 컴퓨터 4004 발표 4월 NWG, 계산기 상호간 파일전 송수순 공개 ◦월트(Nicholas Wirth), 컴퓨터 프 로그램 언어 PASCAL 개발
1972 73세	1월 4일 일본 후지츠 전자계산기 FACOM 230-15 1조 구입, 대학 구 내 전자계산소에 설치 3월 30일 한국사학재단연합회 주관 제1회 한국사학 육성 공로 자 표창식에서 특별공로상 수여 4월 26일 광운전자공과대학 전 자계산소 개소식 5월 20일 월계유치원 설립 12월 5일 국민훈장 동백장 서훈	2월 21일 닉슨 미 대통령 중국 방 문, 마오쩌둥 국가주석·저우언 라이 수상과 회담, 평화 5원칙 공 동성명 발표(~2월 27일) 7월 4일 한국과 북한, '남북평화 통일에 관한 공동성명' 발표 10월 17일 비상계엄령 선포, 국회 해산, 정당 및 정치 활동 금지, 헌 법의 일부 효력 정지, 유신헌법 안 공고 12월 27일 유신 체제 수립	3월 톰린슨(Ray Tomlinson), 전자 메일 기본 프로그램 SNGMSG & READMAIL 작성(당시 메일 주소 는 user@host로 했지만 다른 시스 템과 조정되지 않아 1980년대까 지 @의 국제 표준화는 이루어지 지 않음) ◦벨 연구소 리치(Dennis Ritchie), C 언어 개발 7월 포스텔(John Postel), 파일 전송 수순의 사양(RFC354) 공개 10월 BBN사의 로버트 칸(Robert Kahn) 지휘로 ICCC에서 ARPANET 의 공개 실험 성공, 국제네트워 킹그룹(INWG) 창설 ◦인텔, 8비트 MPU Intel 8008 발표 (3,500개 트랜지스터 집적)
1973 74세	3월 2일 남산 산책 중 교통사고 8월 1일 봉래동 수업 마감 후 월 계동으로 완전히 옮김	8월 13일 도쿄에서 중앙정보부 에 납치된 김대중이 6일간 구금 이송 후에 서울 자택으로 귀환	

일자	조광운의 생애	국내외 정세	무선통신 기술
1973 74세	9월 15일 이옥동 여사와 금혼식 거행	10월 6일 제4차 중동전쟁 발발, 제1차 석유위기의 계기가 됨	◦IBM, 밀봉형 하드디스크 도입 9월 로버트 칸, ARPANET에 다른 네트워크를 접속하기 위한 수순을 재검토하여 네트워크 상호 간 접속수순으로 새로운 전송제어수순(Transmission Control Protocol, TCP) 완성, 이듬해 5월 상세한 내용을 IEEE 통신기술 회보에 발표
1974 75세	5월 20일 학원 창립 40주년 기념식 거행 11월 1일 월계동 캠퍼스 본관 건물 5층으로 증축 12월 20일 한양대학에서 명예법학박사학위 수여	1월 8일 긴급조치 1, 2호 발동, 개헌 운동과 그 보도 일체 금지, 장준하·백기완 긴급체포(징역 15년 판결) 4월 3일 학생운동 재연, 긴급조치 4호 발동 7월 11일 비상군법회의, 민청학련 사건 연루자 7명에게 사형 판결(2005년 12월 무혐의 결론)	◦제록스사, 패킷스위칭 방식으로 유선으로 복수의 계산기를 접속하는 LAN인 이서네트 공개 실험에 성공 ◦인텔, 8비트 MPU Intel 8080 발표(6,000개의 트랜지스터 집적)
1975 76세		4월 30일 베트남전쟁 종결 5월 13일 대학과 종교단체 중심으로 반유신 민주화운동 고조, 긴급조치 9호 발동	◦빌 게이츠(Bill Gates)와 폴 알렌(Paul G. Allen), BASIC을 PC에서 가동하는 데 성공, 초기 PC에 BASIC 탑재하여 널리 사용하게 됨
1976 77세	7월 16일 우안구가 흐려져 시력 검진 결과 수술 치료 11월 17일 이옥동 여사 별세	3월 1일 기독교연합기도회에서 지식인 12명 「민주구국선언」 발표, 박정희 정권 퇴진 요구 3월 10일 서울지검, 김대중 등을 정부 전복 선동 혐의로 체포 4월 5일 중국 천안문사건 발생	3월 26일 영국 엘리자베드 여왕, 전자메일 사용하여 메시지 전송 크레이(Cray), 슈퍼컴퓨터 Cray1을 발표, 매초 1억 번의 부동소수점 연산 실현
1977 78세		1월 20일 미국 39대 대통령에 지미 카터 취임 4월 14일 미국, 한국으로부터 핵미사일 철거 개시 발표	1월 10일 제네바에서 위성방송에 관한 세계무선주관부서회의 개최(~2월 13일) ◦크로커(Dave Crocker)와 비탈(John Vittal), 전자메일의 사양(RFC733) 완성 공개
1978 79세	10월 9일 손녀 선영(현 이사장) 출생, 『비망록』의 마지막 기사, 고령으로 집필 중단	2월 24일 함석헌 등 민주화 운동 세력 60여 명이 박정희 정권 비판하는 「3·1민주선언」 발표	◦데니스 리치(Dennis Ritchie)와 브라이언 커니핸(Brain Kernighan), C 언어 공개 ◦인텔, 16비트 MPU Intel 8086 발표(29,000개의 트랜지스터 집적)

일자	조광운의 생애	국내외 정세	무선통신 기술
1979 80세		1월 1일 미국, 중국과 국교 정상화 및 타이완과 단교 3월 26일 이스라엘과 이집트, 평화조약 체결 10월 26일 박정희 대통령, 김재규 중앙정부부장에게 사살 12월 6일 최규하 대통령 선출 12월 12일 정승화 계엄사령관, 박정희 대통령 시해 사건 공모 용의로 체포	9월 27일 제네바에서 세계무선통신관리회의 개최(~12월 6일) ○ 인텔, 16비트 MPU Intel 8088 발표(29,000개의 트랜지스터 집적), IBM PC에 채용 ○ 모토로라, 16비트 MPU Motorola 68000 발표, 매킨토시에 채용
1980 81세	4월 20일 향년 81세로 영면	5월 18일 한국 정부, 비상계엄령 전국 확대, 김대중 등 연행, 광주의 반정부 시위 격화에 따라 5월 27일 계엄군이 진입하여 무력 제압(광주민주화운동)	○ NSF(전미과학재단), 50개 이상의 조직과 500만 달러의 자금으로 컴퓨터 사이언스에 관한 연구 네트워크 CSNET 추진 결정

참고문헌

1차 자료

「회고록」, 『광운학보』 11~16호(1968. 5. 21~1968. 10. 15), 『광운전자신문』
　　　17~27호(1968. 10. 15~1969. 7. 21).

『조광운 비망록—가족편』.

『조광운 비망록—광운학원편』.

『조광운 서간철』.

국가기록원, 「기록으로 보는 진보당 사건」.

内務省警保局保安課, 『朝鮮人概況』 第二·三卷, 1918, 1920(朴慶植 編, 『在日朝
　　　鮮人関係資料集成』 第1卷, 東京: 三一書房, 1975 수록).

뮈텔, 『뮈텔 주교 일기』 1~6, 한국교회사연구소, 1986~2002.

영화학교, 『사립 영화학교 학적부』.

인천공립보통학교, 『沿革誌』.

인천공립보통학교, 『卒業臺帳』.

朝鮮總督府, 『朝鮮總督府統計年報』, 조선총독부, 1914.

朝鮮總督府, 『朝鮮統計總覽』, 조선경제연구소, 1931.

학원사

광운전자공업고등학교, 『광운80년사』, 광운전자공업고등학교 총동문회,

2015.

광운대학교, 『광운학원 80년사』, 광운대학교, 2014.

인천고등학교, 『仁高百年史』, 인천고등학교 총동문회, 1995.

창영초등학교, 『창영초등학교 100년사』, 창영초등학교 총동창회, 2007.

단행본―한국어(가나다순)

강만길, 『고쳐 쓴 한국 현대사』, 창작과비평사, 1994.

강정인 외, 『민주주의의 한국적 수용』, 책세상, 2002.

김근배, 『한국 근대 과학기술 인력의 출현』, 문학과지성사, 2005.

김성칠, 『역사 앞에서―한 사학자의 6·25 일기』, 창작과비평사, 2018.

김보현, 『박정희 정권기 경제개발』, 갈무리, 2006.

김용하·도미이 마사노리·도다 이쿠코 편, 『모던인천 시리즈 1. 조감도와
　　　사진으로 보는 1930년대』, 토향, 2017.

김자동, 『상하이 일기―임정의 품 안에서』, 두꺼비, 2012.

김정렴, 『아, 박정희―김정렴 정치 회고록』, 중앙M&B, 1997.

김형아, 『유신과 중화학공업―박정희의 양날의 선택』, 일조각, 2005.

대한성공회, 『인천내동교회 110년사』, 인천내동교회 110년사편찬위원회,
　　　2001.

閔庚培, 『韓國民族敎會形成史論』, 연세대학교출판부, 1974.

박기성, 『한국방송사』, 원명당, 2014.

白南薰, 『나의 一生』, 서울: 신현실사, 1973.

브루스 커밍스 『한국전쟁의 기원』, 일월, 1986.

브루스 커밍스 『브루스 커밍스의 한국 현대사』, 창작과비평사, 2001.

서울대학교 교육연구소, 『한국교육사』, 교육과학사, 1997.

서울역사편찬원, 『서울지명사전』(http://history.seoul.go.kr).

서중석, 『조봉암과 1950년대』 상·하, 역사비평사, 1999.

손정목, 『한국 도시 60년의 이야기』 1, 한울, 2005.

송남헌, 『해방 삼년사』 1, 까치, 1985.

염복규, 『서울의 기원 경성의 탄생』, 이데아, 2016.

오누키 에미코, 『죽으라면 죽으리라』, 우물이 있는 집.

오동선, 『志峰自傳』, 삶과꿈, 2005.

오성철 외, 『대한민국 교육 70년』, 대한민국역사박물관, 2015.

柳東植, 『在日本韓國基督敎靑年會史 1906~1990』, 서울: 在日本韓國基督敎靑
    年會, 1990.

유병은, 『초창기 방송 시대의 방송야사』, KBS문화사업단, 1998.

윤치호, 『(국역)윤치호 일기』 1~2, 연세대학교출판부, 2001.

안병욱 외, 『유신과 반유신』, 민주화운동기념사업회, 2005.

안중근, 『안중근 의사 자서전』, 범우사, 2000.

안형주, 『1902년, 조선인 하와이 이민선을 타다—안재창의 가족 생애사로
    본 아메리카 디아스포라』, 푸른역사, 2013.

안홍선, 『식민지 중등교육 체제 형성과 실업교육』, 교육과학사, 2017.

이규수, 『개항장 인천과 재조 일본인』, 보고사, 1990.

이대근, 『한국전쟁과 1950년대의 자본축적』, 까치, 1987.

李恩淑, 『民族運動家 아내의 手記—西間島始終記』, 正音社, 1975.

이장춘, 『춘하추동 방송단상』, 블로그북, 2013.

이재권 외, 『제2판 동명연혁고 II. 중구』, 서울특별시사편찬위원회, 1992.

李海東,『滿洲生活七十七年——一松 선생 맏며느리 李海東 여사 手記『亂中錄』』, 明志出版社, 1990.

李薰益,『仁川地名考』, 인천지방향토문화연구소, 1993.

인천미두거래소,『(譯註)仁川米豆取引所沿革』, 인천광역시 역사자료관, 2008.

정병준 외,『한국현대사』1, 푸른역사, 2018.

정정화,『녹두꽃』, 1987.

정태영,『조봉암과 진보당』, 한길사, 1991.

조건,『일제의 조선인 학도지원병 제도 및 동원부대 실태조사보고서』, 행정안전부 과거사관련업무지원단, 2017.

진실화해를위한과거사정리위원회,『진보당 조봉암 사건』(2007년도 하반기 조사보고서), 2008.

최성연,『開港과 洋館歷程—仁川鄕土史料』, 경기문화사, 1959.

한국사시민강좌 편집위원회,『한국사시민강좌 18. 한국 대학의 역사』, 일조각 1996.

함종규,『한국교육과정변천사연구』, 교육과학사, 2003.

단행본—일본어(알파벳순)

千葉了,『朝鮮独立運動秘話帝国』, 東京: 地方行政学会, 1925.

朝鮮教育会,『文教の朝鮮』(복각판), 서울: 어문학사, 2011.

福島雄一,『にっぽん無線通信史』, 東京: 朱鳥社, 2002.

伊東俊太郎·山田慶児·坂本賢三·村上陽一郎 編集,『科学史技術史事典(縮刷版)』, 東京: 弘文堂, 1994.

岩瀬達哉,『血族の王―松下幸之助とナショナルの世紀』,東京: 新潮文庫, 2017.

加瀬和三郎,『仁川開港二十五年史』,玉鳴館, 1908.

北康利,『同行二人―松下幸之助と歩む旅』,東京: PHP研究所, 2008.

松本典久,『時刻表が刻んだあの瞬間―JR30年の軌跡』,東京: JTBパブリッシング.

松下幸之助,『私の行き方考え方―わが半生の記録』,東京: PHP文庫, 1986.

日本経営史研究所編,『日本郵船株式会社百年史』,東京: 日本郵船, 1988.

日本国有鉄道広島鉄道管理局 編,『関釜連絡船史』,広島: 日本国有鉄道広島鉄道管理局, 1979.

日本鉄道旅行地図帳編集部 編,『満州朝鮮復刻時刻表』,東京: 新潮社, 2009.

野田正穂,『日本証券市場成立史』,東京: 有斐閣, 1980.

小川雄三,『仁川繁昌記』,朝鮮新報社, 1903(復刻板,東京: 龍渓書舎, 2009).

鮮交会編,『朝鮮交通史(本編)』,東京: 鮮交会, 1986.

志賀重昂,『大役小志』,東京: 東京堂, 1909.

信夫淳平,『韓半島』,東京: 東京堂書店, 1901.

信夫淳平,『仁川開港二十五年史』,大阪: 발행처 불명, 1908.

塩川藤吉 編,『大株五十年史』,大阪: 大阪株式取引所, 1928.

東京芝浦電気株式会社,『東京電気株式会社五十年史』,東京: 東京芝浦電気, 1940.

東京芝浦電気株式会社,『芝浦製作所六十五年史』,東京: 東京芝浦電気, 1940.

吉野作造,『吉野作造選集9. 朝鮮論付中国論3』,東京: 岩波書店, 1995.

단행본—중국어

杜書溥,『仁川華僑教育百年史』, 발행처 불명, 2002.

柳河县志编纂委员会 编,『柳河县志(吉林省地方志丛书2)』, 吉林: 吉林文史出版
社, 1991.

鄭祖安,『上海百年城』, 上海: 學林出版社, 1999.

단행본—영어

Ladd, G. T., *In Korea with Marquis Ito*, New York: Charles Scribner's Sons, 1908.

Wenzlhuemer, Roland, *Connecting the Nineteenth-Century World: The Telegraph And Globalization*,
Cambridge University Press, 2015.

찾아보기